Qiche Dianqi Xitong Jianxiu

# 汽车电气系统检修

Shixun Gongdan

## 实训工单

（第二版）

张宗荣　主　编
张荣贵　陈建宏　副主编
林　平　主　审

人民交通出版社股份有限公司
China Communications Press Co.,Ltd.

# 目 录

实训项目1 汽车电气系统基本检查 …………………………………………………………… 1
实训项目2 蓄电池的检测与更换 …………………………………………………………… 7
实训项目3 发电机检修 ……………………………………………………………………… 14
实训项目4 电源系电路故障检修(2学时) ………………………………………………… 25
实训项目5 起动机维护和检修 ……………………………………………………………… 29
实训项目6 起动系统电路故障检修 ………………………………………………………… 41
实训项目7 电动车窗电路连接和故障判断 ………………………………………………… 46
实训项目8 刮水器电路连接和故障判断 …………………………………………………… 51
实训项目9 照明系统电路连接和故障判断 ………………………………………………… 56
实训项目10 转向灯和危险警报灯电路连接和故障判断 …………………………………… 61
实训项目11 空调系统故障检修(6学时) …………………………………………………… 66
实训项目12 整车电路综合故障判断(2学时) ……………………………………………… 75

# 实训项目1　汽车电气系统基本检查

## 一、实训内容及目标要求

| 序　号 | 工作任务 | 目标要求 | 备　注 |
|---|---|---|---|
| 1 | 汽车电气系统认识 | 能描述汽车电气系统组成和主要零部件作用、位置<br>能描述熔断器和继电器盒图结构和主要零部件<br>能描述线束的名称、作用和线束在汽车上布置 | |
| 2 | 汽车电气系统基本检查 | 能使用试灯和万用表进行断路、短路故障排除<br>能进行片式熔断器和常用继电器的检查更换<br>能看懂并描述连接器图<br>能进行连接器的拆除和连接 | |

## 二、相关知识和技能

1. 汽车电气设备的组成和各零部件作用。
2. 熔断器规格和型号。
3. 汽车常用继电器结构和电路。
4. 数字万用表使用。
5. 试灯使用。
6. 汽车电路图(位置图、连接器图)的识读。

## 三、实训条件

1. 实训场所

汽车电气实训室或实训基地。

2. 设备材料

(1)性能完好的小轿车一辆。
(2)举升器一台。
(3)数字万用表一台、灯泡和二极管试灯各一个、测试连接线2根。
(4)与小轿车配用的片式熔断器和常用继电器若干。(性能好坏各一半)
(5)手电筒2~3把。
(6)12V 蓄电池一个。

3. 技术资料

小轿车电路原理图、位置图、线束图和接插件图(纸质或电子版、实训室电脑终端均可)。

## 四、实训步骤

1. 学习与实训有关的知识,查询相关技术标准。
2. 领取实训有关的工具、设备、器材。
3. 将小轿车停在举升器上,打开车门和发动机舱盖。按照各系统,查看电气设备主要零部件外形、位置和连接情况并描述其作用。
4. 举升小轿车,对照线束图查看汽车电缆的布置。
5. 查看汽车熔断器盒和继电器盒,对照位置图认识各熔断器和继电器。
6. 熔断器和继电器的检查更换。
7. 用万用表和试灯检查电路。
8. 查看连接器并拔下和插入连接器。
9. 在实训过程中,按照工作单的要求,完成相应的实训和学习任务。
10. 完成实训任务后,接受指导老师技能考核。
11. 整理清洁工作场所,清点收拾借出的工具、设备、资料,交回实训室。

## 五、实训工作单

1. 打开发动机舱盖、车门等。按照汽车电器各工作系统,查看电器主要零部件外形、位置和连接情况,填写附表1-1并描述其作用。

汽车电气系统主要零件名称　　　　　　　　附表1-1

| 系统/子系统 | | 主要零件名称 | | | | | 备注 |
|---|---|---|---|---|---|---|---|
| | | 1 | 2 | 3 | 4 | 5 | |
| | 电源系 | | | | | | |
| | 起动系 | | | | | | |
| 电动系统 | 电动车窗 | | | | | | |
| | 电动座椅 | | | | | | |
| | 电动后视镜 | | | | | | |
| | 中控门锁 | | | | | | |
| | 刮水器 | | | | | | |
| | 喇叭 | | | | | | |
| 灯光 | 灯光照明 | | | | | | |
| | 灯光信号 | | | | | | |
| 仪表 | 主要仪表 | | | | | | |
| | 指示/警告灯 | | | | | | |
| 空调 | 制冷系统 | | | | | | |
| | 控制系统 | | | | | | |
| | 其他系统 | | | | | | |

2. 根据位置图查找熔断器和继电器盒。打开熔断器和继电器盒,对照位置图查看汽车

上熔断器和继电器盒,对照位置图认识各熔断器和继电器。

将看到的主要熔断器名称、额定电流和颜色填入附表1-2。

熔断器名称、额定电流和颜色　　　　　附表1-2

| 序　号 | 名　称 | 额定电流 | 颜　色 |
| --- | --- | --- | --- |
| 1 | | | |
| 2 | | | |
| 3 | | | |
| 4 | | | |
| 5 | | | |
| 6 | | | |
| 7 | | | |
| 8 | | | |
| 9 | | | |
| 10 | | | |

看到的主要继电器：＿＿＿＿＿＿＿＿＿＿＿＿＿＿＿＿＿＿＿＿＿＿＿＿

3.对照线束图,查看汽车整车线束的布置。

4.熔断器检查更换

(1)拔出片状熔断器查看结构,完成附图1-1。

附图1-1　熔断器结构

(2)用目测法检查熔断器通断。

(3)用数字万用表检查熔断器通断。

(4)就车用试灯检查熔断器通断。

(5)用数字万用表检查电路是否短路。

(6)选择合适的熔断器更换。

5.继电器检查更换

(1)拆开继电器盖。对照继电器盖上的标注,查看继电器结构,填写附图1-2并描述每一零件作用。

附图 1-2 继电器结构

(2) 用数字万用表检查继电器(附表 1-3)。

检 查 继 电 器  附表 1-3

| 检查条件 | 检查对象 | 电　阻 | 备　注 |
|---|---|---|---|
| 线圈断电 | 线圈 | | |
| | 常闭触点 | | |
| | 常开触点 | | |
| 线圈通电 | 常闭触点 | | |
| | 常开触点 | | |

测量结论：_____

(3) 用试灯检查继电器。

按附图 1-3 连接继电器检测电路，分别检查并填写附表 1-4。

附图 1-3 继电器检测电路图

继电器检测结果　　　　　　　　　　　　　　　附表1-4

| 检查条件 | 检查对象 | 灯亮/暗 | 备注 |
|---|---|---|---|
| 线圈断电 | 常闭触点 | B灯 | |
| | 常开触点 | A灯 | |
| 线圈通电 | 常闭触点 | B灯 | |
| | 常开触点 | A灯 | |

测量结论：_____

6. 用万用表和试灯检查电路

在附图1-4所示电路图上的 $A$、$B$、$C$、$D$、$E$、$F$ 设置断路故障，检查并填附表1-5：

附图1-4　检查电路

检查结果　　　　　　　　　　　　　　　　　　　附表1-5

| 故障点 | 1 | 2 | 3 | 4 | 5 | 6 | 7 | 8 |
|---|---|---|---|---|---|---|---|---|
| | 亮/12V | | | | | | | |
| | 亮/12V | | | | | | | |
| F | 亮/12V | | | | | | | |

故障测量原理和结论：_____

7. 根据位置图和连接器图，查看汽车上的连接器。拆装1～2个连接器并画出连接器的插座和插头图。描述插座和插头。

| 插头示意图 | 插座示意图 |
|---|---|
| | |

插头：_____

插座：_____

## 六、考核评分表(附表1-6)

考核评分表　　　　　　　　　　　　　　附表1-6

| 实训名称 | | | | |
|---|---|---|---|---|
| 考核项目 | 考核内容 | 评分 | | 备注 |
| | | 分值 | 得分 | |
| 相关知识预习 | 认真学习实训指导书,预习相关的知识 | 10 | | |
| 实训过程 | 积极参与实训,按照实训指导书的步骤规范操作,认真学习专业技能,提高专业知识 | 10 | | |
| 工作单 | 独立自主完成实训工作单的填写,结果正确 | 20 | | |
| 工作和学习的主动性 | 积极主动承担与实训有关的工作任务,在实训中主动学习相关的专业知识 | 20 | | |
| 安全、环保、卫生 | 遵守实训室有关规章制度,装着规定的工作服,注意操作安全,具备环保意识和行为习惯,保持实训场地卫生 | 10 | | |
| 纪律性 | 遵守学习纪律。不迟到,不早退,不做与实训无关的事情 | 30 | | |
| 总评 | | 100 | | |

指导教师签名：_____　　　____年___月___日

# 实训项目 2　蓄电池的检测与更换

## 一、实训内容及目标要求

| 序　号 | 工作任务 | 目标要求 | 备　注 |
|---|---|---|---|
| 1 | 蓄电池结构认识和外观检查 | 能描述蓄电池结构组成和主要零部件作用<br>能描述蓄电池型号<br>能进行蓄电池外观检查 | |
| 2 | 蓄电池性能检测 | 能进行蓄电池液面高度的检查和调整<br>能进行蓄电池密度的检查并判断蓄电池的技术状态<br>能使用高率放电计检查蓄电池技术状态<br>能进行蓄电池充电 | |
| 3 | 蓄电池更换 | 能更换现代轿车汽车的蓄电池 | |

## 二、相关知识和技能

1. 铅蓄电池结构和类型。
2. 国产铅蓄电池的型号。
3. 蓄电池技术状况的检查。

## 三、实训条件

1. 实训场所

汽车实训中心或实训基地。

2. 设备材料

(1) 解体的一般蓄电池,解体的免维护蓄电池。
(2) 技术状况良好的蓄电池,有故障的蓄电池。
(3) 吸式密度计、折光式密度计、温度计、空心玻璃管。
(4) 万用表、高率放电计等检测仪器。
(5) 汽车蓄电池充电设备。
(6) 扭力扳手、开口扳手等一般工具。

3. 技术资料

小轿车电路原理图、位置图、线束图和接插件图(纸质或电子版、实训室电脑终端均可)。

## 四、实训步骤

1. 学习与实训有关的知识,查询相关技术标准。
2. 领取实训有关的工具、设备、器材。
3. 观察切割解体的各类蓄电池,进行蓄电池结构认识。
4. 蓄电池的外观检查。
5. 电解液液面高度的检查。
(1)观察液面高度指示线法。检查透明塑料容器的蓄电池液面高度。
(2)图标标记观察法。
(3)用玻璃管测量法。
6. 检查蓄电池电解液密度(蓄电池放电程度检查)。
(1)图标标记观察法检查密度。
(2)使用吸式密度计测量密度。
(3)使用折光式密度计测量密度。
7. 蓄电池端电压和放电程度的测量。
(1)用高率放电计检查蓄电池电压和放电情况。
(2)使用高率放电计检查蓄电池的放电程度。
8. 蓄电池充电。
9. 蓄电池更换。
10. 完成实训任务后,接受指导老师技能考核。
11. 整理清洁工作场所,清点收拾借出的工具、设备、资料,交回实训室。

## 五、实训工作单

1. 蓄电池结构认识

观察切割解体的各类蓄电池,填写附图 2-1 中零件名称并描述其作用。

a)

b)

附图 2-1 蓄电池结构认识

2. 蓄电池的外观检查
(1)检查蓄电池外壳是否破裂、电解液有无渗漏。

(2)检查蓄电池安装和正负极连接是否安全可靠。
(3)检查蓄电池正、负极柱是否脏污或有氧化物。
(4)观察加液孔盖是否破裂、电解液有无渗漏、通气孔是否畅通。
(5)填写附表2-1。

**蓄电池的外观检查表**　　　　　　　　　　　　　　　　附表2-1

| 检查对象 | 状　况 | 备　注 |
| --- | --- | --- |
| 安装情况 | | |
| 连接情况 | | |
| 外壳 | | |
| 正、负极 | | |
| 加液孔 | | |

3.电解液液面高度的检查

(1)采用观察液面高度指示线法,检查透明塑料容器的蓄电池液面高度,如附图2-2所示。

附图2-2　蓄电池液面高度检查

检查结果:＿＿＿＿＿＿＿＿＿＿＿＿＿＿＿＿＿＿＿＿＿＿＿＿＿＿＿＿＿＿
是否需添加蒸馏水＿＿＿＿＿＿＿＿＿＿＿＿＿＿＿＿＿＿＿＿＿＿＿＿＿＿
为什么不添加硫酸或电解液＿＿＿＿＿＿＿＿＿＿＿＿＿＿＿＿＿＿＿＿＿
(2)玻璃管测量法,如附图2-3所示。
实训过程:＿＿＿＿＿＿＿＿＿＿＿＿＿＿＿＿＿＿＿＿＿＿＿＿＿＿＿＿＿
检查结果:＿＿＿＿＿＿＿＿＿＿＿＿＿＿＿＿＿＿＿＿＿＿＿＿＿＿＿＿＿
是否需添加蒸馏水?＿＿＿＿＿＿＿＿＿＿＿＿＿＿＿＿＿＿＿＿＿＿＿＿

4.检查蓄电池电解液密度

测量蓄电池电解液密度时,蓄电池应处于稳定状态。蓄电池充、放电或加注蒸馏水后,应静置半小时后再测量。电解液相对密度每下降 $0.01g/cm^3$，相当于蓄电池放电 6%。由此，根据电解液密度可以确定蓄电池的放电程度。一般规定，蓄电池冬季放电达 25%，夏季放电达 50% 时不宜再使用，应及时进行充电，否则会使蓄电池极板硫化而提前报废。

附图 2-3　玻璃管测量法

（1）图标标记观察法检查密度。从汽车免维护蓄电池自带的电解密度检查液密度计观察颜色，对照图标进行检查并填写附表 2-2。

密度检查　　　　　　　　　　　　　　　　　附表 2-2

| 项　　目 | 密度正常 | 密度太低 | 液面太低 | 蓄电池报废 |
|---|---|---|---|---|
| 免维护蓄电池上图标颜色 | | | | |
| 观测的颜色 | 颜色：　　　　密度：　　　　液面高度： ||||
| 蓄电池技术状态 | ||||
| 解决措施 | ||||

（2）使用吸式密度计测量密度，如附图 2-4 所示。

附图 2-4　吸式密度计测量密度

打开蓄电池的加液孔盖，将密度计橡胶皮球捏扁，排出吸管中的部分空气后；下端橡皮管插入电池电解液中。

慢慢放松橡胶皮球，电解液就会被吸进玻璃管中。注意控制吸入的电解液不要过多或过少，使密度计芯管既能被浮起，又不要被上端顶住，以保证测量的准确性。

使密度计芯管浮在玻璃管中央（不要与管壁接触），然后读取电解密度值。

将测量换算后的电解液密度值与上次充电终了的电解密度进行对比,根据两次的密度差来判断蓄电池的放电程度(附表2-3)。

密度检查　　　　　　　　　　　　　　　　　　附表2-3

| 项　　目 | 密度太高 | 密度正常 | 密度太低 | 蓄电池报废 |
|---|---|---|---|---|
| 密度计上面颜色 | | | | |
| 观测的密度数值 | | 对应的颜色 | | |
| 蓄电池技术状态 | | | | |
| 放电程度 | | 设充足电密度:1.28 | | |
| 解决措施 | | | | |

(3)使用折光式密度计测量密度(附图2-5)。

附图2-5　折光式密度计测量密度
a)仪器结构;b)观察视场

测量时打开盖板,用软布仔细擦净检测棱镜。取待测溶液数滴,置于检测棱镜上,轻轻合上盖板,避免气泡产生,使溶液遍布棱镜表面。将仪器进光板对准光源或明亮处,眼睛通过目镜观察视场,转动目镜调节手轮,使视场的蓝白分界线清晰。分界线的刻度值即为溶液的密度,完成附表2-4。

测量结果　　　　　　　　　　　　　　　　　　附表2-4

| 观测的密度数值 | 项　　目 |
|---|---|
| 蓄电池技术状态 | |
| 放电程度 | 设充足电密度:1.28 |
| 解决措施 | |

5.用高率放电计检查蓄电池电压和放电情况

(1)蓄电池电压测量,如附图2-6所示。

按附图2-6所示,测量电压并通过发光二极管判断蓄电池正负极,填写附表2-5。

附图 2-6 蓄电池电压测量

**测 量 结 果**　　　　　　　　　　　　　　　　　　　　　　附表 2-5

| 测量项目 | 测量数值 | 技 术 状 态 | |
|---|---|---|---|
| 蓄电池静态电压 | | | |
| 蓄电池正极位置 | 引线端○ | | 仪器端○ |

(2)蓄电池放电情况测量:这种放电计的正面表盘上设有红、黄、蓝色的条形,分别表明蓄电池的不同放电程度,其中红色区域表示亏电或有故障;黄色区域表示亏电较少或技术状况较好;绿色区域则表示电充足或技术状况良好。表面上的上、下两条彩色条形图,分别测量≤60Ah 和 >60Ah 的蓄电池的放电程度。测量时注意:放电 20s,停止 3min,连续放电 3 次,以第 3 次为准。

写出高率放电计结构和工作原理:_____

(3)使用高率放电计检查蓄电池的放电程度。

实验步骤:_____

实验结果:_____

结论:_____

6.蓄电池充电分为初充电、补充充电、去硫化充电等

(1)初充电。

条件:_____

充电操作步骤:_____

是否充足电的检测方法:_____

注意事项:_____。

(2)补充充电。

条件:_____

充电操作步骤:_____

是否充足电的检测方法:_____

注意事项:_____。

**7. 蓄电池更换**

(1) 步骤：

① 保存计算机随机存储器信息。

A. 可能需要记录各 ECU 存储的故障码。

B. 可能需要记录收音机存储的电台频率。

C. 可能需要记录 ECU 控制的电动座椅存储的信息。

D. 可能需要记录其他各 ECU 的随机存储器记录的信息。

E. 注意音响系统是否有防盗功能，防止音响锁死。

② 先断开蓄电池的负极电缆，再断开正极电缆。

③ 拆下蓄电池。

④ 安装和固定新的蓄电池。

⑤ 先接通蓄电池的正极电缆，再接通负极电缆。

⑥ 恢复收音机、电动座椅等信息。

(2) 操作情况记录：_____

## 六、考核评分表(附表2-6)

考核评分表　　　　　　　　　　　　　　　　　　　附表2-6

| 实训名称 | | | | |
|---|---|---|---|---|
| 考核项目 | 考核内容 | 评分 | | 备注 |
| | | 分值 | 得分 | |
| 相关知识预习 | 认真学习实训指导书，预习相关的知识 | 10 | | |
| 实训过程 | 积极参与实训，按照实训指导书的步骤规范操作，认真学习专业技能，提高专业知识 | 10 | | |
| 工作单 | 独立自主完成实训工作单的填写，结果正确 | 20 | | |
| 工作和学习的主动性 | 积极主动承担与实训有关的工作任务，在实训中主动学习相关的专业知识 | 20 | | |
| 安全、环保、卫生 | 遵守实训室有关规章制度，装着规定的工作服，注意操作安全，具备环保意识和行为习惯，保持实训场地卫生 | 10 | | |
| 纪律性 | 遵守学习纪律。不迟到，不早退，不做与实训无关的事情 | 30 | | |
| 总评 | | 100 | | |

指导教师签名：_____　　　　　____年____月____日

# 实训项目3　发电机检修

## 一、实训内容及目标要求

| 序　号 | 工作任务 | 目标要求 | 备　注 |
|---|---|---|---|
| 1 | 发电机结构认识 | 会描述发电机的结构和工作原理<br>会就车进行发电机性能检测 | |
| 2 | 发电机检修 | 会进行发电机检修 | |

## 二、相关知识和技能

1. 发电机作用和类型。
2. 整体式发电机结构、发电机内部电路与原理。
3. 整体式发电机组成和各组成作用。
4. 整体式发电机检修步骤。

## 三、实训条件

1. 实训场所

汽车实训中心或实训基地。

2. 设备材料

(1) 汽车发动机台架或电源系示教板。
(2) 丰田汽车用整体式发电机。
(3) 万用表、感应式电流表、游标卡尺、可调直流稳压电源。
(4) 丰田发电机电压调节器检测仪器。
(5) 试灯3盏、连接导线10根。
(6) 拆装工具(含发电机专用拆装工具)和维修工具。
(7) 拆装工作台。
(8) 干净的毛布若干和手套。
(9) 清洗剂、汽油、润滑脂、0号砂纸、机油若干。

3. 技术资料

(1) 相应的轿车电源系电路位置图(纸质或电子版、实训室电脑终端均可)。
(2) 丰田汽车用整体式发电机结构图(纸质或电子版、实训室电脑终端均可)。
(3) 丰田发动机维修手册(发电机部分)(纸质或电子版、实训室电脑终端均可)。

## 四、实训步骤

1. 学习与实训有关的知识,查询相关技术标准。
2. 领取实训有关的工具、设备、器材。
3. 描述电源系主要零部件作用、结构、电路、原理。
4. 进行发电机就车检测、填写发电机就车检测表。
5. 发电机的分解。
6. 零件清洗。
7. 零部件认识。
8. 发电机的解体后检测与维修。
9. 发电机的装复。
10. 在电器试验台上进行发电机性能检测。
11. 完成实训任务后,接受指导老师技能考核。
12. 整理清洁工作场所,清点收拾借出的工具、设备、资料,交回实训室。

## 五、实训工作单

1. 观察实训用车描述电源系主要零部件名称、作用和位置。

_____

2. 进行发电机就车检测、填写发电机就车检测表。
(1)在进行发电机就车测试之前。先检查发电机皮带、蓄电池和充电电路。
(2)发电机无负载测试(其目的是测试发电机电压是否保持在一恒定的水平)。
按附图3-1连接电流表和电压表。

附图3-1 连接电路图

关闭所有的用电设备,起动发动机保持转速2000r/min,查看电流表电流应小于10A,检测电压表电压应在13.5V~15.1V之间,如果电压大于额定值可能IC调节器有故障,如果电压小于额定值可能除IC调节器外的发电机其他元件有故障。

提醒:如果电流大于10A,即使IC调节器有问题、电压表所显示的电压值仍然有可能会符合规定。

(3)发电机载荷测试(带负荷测试发电机输入电流和功率)。

打开用电设备,增大发电机负荷。观察电流表电流。随着用电设备增多,发电机输出电流将逐步达到额定电流。电流应达到发电机最大输出电流,否则可能是发电机的发电和整流部分有故障。

提示:如果打开用电设备少,发动机输出电流不会达到额定电流。

将检测结果记录在附表3-1中。

发电机就车检测表　　　　　　　　　　　　　　　附表3-1

| 序号 | 检测项目 | | 标准 | 检测情况 | 检测结论 |
|---|---|---|---|---|---|
| 1 | 无负载测试 | 蓄电池静态电压 | 12~13V | | |
| 2 | | 发电机输出电流 | 小于10A | | |
| 3 | | 蓄电池电压 | 13.5~15.1V | | |
| 4 | | 发电机电压 | 14.5±0.6V | | |
| 5 | 载荷测试 | 发电机输出电流 | 达到额定电流 | | |
| 6 | | 蓄电池电压 | 13.5~15.1V | | |

3. 发电机的分解

(1)认识零部件名称和结构。在附图3-2各序号旁空白位置写出各零件名称,并描述零件间连接关系。

附图3-2　发电机分解

(2)发电机解体前应清洁外部的油污和灰尘。

(3)拆卸发电机皮带轮。一只手戴着手套抓住皮带轮,另一只手用风动扳手拆下拆卸皮带轮螺母,取下发电机皮带轮。

(4)拆卸发电机电刷座总成。拆下B端子螺母和绝缘座。拆下后盖三个螺栓,取下后盖。拆下两个电刷座螺栓,取下电刷座。

(5)拆卸发电机调节器总成。拆下发电机调节器螺母及接线,取下发电机调节器。

(6)拆卸整流器。拆下整流器螺母和电枢连接线,取下整流器。

(7)拆卸后端盖。拆下后端盖与前端盖连接的四个螺母,用两爪拉马扣在后端盖轴承座上,拉出后端盖,如附图3-3所示。

附图3-3 拆卸后端盖

(8)拆卸发电机转子总成。把前端盖放在木块上,下方垫一块毛布,用橡胶榔头敲出转子,如附图3-4所示。

附图3-4 拆卸发电机转子

4.零件清洗

将已解体的机械部分浸入清洗液中清洗,电气部分用棉纱蘸少量汽油擦拭干净。

5.零部件认识

对照发电机结构图,观察发电机各零部件结构,认识其作用。观察发电机内部电路图,并对照实物认识电路各连接点,如附图3-5所示。

6.发电机的解体后检测与维修

(1)检查发电机转子总成。

①目视检查。检查滑环变脏或烧蚀的程度,如附图3-6所示。

②清洗。用布料和毛刷,清洁滑环和转子。如果轻微脏污和烧蚀,用0号砂纸打磨。脏污和烧蚀严重,更换转子总成。

附图3-5　发电机结构图

附图3-6　检查滑环

③用万用表,检查滑环之间是否导通。阻值3Ω左右,如附图3-7所示。

附图3-7　检查滑环之间是否导通

④检查滑环和转子之间的绝缘。检查滑环和转子之间的绝缘电阻。阻值大于0.1MΩ,如附图3-8所示。

⑤测量滑环直径。用游标卡尺测量滑环的外径,如果测量值超过规定的磨损极限,更换转子,如附图 3-9 所示。

附图 3-8　检查滑环与转子之间的绝缘电阻

附图 3-9　测量滑环外径

⑥将检测结果记录在附表 3-2 中。

转子检测结果记录表　　　　　　　　　　　附表 3-2

| 序号 | 检测项目 | | 标　准 | 检测情况 | 结　论 |
|---|---|---|---|---|---|
| 1 | 目视检查 | | 滑环无变脏或烧蚀 | | |
| 2 | 磁场绕组 | 磁场绕组断路的检查 | 3Ω 左右 | | |
| | | 磁场绕组搭铁的检查 | 0.1MΩ 以上 | | |
| 3 | 滑环直径 | | 超过规定的磨损极限,更换转子 | | |

(2)检查整流器。

①使用万用表的二极管测试模式。在整流器的端子 B 和端子 P1 到 P4 之间测量正极管是否只能单向导通,如附图 3-10 所示。

②在整流器的端子 E 和端子 P1 到 P4 之间测量负极管是否只能单向导通,如附图 3-11 所示。

附图3-10 检查整流器1　　　　　附图3-11 检查整流器2

③将检测结果记录在附表3-3中(使用万用表二极管测量挡)

检 查 结 果　　　　　　　　　附表3-3

| 测量位置 | 方向 | 电压 | 测量结论 |
|---|---|---|---|
| 正极管(P~B之间) | 正向 | P1→B = | |
| | | P2→B = | |
| | | P3→B = | |
| | | P4→B = | |
| | 反向 | B→P1 = | |
| | | B→P2 = | |
| | | B→P3 = | |
| | | B→P4 = | 合格 |
| 负极管(P~E之间) | 正向 | E→P1 = | 不合格 |
| | | E→P2 = | |
| | | E→P3 = | |
| | | E→P4 = | |
| | 反向 | P1→E = | |
| | | P2→E = | |
| | | P3→E = | |
| | | P4→E = | |

(3)检查集成电路调节器。

①按附图3-12连接线路。

②把可变直流电源调到12V,SW1、SW2置OFF状态,SW3置ON状态。

③检测起动状态。SW1置ON(点火开关ON状态)。L1(充电指示灯):亮。L2(磁场绕组):微弱点亮(初期充磁)。

④检测发动机运转状态。SW2置ON(发动机运转状态),这时L1(充电指示灯):灭,L2(磁场绕组):亮(充磁)。

附图 3-12 检查集成电路调节器

⑤检测调压状态。SW1、SW2 置 ON 不动,把电压从 12V 慢慢提升,当电压上升到 (14.5±0.6)V 时,L1(充电指示灯)保持灭,L2(磁场绕组)灭(退磁)。同时,将电压稍微下调,L2(磁场绕组)亮(充磁)。

⑥高压报警:SW1、SW2 置 ON,SW3 置 OFF,电压慢慢提高到(16.5±0.1)V,这时 L1(充电指示灯)变亮,高压报警。

⑦低压报警:SW1、SW2 置 ON,SW3 置 OFF,电压慢慢下降到 10V 以下,这时 L1(充电指示灯)变亮低压报警。

⑧S 端子断路报警:SW1、SW2 置 ON,SW3 置 OFF,电压调到 12V,断开 S 端子。这时 L1(充电指示灯)变亮,S 端子断路报警。

⑨B~F 之间续流二极管检查。B~F 之间反向应不导通,F~B 之间应正向导通。

⑩将检测结果记录在附表 3-4 中。

**集成电路调节器检测结果记录表**　　　　　　　　　　　附表 3-4

| 检测状态 | 检测要求 | 检测结果 | 检测结论 |
| --- | --- | --- | --- |
| 起动状态 | L1:亮<br>L2:微亮 | | |
| 运转状态 | L1:灭<br>L2:亮 | | |
| 调压状态(高压) | L1 灭<br>L2 灭 | | |
| 调压状态(低压) | L1 灭<br>L2 亮 | | 合格 |
| 高压报警 | L1 亮<br>L2 灭 | | 不合格 |

续上表

| 检测状态 | 检测要求 | 检测结果 | 检测结论 |
|---|---|---|---|
| 低压报警 | L1 亮<br>L2 灭 | | |
| S 端子断路报警 | L1 亮<br>L2 灭 | | |
| 续流二极管 | 正反向电阻 | | |

(4) 发电机电刷座。

①用游标卡尺测量电刷中间突出部分的长度,如附图 3-13 所示。

附图 3-13 测量突出部分长度

提示:在电刷的中部测量(电刷的)长度。如果测量值小于标准值,将电刷和电刷座一起更换。原厂长度 10mm,限度 4.5mm。

②用手下压电刷,检查电刷弹簧弹性。

③将检测结果记录在附表 3-5 中。

发电机电刷座检测结果记录表　　　　附表 3-5

| 检测项目 | 检测要求 | 检测数据 | 检测结论 |
|---|---|---|---|
| 电刷长度 | >4.5mm | | |
| 弹簧弹性 | 有弹性 | | |

(5) 检查发电机电枢绕组和轴承。

①电枢绕组断路故障的检查。用万用表测量电枢绕组各引线应导通,如附图 3-14a)所示。

②电枢绕组搭铁故障的检查。用万用表测量电枢绕组引线与铁芯应不导通,如附图 3-14b)所示。

③检查发电机轴承。轴承不得有麻点、可感觉到的间隙,转动不得有异响。

④将检测结果记录在附表 3-6 中。

7. 发电机的装复

发电机的形式不同,具体装复的步骤不可能完全相同,但基本原则是按分解时的相反步骤进行。

①安装发电机转子总成。在发电机前轴承加适量润滑脂,用橡胶榔头将转子敲入前端盖。在发电机后轴承加适量润滑脂,用橡胶榔头将后端盖安装到转子上。

附图 3-14 检查发电机电枢绕组断路故障与搭铁故障

注意：位置和电枢引线对正。

发电机电枢和轴承检测结果记录表　　　　　　　　　　附表 3-6

| 零件 | 检测项目 | 检测要求 | 检测数据 | 检测结论 |
|---|---|---|---|---|
| 电枢 | 线圈间电阻 | <1Ω | | 合格 |
| | 线圈绝缘电阻 | 0.1MΩ 以上 | | 不合格 |
| 轴承 | 间隙、异响、麻点 | | | 合格<br>不合格 |

按规定扭力拧紧后，端盖上螺母。

②安装整流器并将整流器与电枢导线连接。

注意：电枢导线连接导线绝缘体。

③安装发电机调节器总成。

④依次安装电刷座、后盖、发电机 B 端子绝缘体。

⑤安装发电机皮带轮。按规定扭力拧紧皮带轮螺母。

8．发电机性能检测

（1）发电机调节电压测试。将发电机固定在电器万能试验台上，按电器万能试验台要求安装并按附图 3-15 连接，闭合 K1，充电指示灯亮，让发电机转速慢慢升高。当充电指示灯熄灭、电流表指示有充电电流时，闭合 K2。调整发电机转速和负载电流达到基准值，这时电压应达到规定的基准值(14.5±0.6)V。

附图 3-15

提醒：这时先将电器万能试验台上可变电阻置于最大值。

（2）发电机无负荷测试。保持 K1 闭合，打开 K2，调整（降低）发电机转速，当输出电流接近 0A 时打开 K1。调整发电机转速使电压达到基准值，这时发电机转速应达到规定的基准值。

(3)发电机输出性能测试。升高发电机转速,闭合 K1 和 K2。同时调整发电机转速和负载电阻使发电机转速和电压达到基准值,这时发电机输出电流应达到基准值。

(4)将检测结果记录在附表 3-7 中。

发电机装复和性能检测结果记录表　　　　　　　　　附表 3-7

| 序号 | 检测项目 | 标准情况(V) | 检测结果 | 结　论 |
|---|---|---|---|---|
| 1 | 调节电压 | 14.5±0.6 | 合格　不合格 | |
| 2 | 空转转速 | | | |
| 3 | 额定电流 | | | |

注:空转转速和额定电流查维修手册填入。

9.完成实训任务后,接受指导老师技能考核

10.整理清洁工作场所,清点收拾借出的工具、设备、资料,交回实训室

## 六、考核评分表(附表3-8)

考　核　评　分　表　　　　　　　　　附表 3-8

| 实训名称 | | | | |
|---|---|---|---|---|
| 考核项目 | 考核内容 | 评分 | | 备注 |
| | | 分值 | 得分 | |
| 相关知识预习 | 认真学习实训指导书,预习相关的知识 | 10 | | |
| 实训过程 | 积极参与实训,按照实训指导书的步骤规范操作,认真学习专业技能,提高专业知识 | 10 | | |
| 工作单 | 独立自主完成实训工作单的填写,结果正确 | 20 | | |
| 工作和学习的主动性 | 积极主动承担与实训有关的工作任务,在实训中主动学习相关的专业知识 | 20 | | |
| 安全、环保、卫生 | 遵守实训室有关规章制度,装着规定的工作服,注意操作安全,具备环保意识和行为习惯,保持实训场地卫生 | 10 | | |
| 纪律性 | 遵守学习纪律。不迟到,不早退,不做与实训无关的事情 | 30 | | |
| 总评 | | 100 | | |

指导教师签名:_____　　　_____年_____月_____日

# 实训项目 4　电源系电路故障检修（2 学时）

## 一、实训内容及目标要求

| 序　号 | 工作任务 | 目　标　要　求 | 备　注 |
|---|---|---|---|
| 1 | 电源系电路认识 | 会描述汽车电源系组成、主要零部件作用<br>会描述汽车电源系电路和工作原理 | |
| 2 | 电源系电路故障检修 | 会进行轿车电源系电路的检查和电路连接<br>会进行轿车电源系一般故障的判断与排除 | |

## 二、相关知识和技能

1. 汽车电源系组成、电路和各零部件作用。
2. 汽车整体式发电机结构与原理。
3. 汽车电源系常见故障原因和判断。

## 三、实训条件

1. 实训场所

汽车实训中心或实训基地。

2. 设备材料

(1) 丰田轿车或丰田发动机台架。（尽量使用威驰和花冠）
(2) 丰田轿车电源系示教板。
(3) 数字万用表一台、灯泡和二极管试灯各一个、测试连接线 2 根。
(4) 钳式电流表。
(5) 一般拆装工具一套。
(6) 手电筒 2~3 把。
(7) 干净的机布若干。

3. 技术资料、技术标准

丰田轿车电路原理图、位置图、线束图和接插件图（纸质或电子版、实训室电脑终端均可）。
汽车维修手册（纸质或电子版、实训室电脑终端均可）。

## 四、实训步骤

1. 学习与实训有关的知识,查询相关技术标准。
2. 领取实训有关的工具、设备、器材。
3. 从丰田轿车电源系示教板和发动机台架上观察并描述电源系组成、各零部件作用和电路。
4. 观测发电机各接插件,画出接插件图,并描述各接线柱的名称和作用。
5. 进行发电机就车技术状态检测,填写发电机就车检测表。
6. 说明充电指示灯常亮和不亮的原因,并进行故障判断和排除。
7. 设置电源系故障并进行故障判断和排除。
8. 在实训过程中,按照工作单的要求,完成相应的实训和学习任务。
9. 完成实训任务后,接受指导老师技能考核。
10. 整理清洁工作场所,清点收拾借出的工具、设备、资料,交回实训室。

## 五、实训工作单

1. 观察丰田轿车电源系示教板和发动机台架并描述电源系组成、各零部件作用和电路。

(1) 描述电源系组成、主要零部件作用。

_____

(2) 根据观察,补充完成电源系电路,如附图 3-5 所示。

(3) 描述发电机的主要部分组成、各组成的作用。

_____

(4) 描述发电机的接线柱、每个接线柱的作用。

_____

(5) 测量发电机各接线柱填写附表 4-1:

发电机接线柱信息　　　　　　　　　　　　　　　　　附表 4-1

| 发电机接线柱 | 熄火(点火开关断开) | 熄火(点火开关接通) | 发动机急速 | 备注 |
|---|---|---|---|---|
| B | 电压:____ 试灯:____ | 电压:____ 试灯:____ | 电压:____ 试灯:____ | |
| S | 电压:____ 试灯:____ | 电压:____ 试灯:____ | 电压:____ 试灯:____ | |
| IG | 电压:____ 试灯:____ | 电压:____ 试灯:____ | 电压:____ 试灯:____ | |
| L | 电压:____ 试灯:____ | 电压:____ 试灯:____ | 电压:____ 试灯:____ | |
| 充电指示灯 | | | | |

(6) 描述内部电压调节器主要零件的作用填写附表 4-2。

零部件名称及作用　　　　　　　　　　　　　　　　　附表 4-2

| 零部件名称 | 作　用 |
|---|---|
| TR1 | |
| TR2 | |
| D1 | |
| MIC | |

2. 观察发电机各接插件,画出接插件图。



3. 进行发电机就车无负荷检测,填写发电机就车检测表。
(1)在进行发电机就车测试之前,先检查发电机皮带、蓄电池和充电电路。
(2)发电机无负载测试(测试发电机电压是否保持在一恒定的水平)。
①如附图3-1,连接电流表和电压表。
②关闭所有的用电设备。
③起动发动机保持转速2000r/min。
④查看电流表电流应小于10A。
⑤检测电压表电压应为13.5~15.1V。
⑥如果电压大于额定值,可能IC调节器有故障。
⑦如果电压小于额定值,可能除IC调节器外的发电机其他元件有故障。
提醒:如果电流大于10A,即使IC调节器有问题、电压表所显示的电压值仍然有可能会符合规定。

4. 进行发电机就车载荷测试(测试发电机输入电流和功率)。
(1)打开用电设备,增大发电机负荷。
(2)观察电流表电流。随着用电设备增多,发电机输出电流将逐步达到额定电流。
(3)电流不能达到发电机最大输出电流,可能是发电机局部有故障。
提示:如果打开用电设备少,发动机输出电流不会达到额定电流。
(4)将检测结果记录在附表4-3中。

检测结果　　　　　　　　　　　　　　　　　　　　　　　　附表4-3

| 序号 | 检测项目 | | 标准情况 | 检测情况 | 检测结论 |
|---|---|---|---|---|---|
| 1 | 无负载测试 | 蓄电池静态电压 | 12~13V | | |
| 2 | | 发电机输出电流 | 小于10A | | |
| 3 | | 蓄电池电压 | 13.5~15.1V | | |
| 4 | | 发电机电压 | (14.5±0.6)V | | |
| 5 | 载荷测试 | 发电机输出电流 | 达到额定电流 | | |
| 6 | | 蓄电池电压 | 13.5~15.1V | | |

5. 设置起动后充电指示灯不熄灭同时发电机不发电故障。
学生通过线路原理分析描述故障可能原因。
故障可能原因:＿＿＿＿＿＿＿＿＿＿＿＿＿＿＿＿＿＿＿＿＿＿＿＿＿＿＿＿
设计故障判断步骤和判断方法:＿＿＿＿＿＿＿＿＿＿＿＿＿＿＿＿＿＿＿＿
通过测量和判断确定的故障原因并排除故障。
6. 设置起动后充电指示灯不熄灭同时发电机发电正常故障。
学生通过线路原理分析描述故障可能原因:＿＿＿＿＿＿＿＿＿＿＿＿＿＿＿
设计故障判断步骤和判断方法:＿＿＿＿＿＿＿＿＿＿＿＿＿＿＿＿＿＿＿＿

通过测量和判断确定的故障原因并排除故障。
7. 设置充电指示灯不亮同时发电机不发电故障。
学生通过线路原理分析描述故障可能原因：＿＿＿＿＿＿＿＿＿＿
设计故障判断步骤和判断方法：＿＿＿＿＿＿＿＿＿＿
通过测量和判断确定的故障原因并排除故障。
8. 设置充电指示灯不亮同时发电机发电正常。
学生通过线路原理分析描述故障可能原因：＿＿＿＿＿＿＿＿＿＿
设计故障判断步骤和判断方法：＿＿＿＿＿＿＿＿＿＿
通过测量和判断确定的故障原因并排除故障。

## 六、考核评分表（附表4-4）

考核评分表　　　　　　　　　　　　　　　附表4-4

| 实训名称 | | | | |
|---|---|---|---|---|
| 考核项目 | 考核内容 | 评分 | | 备注 |
| | | 分值 | 得分 | |
| 相关知识预习 | 认真学习实训指导书，预习相关的知识 | 10 | | |
| 实训过程 | 积极参与实训，按照实训指导书的步骤规范操作，认真学习专业技能，提高专业知识 | 10 | | |
| 工作单 | 独立自主完成实训工作单的填写，结果正确 | 20 | | |
| 工作和学习的主动性 | 积极主动承担与实训有关的工作任务，在实训中主动学习相关的专业知识 | 20 | | |
| 安全、环保、卫生 | 遵守实训室有关规章制度，装着规定的工作服，注意操作安全，具备环保意识和行为习惯，保持实训场地卫生 | 10 | | |
| 纪律性 | 遵守学习纪律。不迟到，不早退，不做与实训无关的事情 | 30 | | |
| 总评 | | 100 | | |

指导教师签名：＿＿＿＿＿＿＿＿＿＿＿＿＿＿＿＿　　　　＿＿＿年＿＿＿月＿＿＿日

# 实训项目 5　起动机维护和检修

## 一、实训内容及目标要求

| 序　号 | 工作任务 | 目　标　要　求 | 备　注 |
|---|---|---|---|
| 1 | 电源系电路认识 | 会描述汽车电源系组成、主要零部件作用<br>会描述汽车电源系电路和工作原理 | |
| 2 | 电源系电路故障检修 | 会进行轿车电源系电路的检查和电路连接<br>会进行轿车电源系一般故障的判断与排除 | |

## 二、相关知识和技能

1. 起动机组成、各部分作用。
2. 起动机类型。
3. 起动机结构、起动机内部电路与原理。
4. 起动机维修步骤和维修工艺。

## 三、实训条件

1. 实训场所

汽车实训中心或实训基地。

2. 设备材料

(1) 汽车用起动机(电磁啮合式1台、移动齿轮式1台)。
(2) 万用表、游标卡尺、转速表、钳式电流表。
(3) 6-Q-60 蓄电池。
(4) 起动机拆装工具和维修工具。
(5) 若干连接导线和开关。
(6) V型块和百分表。
(7) 拆装工作台。
(8) 万能电器试验台1台。
(9) 干净的抹布若干、清洗剂、汽油、润滑脂、0号砂纸、机油若干。

3. 技术资料

(1) 轿车电路位置图(纸质或电子版、实训室电脑终端均可)。

(2) 整体式起动机结构图(纸质或电子版、实训室电脑终端均可)。

(3) 发动机维修手册(起动机部分)(纸质或电子版、实训室电脑终端均可)。

## 四、实训步骤

1. 学习与实训有关的知识,查询相关技术标准。
2. 领取实训有关的工具、设备、器材。
3. 起动机不解体检测。
4. 起动机的分解。
5. 零件清洗。
6. 起动机各零部件结构认识。
7. 起动机的零件检测。
8. 起动机的装复。
9. 起动机装复后性能检测。
10. 完成实训任务后,接受指导老师技能考核。
11. 整理清洁工作场所,清点收拾借出的工具、设备、资料,交回实训室。

## 五、实训工作单

1. 起动机不解体检测

在进行起动机的解体之前,通过不解体的性能检测大致可以找出故障。

安全提示:起动机电阻测量有短路故障,不要进行通电检测。

2. 通电检测时间 3~5s,以免烧坏电动机中的线圈

(1) 起动机电阻测量。

用数学万用表在 50 端子和搭铁之间测量保持线圈电阻,在 50 端子和 C 端子之间测量吸引线圈电阻,在 C 端子和搭铁之间测量电动机电阻,如附图 5-1 所示。根据电阻阻值确定故障可能原因(断路、短路和接触不良)。

附图 5-1 起动机电阻测量

(2) 吸引性能测试。

① 把励磁线圈的引线与 C 端子断开,如附图 5-2 所示。

②将蓄电池负极线分别接到起动机外壳和 C 端子。
③将蓄电池正极线接到 50 端子。
④观察工作情况并纪录结果。

附图 5-2　吸引性能测试

(3) 保持性能测试。在驱动齿轮移出之后,从端子 C 上拆下导线,观察并纪录结果如附图 5-3 所示。

附图 5-3　保持性能测试

(4) 驱动齿轮复位测试。拆除外壳上的负极搭铁线,观察并纪录结果,如附图 5-4 所示。

附图 5-4　驱动齿轮复位测试

(5) 起动机空转测试,如附图 5-5 所示。连接蓄电池、安培表、电磁起动开关。测量电流和转速,并纪录结果,判断起动机性能。

附图5-5 起动机空转测试

(6)检测后,将结果记录在附表5-1中。

**起动机不解体检测表** 附表5-1

| 序号 | 检测项目 | 标　　准 | 检测结果 | 结　　论 |
|---|---|---|---|---|
| 1 | 保持线圈电阻 | 小于2 | | |
| 2 | 吸引线圈电阻 | 小于1 | | |
| 3 | 直流电动机电阻 | 小于1 | | |
| 4 | 吸引线圈性能测试 | 齿轮推出 | | |
| 5 | 保持线圈性能测试 | 齿轮推出 | | |
| 6 | 驱动齿轮复位测试 | 齿轮复位 | | |
| 7 | 空转实验 | I =<br>N = | I =<br>N = | |

**3. 起动机的分解**

起动机解体前,应清洁外部的油污和灰尘,查阅资料认识起动机结构和各零部件作用。在附图5-6中标注各零部件名称,写出其作用。

1-30 端子; 8-磁场绕组;
2-50 端子; 9-电磁开关;
3-C 端子; 10-吸引线圈;
4-正极电刷; 11-保持线圈;
5-负极电刷; 12-接触盘;
6-换向器; 13-拨叉;
7-电枢; 14-单向离合器

附图5-6 起动机零部件

(1)拆卸电磁起动机电磁开关总成。

①拆下 C 端子定位螺母并拆下起动机励磁线圈引线,如附图5-7所示。

附图 5-7　起动机电磁开关拆卸图

②拆下起动机外壳上 2 颗固定电磁开关的螺母。
③将电磁开关向后上拉，使柱塞钩与拨叉分离。
(2)拆下起动机磁轭总成。
①拆下后端盖上 2 个螺栓，如附图 5-8 所示。

附图 5-8　起动机磁轭总成拆卸图

②拆下后端盖上 2 个固定换向器螺栓。
③拆下换向器端盖。
④分开起动机外壳。
⑤拆下拨叉。
(3)拆下起动机电刷弹簧和电刷座。
①用台钳将电枢轴固定在两块铝板或布之间，如附图 5-9 所示。
②用手指向上扳卡销，然后拆下电刷座盖板。
安全提示：请慢慢拆下电刷座盖板，否则电刷弹簧可能弹出。
③用平头螺丝刀或其他工具压住弹簧，然后拆下电刷，如附图 5-10 所示。
安全提示：执行此操作时，请用胶带缠住螺丝刀。为防止弹簧弹出，执行此操作时请用

一块布盖在电刷座上。

(4)拆下起动机离合器。

①从起动机磁轭上拆下起动机电枢总成,然后用台钳将电枢固定在两块铝板或布之间。

附图5-9 电刷座盖板拆卸图

附图5-10 电刷拆卸图

②用平头螺丝刀轻敲止动环,使其向下滑动,如附图5-11所示。
③用平头螺丝刀打开卡环的开口,拆下卡环。
④从电枢轴上拆下止动环和起动机离合器。

附图5-11 离合器拆卸图

4.零件清洗

将已解体的机械部分浸入清洗液中清洗,电气部分用棉纱蘸少量汽油擦拭干净。

5.起动机各零部件结构认识

观察起动机各零部件结构,认识其作用。画出起动机内部电路图,按电路图认识各连接点。

6.起动机的零件检测

(1)直流电动机的检查。

①磁场绕组的检查。

磁场绕组断路的检查:首先通过外部检视,看其是否有烧焦或断路处,若外部检视未发现问题,可用万用表电阻 R×1 挡检测,两表笔分别接触起动机外壳引线(即电流输入接线柱)与磁场绕组绝缘电刷接头是否导通,观察并记录万用表读数,如附图 5-12 所示。

磁场绕组搭铁的检查:用万用表电阻 R×10k 挡(或数字万用表高阻挡)检测磁场绕组电刷接头与起动机外壳是否相通,观察并记录万用表读数。

附图 5-12 磁场绕组断路及搭铁的检查

②电枢绕组的检查。

电枢绕组搭铁的检查:用万用表电阻 R×10k 挡检测,如附图 5-13 所示,用一根表笔接触电枢铁芯,另一根表笔依次接触换向器铜片,观察并记录万用表读数。

附图 5-13 电枢绕组搭铁的检查

电枢绕组断路的检查:用万用表电阻 R×1Ω 挡,将两个表笔分别接触换向器相邻的铜片,如附图 5-14 所示,测量每相邻两换向片间是否相通,观察并记录万用表读数。

附图 5-14 电枢绕组断路的检查

电枢轴跳动量检查:利用百分表及台架,对电枢轴跳动量进行检测,观察并记录测量结果,如附图 5-15 所示。将百分表顶在换向器上,检查换向器同轴度,要求不大于 0.03,否则应进行车削。

附图 5-15 电枢轴跳动检查

③换向器检查。检查换向器表面有无烧蚀,如果程度较轻,用 0 号砂纸打磨,如果严重,应进行车削。检查换向器直径,不应小于标准尺寸(1.10mm),如附图 5-16 所示。

附图 5-16 换向器直径检查

检查换向器云母片深度。深度为 0.04~0.08mm,如附图 5-17 所示。

附图 5-17 换向器云母片深度

④电刷的检查。使用游标卡尺对电刷进行检查,观察并记录测量结果,如附图 5-18 所示。电刷长度应为 8.5~13mm。

(2)传动机构的检修。

①单向离合器花键检查,如附图 5-19 所示。将单向离合器及驱动齿轮总成装到电枢轴

上,握住单向离合器外座圈,当转动电枢时,驱动齿轮总成应能沿电枢轴自如滑动。检查小齿轮、花键,以及飞轮齿圈有无磨损或损坏。

附图 5-18 电刷的检查

附图 5-19 单向离合器的安装与检查

②单向离合器单向传动检查。在确保驱动齿轮无损坏的情况下,握住外座圈,转动驱动齿轮,应能自由转动;用手反转时,应锁住,如附图 5-20 所示。

附图 5-20 单向离合器单向传动检查

(3)电磁开关的检查。检查电磁开关活动铁芯的弹性。

用手按住活动铁芯,松开手之后,检查活动铁芯是否很顺畅地返回其原来位置,如附图 5-21 所示。

电磁开关线圈的检查(附图 5-22)。用万用表在端子 50 和端子 C 之间,测量吸引线圈电阻,在端子 50 和端子开关体之间,测量保持线圈的电阻,观察并记录万用表读数。

附图 5-21　检查电磁开关的活动铁芯弹性

附图 5-22　电磁开关线圈的检查

(4)检测后,将结果记录在附表 5-2 中。

**起动机解体后检测数据记录表**　　　　　　　　　　附表 5-2

| 序号 | 检测项目 | | 标　准 | 检测情况 | 结　论 |
|---|---|---|---|---|---|
| 1 | 磁场绕组 | 磁场绕组断路的检查 | 0.1～0.2Ω | | 合格<br>不合格 |
| | | 磁场绕组搭铁的检查 | 10MΩ 以上 | | |
| 2 | 电枢绕组 | 电枢绕组搭铁的检查 | 0.1～0.2Ω | | 合格<br>不合格 |
| | | 电枢绕组断路的检查 | 通 | | |
| 3 | 电枢轴弯曲度 | | ≤0.03 | | 合格<br>不合格 |
| 4 | 换向器同轴度 | | ≤0.03 | | 合格<br>不合格 |
| 5 | 换向器表面有无烧蚀 | | | | 合格<br>不合格 |
| 6 | 换向器圆度和直径 | | 圆度≤0.03 | 直径不小于标准<br>尺寸(1.10mm) | 合格<br>不合格 |

续上表

| 序号 | 检测项目 | | 标准 | 检测情况 | 结论 |
|---|---|---|---|---|---|
| 7 | 检查换向器云母片深度 | | 0.04~0.08mm | | 合格<br>不合格 |
| 8 | 电刷高度 | | 8.5~13mm | | 合格<br>不合格 |
| 9 | 单向离合器 | 铁芯弹性 | | | 合格<br>不合格 |
| | | 吸引线圈电阻值(Ω) | 不大于1Ω | | |
| | | 保持线圈的阻值(Ω) | 不大于2Ω | | |

7.起动机的装复

起动机的形式不同,具体装复的步骤不可能完全相同,但基本原则是按分解时的相反步骤进行(在电枢轴花键和拨叉上加润滑脂)。

8.起动机装复后性能检测

(1)起动机空转试验。

①在电器万能试验台上安装和连接,如附图5-23所示。

②接通开关和起动机电磁开关。

③测量电压、电流。用转速表测量小齿轮的转速。

④记录测量结果,与标准比较,确定起动机性能。

安全提示:每次起动时间不超过30s。

(2)起动机制动试验。

①在电器万能试验台上安装和连接,如附图5-24所示。

②接通开关和起动机电磁开关。

③测量电压、电流和小齿轮的扭力。

④记录测量结果,与标准比较,确定起动机性能。

安全提示:每次起动时间不超过5s。

附图5-23 起动机空转试验图

附图5-24 起动机制动试验

(3)检测后将结果记录在附表5-3中,并查阅维修手册,确定起动机是否合格。

9.完成实训任务后,接受指导老师技能考核

10. 整理清洁工作场所,清点收拾借出的工具、设备、资料,交回实训室

**起动机性能检测表**　　　　　　　　　　　　　　　　　　附表 5-3

| 序号 | 检测项目 | 标　准 | 检测结果 | 结　论 |
|---|---|---|---|---|
| 1 | 空转试验 | I =<br>N = | I =<br>N = | 合格<br>不合格 |
| 2 | 制动试验 | I =<br>M = | I =<br>M = | 合格<br>不合格 |

## 六、考核评分表(附表 5-4)

**考 核 评 分 表**　　　　　　　　　　　　　　　　　　附表 5-4

| 实训名称 | | 评分 | | 备注 |
|---|---|---|---|---|
| 考核项目 | 考核内容 | 分值 | 得分 | |
| 相关知识预习 | 认真学习实训指导书,预习相关的知识 | 10 | | |
| 实训过程 | 积极参与实训,按照实训指导书的步骤规范操作,认真学习专业技能,提高专业知识 | 10 | | |
| 工作单 | 独立自主完成实训工作单的填写,结果正确 | 20 | | |
| 工作和学习的主动性 | 积极主动承担与实训有关的工作任务,在实训中主动学习相关的专业知识 | 20 | | |
| 安全、环保、卫生 | 遵守实训室有关规章制度,装着规定的工作服,注意操作安全,具备环保意识和行为习惯,保持实训场地卫生 | 10 | | |
| 纪律性 | 遵守学习纪律。不迟到,不早退,不做与实训无关的事情 | 30 | | |
| 总评 | | 100 | | |

指导教师签名:_____　　　　　　　　　　　　____年__月__日

# 实训项目6　起动系统电路故障检修

## 一、实训内容及目标要求

| 序号 | 工作任务 | 目标要求 | 备注 |
|---|---|---|---|
| 1 | 汽车起动系统电路认识 | 会描述汽车起动系组成、主要零部件作用<br>会描述汽车起动系电路和工作原理 | |
| 2 | 起动系统电路故障检修 | 会进行汽车起动系电路的检查和电路连接<br>会进行汽车起动系一般故障的判断与排除 | |

## 二、相关知识和技能

1. 起动系组成和各零部件作用。
2. 起动系电路和工作原理。
3. 起动机内部电路。
4. 起动系常见故障现象、原因和判断步骤、判断方法。

## 三、实训条件

1. 实训场所

汽车实训中心或实训基地。

2. 设备材料

(1) 起动系电路实训台。
(2) 汽车发动机台架。
(3) 万用表、试灯、转速表。
(4) 拆装工具和维修工具。
(5) 若干连接导线和开关。
(6) 干净的抹布若干。
(7) 清洗剂、汽油、润滑脂、0号砂纸、机油若干。

3. 技术资料

(1) 汽车电路原理图、位置图、线束图和接插件图(纸质或电子版、实训室电脑终端均可)。
(2) 汽车维修手册(纸质或电子版、实训室电脑终端均可)。

## 四、实训步骤

1. 学习与实训有关的知识,查询相关技术标准。
2. 领取实训有关的工具、设备、器材。
3. 观察起动系示教板和发动机实训台架,描述起动系组成、各零部件作用和电路。
4. 根据起动系电路原理图,写出起动系各工作电流和工作原理。
5. 起动系电路就车检查。
6. 起动机就车检查。
7. 设置起动时起动机不转动故障,进行故障判断和排除。
8. 完成实训任务后,接受指导老师技能考核。
9. 整理清洁工作场所,清点收拾借出的工具、设备、资料,交回实训室。

## 五、实训工作单

1. 观察起动系示教板和发动机实训台架,描述起动系组成、各零部件作用和电路。
（1）描述起动系组成、各装置的作用。
（2）描述起动机主要组成,部分及作用。
（3）标出起动机每个接线柱的名称,说明每个接线柱的作用,如附图 6-1 所示。

附图 6-1　起动机接线柱

（4）观察起动系示教板连接起动系,并描述每一线路的作用,如附图 6-2 所示。

附图 6-2　起动系

(5)叙述电磁开关中保持线圈和吸引线圈的工作原理。
2.根据起动系电路原理图,写出起动系各工作电流和工作原理。
(1)起动继电器线圈电流:＿＿＿＿＿＿＿＿＿＿＿＿＿＿＿＿＿＿＿＿＿＿＿
(2)起动机电磁开关电流:＿＿＿＿＿＿＿＿＿＿＿＿＿＿＿＿＿＿＿＿＿＿＿
(3)起动机内部电动机电流:＿＿＿＿＿＿＿＿＿＿＿＿＿＿＿＿＿＿＿＿＿＿
(4)防盗系统工作原理:＿＿＿＿＿＿＿＿＿＿＿＿＿＿＿＿＿＿＿＿＿＿＿＿
3.起动系电路就车检查

当起动机起动时,由于大量的电流流出,因此蓄电池端子电压下降。尽管发动机起动前蓄电池电压正常,但是起动时蓄电池必须有一定的电压,起动机才能正常转动。因此,必须在发动机起动时,检查下列端子电压。

(1)检查蓄电池端子电压。将点火开关旋到 STAR 挡时,测量蓄电池的端子电压,如附图 6-3 所示。

附图 6-3 测量端子电压

标准:不低于 9.6V,如果低于 9.6V 则需更换电池。
提示:
1.如果起动机不运行,或者旋转缓慢,首先要检查蓄电池正常与否。
2.即使测得的端子电压正常,有污物、锈蚀或松动的端子也会由于电阻增加而引起起动不良,从而导致当点火开关旋到 START 时,由电池施加到起动机上的实际电压降低。

(2)检查端子 30 和端子 50 的电压。将点火开关旋到 STAR 挡,测量起动机端子 30 与机体搭铁之间的电压,如附图 6-4 所示。标准为不低于 8.0V,如果电压低于 8.0V,则需修理或换起动机的电缆。

将点火开关旋到 START,测量起动机端子 50 与机体搭铁之间的电压,如附图 6-5 所示。
标准为不低于 8.0V,如果电压低于 8.0V,则需检查熔断丝、点火开关、空挡起动开关、起动机继电器、离合器起动继电器、离合器起动开关等。更换或修理有故障的部件。

附图6-4　检查30端子　　　　　附图6-5　检查50端子

提示：

1. 在有离合器起动开关的汽车上，如不踩下离合器踏板，起动机不工作。
2. 带防盗系统的车中，如果此系统被触发，有些车型的起动机不会起动，即使点火开关在START位置，起动机继电器仍会保持在开路状态。

(3) 将检测结果记录在附表6-1中。

起动机就车检测表　　　　　　　　　　　　　　　　　　附表6-1

| 序　号 | 检测项目 | 标　准 | 检测情况 | 可能故障 |
|---|---|---|---|---|
| 1 | 蓄电池静态电压 | 12～14.5V | | |
| 2 | 起动时蓄电池电压 | 大于9.6V | | |
| 3 | 起动时30端子电压 | 大于8V | | |
| 4 | 起动时50端子电压 | 大于8V | | |

4. 起动机就车检查

(1) 在起动机30端子电源正常情况下，用短接线(较粗)短接起动机30端子和C端子，检查电动机。描述下列问题。

电动机正常应该看到的现象：_____

电动机不转故障或转动慢原因：_____

(2) 在电动机正常情况下，用短接线(较粗)短接起动机30端子和50端子，检查电磁开关。描述可能见到的下列故障现象和故障原因。

电磁开关无声，起动机不转原因：_____

电磁开关有声，但起动机不转原因：_____

电磁开关不断出现撞击声，同时起动机不转原因：_____

5. 设置起动时起动机不转动故障，进行故障判断和排除

(1) 根据起动系原理图，描述起动时起动机不转故障的主要原因。

(2) 设计故障判断步骤并描述判断方法。_____
(3) 通过测量和判断确定故障的原因并排除故障。

## 六、考核评分表(附表6-2)

考 核 评 分 表　　　　　　　　　　附表6-2

| 实训名称 | | | | |
|---|---|---|---|---|
| 考核项目 | 考核内容 | 评分 | | 备注 |
| | | 分值 | 得分 | |
| 相关知识预习 | 认真学习实训指导书,预习相关的知识 | 10 | | |
| 实训过程 | 积极参与实训,按照实训指导书的步骤规范操作,认真学习专业技能,提高专业知识 | 10 | | |
| 工作单 | 独立自主完成实训工作单的填写,结果正确 | 20 | | |
| 工作和学习的主动性 | 积极主动承担与实训有关的工作任务,在实训中主动学习相关的专业知识 | 20 | | |
| 安全、环保、卫生 | 遵守实训室有关规章制度,装着规定的工作服,注意操作安全,具备环保意识和行为习惯,保持实训场地卫生 | 10 | | |
| 纪律性 | 遵守学习纪律。不迟到,不早退,不做与实训无关的事情 | 30 | | |
| 总评 | | 100 | | |
| 指导教师签名:_____ | | _____年___月___日 | | |

# 实训项目7　电动车窗电路连接和故障判断

## 一、实训内容及目标要求

| 序号 | 工作任务 | 目标要求 | 备注 |
|---|---|---|---|
| 1 | 电动车窗电路认识和电路连接 | 会描述电动车窗电路组成、主要零部件作用<br>会连接电动车窗电路并描述工作原理 | |
| 2 | 电动车窗电路故障判断与排除 | 会进行电动车窗电路故障的判断与排除 | |

## 二、相关知识和技能

1. 电动车窗电路组成和各零部件作用。
2. 电动车窗电路和工作原理。
3. 电动车窗常见故障原因和判断。

## 三、实训条件

1. 实训场所

汽车实训中心汽车电气实训室。

2. 设备材料

(1)桑塔纳2000整车电路示教板。
(2)桑塔纳2000整车电路连接实训台。
(3)数字万用表一台、灯泡试灯和二极管试灯、测试连接线。
(4)故障设置用连接线。
(5)万用表和试灯。
(6)一般拆装工具一套。
(7)干净的抹布若干。

3. 技术资料

(1)桑塔纳2000整车电路图(纸质或电子版、实训室电脑终端均可)。
(2)桑塔纳2000汽车维修手册(纸质或电子版、实训室电脑终端均可)。

## 四、实训步骤

1. 学习与实训有关的知识,查询相关技术标准。
2. 领取实训有关的工具、设备、器材。
3. 分别观察桑塔纳2000整车电路示教板和桑塔纳2000整车电路图,描述电动车窗电路组成、原理和各零部件作用。
4. 在桑塔纳2000电路连接实训台上,进行电动车窗电路主要零部件认识和电路连接。
5. 电动车窗电路故障判断。
6. 完成实训任务后,接受指导老师技能考核。
7. 整理清洁工作场所,清点收拾借出的工具、设备、资料,交回实训室。

## 五、实训工作单

1. 分别观察桑塔纳2000整车电路示教板、丰田轿车电动窗电路示教板和桑塔纳2000整车电路图,描述电动车窗电路组成、原理和各零部件作用。

(1)描述电动车窗电路组成、主要零部件作用和在汽车上的位置。

_____

(2)描述车窗玻璃升降器类型和工作原理。

_____

(3)根据桑塔纳2000整车电路图描述每一零件作用和工作原理。

_____

2. 在桑塔纳2000电路连接实训台上,进行电动车窗电路主要零部件认识和电路连接。

(1)电动车窗电动机认识。用螺丝刀打开电动车窗电动机盖,将电源正极、负极分别接电动机1和2接线柱。描述观察到现象。

_____

(2)电动车窗开关认识,如附图7-1所示(用万用表测量各接线柱并填写下表,描述各接线柱作用)

| 挡位 | 2 | 5 | 4 | 3 | 1 |
|------|---|---|---|---|---|
| 上升 |   |   |   |   |   |
| 不动 |   |   |   |   |   |
| 下降 |   |   |   |   |   |

附图7-1 电动车窗电路

(3)连接前左(驾驶员位置)电动车窗电路。确认正确后,在桑塔纳2000电路连接实训台上连接,如附图7-2所示。

(4)连接后排电动车窗电路。确认正确后,在桑塔纳2000电路连接实训台上连接,如附

图7-3所示。

附图7-2　连接电路图1

附图7-3　连接电路图2

(5) 连接前左(驾驶员位置)电动车窗电路。确认正确后,在桑塔纳2000电路连接实训台上连接,如附图7-4所示。

附图7-4　连接电路图3

(6)电动车窗延时继电器认识。按照电动车窗继电器电路(结合电动车窗电路简图),描述电动车窗延时继电器工作原理及各接线柱作用,如附图7-5所示。

附图7-5　延时继电器

(7)电动车窗自动下降继电器认识。按照电动车窗继电器电路(结合电动车窗电路简图),描述电动车窗自动下降继电器工作原理及各接线柱作用,如附图7-6所示。

附图7-6　自动下降继电器

(8)在桑塔纳2000电路连接实训台上,连接前左和后排电动车窗电路并描述工作原理。(先连接完成附图7-7、确认正确,然后在实训台连接)

附图7-7　自动下降继电器

3. 电动车窗电路故障判断(在桑塔纳2000电路连接实训台上进行)

(1)使用故障线设置左前电动车窗不动故障,进行故障判断与排除。
描述故障现象:＿＿＿＿＿＿＿＿＿＿＿＿＿＿＿＿＿＿＿＿
故障可能原因:＿＿＿＿＿＿＿＿＿＿＿＿＿＿＿＿＿＿＿＿
故障判断步骤:＿＿＿＿＿＿＿＿＿＿＿＿＿＿＿＿＿＿＿＿

(2)使用故障线设置后排电动车窗不动故障,进行故障判断与排除。
描述故障现象:＿＿＿＿＿＿＿＿＿＿＿＿＿＿＿＿＿＿＿＿
故障可能原因:＿＿＿＿＿＿＿＿＿＿＿＿＿＿＿＿＿＿＿＿
故障判断步骤:＿＿＿＿＿＿＿＿＿＿＿＿＿＿＿＿＿＿＿＿

(3)使用故障线设置电动车窗故障,进行故障判断与排除。
描述故障现象:＿＿＿＿＿＿＿＿＿＿＿＿＿＿＿＿＿＿＿＿
故障可能原因:＿＿＿＿＿＿＿＿＿＿＿＿＿＿＿＿＿＿＿＿

故障判断步骤：_____

## 六、考核评分表(附表7-1)

考核评分表　　　　　　　　　　　　　　　　　　　　附表7-1

| 实训名称 | | | | |
|---|---|---|---|---|
| 考核项目 | 考核内容 | 评分 | | 备注 |
| | | 分值 | 得分 | |
| 相关知识预习 | 认真学习实训指导书,预习相关的知识 | 10 | | |
| 实训过程 | 积极参与实训,按照实训指导书的步骤规范操作,认真学习专业技能,提高专业知识 | 10 | | |
| 工作单 | 独立自主完成实训工作单的填写,结果正确 | 20 | | |
| 工作和学习的主动性 | 积极主动承担与实训有关的工作任务,在实训中主动学习相关的专业知识 | 20 | | |
| 安全、环保、卫生 | 遵守实训室有关规章制度,装着规定的工作服,注意操作安全,具备环保意识和行为习惯,保持实训场地卫生 | 10 | | |
| 纪律性 | 遵守学习纪律。不迟到,不早退,不做与实训无关的事情 | 30 | | |
| 总评 | | 100 | | |

指导教师签名：_____　　　　　____年____月____日

## 实训项目 8  刮水器电路连接和故障判断

### 一、实训内容及目标要求

| 序号 | 工作任务 | 目标要求 | 备注 |
|---|---|---|---|
| 1 | 刮水器电路连接 | 会描述刮水器电路组成、主要零部件作用<br>会连接刮水器电路并描述工作原理 | |
| 2 | 刮水器电路故障判断 | 会进行刮水器电路故障的判断与排除 | |

### 二、相关知识和技能

1. 刮水器电路组成和各零部件作用。
2. 风窗刮水器及洗涤装置电路和工作原理。
3. 刮水器常见故障原因和判断。

### 三、实训条件

1. 实训场所

汽车实训中心汽车电气实训室或实训基地。

2. 设备材料

(1) 整车电路示教板。
(2) 桑塔纳 2000 整车电路连接实训台。
(3) 数字万用表一台、灯泡和二极管试灯、测试连接线。
(4) 一般拆装工具一套。
(5) 干净的抹布若干。

3. 技术资料

(1) 桑塔纳 2000 整车电路图(纸质或电子版、实训室电脑终端均可)。
(2) 汽车维修手册(纸质或电子版、实训室电脑终端均可)。

### 四、实训步骤

1. 学习与实训有关的知识,查询相关技术标准。
2. 领取实训有关的工具、设备、器材。
3. 分别观察轿车整车电路示教板、对照整车电路图,描述刮水器电路组成、原理和各零部件作用。

4.在桑塔纳2000电路连接实训台上,进行刮水器电路主要零部件认识和电路连接。

5.在桑塔纳2000电路连接实训台上,连接刮水器电路,观察各挡位工作情况。

6.在桑塔纳2000电路连接实训台上,进行刮水器电路故障判断。

7.完成实训任务后,接受指导老师技能考核。

8.整理清洁工作场所,清点收拾借出的工具、设备、资料,交回实训室。

## 五、实训工作单

1.分别观察轿车整车电路示教板、对照整车电路图,描述刮水器电路组成、原理和各零部件作用。(推荐使用车型桑塔纳2000)

(1)描述刮水器电路组成、主要零部件作用和汽车上位置。

_____

(2)根据整车电路图,画出刮水器(带前喷水电机)电路简图。(不要求完全正确)

2.在桑塔纳2000电路连接实训台上,进行刮水器电路主要零部件认识和电路连接。

(1)刮水器电机认识。

①连接附图8-1,将开关分别接通53和53b。

附图8-1　连接电路1

描述观察到现象:_____

结合电路图思考各接线柱作用。

结合电路图思考常闭和常开触点的作用。

②连接附图8-2,将开关53分别接通低速和停。

附图8-2　连接电路2

描述观察到现象：_____

描述各接线柱作用：_____

描述常闭和常开触点的作用：_____

(2) 刮水器开关认识，如附图 8-3 所示。（用万用表或试灯测量各接线柱并填写下表，描述各接线柱作用）

| 挡位 | 53a | 53b | 53 | J | T | 53e |
|------|-----|-----|-----|---|---|-----|
| 2 | | | | | | |
| 1 | | | | | | |
| f | | | | | | |
| 0 | | | | | | |
| J | | | | | | |
| T | | | | | | |

附图 8-3  刮水器开关认识

(3) 点火开关认识，如附图 8-4 所示。（用万用表或试灯测量各接线柱并填写下表，描述各接线柱作用）

| 挡位 | 30 | P | 15 | X | 50 |
|------|-----|---|----|---|-----|
| 0 | | | | | |
| 1 | | | | | |
| 2 | | | | | |

附图 8-4  点火开关认识

(4) 在桑塔纳 2000 电路连接实训台上，连接只有高速和低速挡的刮水器电路。连接附图 8-5 电路，在指导教师确认正确后，在实训台上连接。连接后，描述刮水器开关在 2 挡、1 挡和 0 挡时，刮水器工作状态。

(5) 刮水器继电器认识。按照刮水器继电器电路（结合刮水器电路图），描述刮水器继电器工作原理及各接线柱作用。

3. 在桑塔纳 2000 电路连接实训台上，连接刮水器电路。观察各挡位工作情况。

(1) 根据整车电路图补充完成刮水器电路简图并描述工作原理如附图 8-6 所示。

(2) 在指导教师确认正确后，在实训台上连接。连接后，描述刮水器开关在各挡位时刮水器工作状态。

附图8-5 刮水器认识

附图8-6 刮水器电路

2挡：_____
1挡：_____
f挡：_____
0挡：_____
J挡：_____

4. 在桑塔纳2000电路连接实训台进行刮水器电路故障判断

(1) 使用故障线设置刮水器高速不转故障，进行故障判断与排除。
描述故障现象：_____
故障可能原因：_____
故障判断步骤：_____

(2) 使用故障线设置刮水器低速不转故障，进行故障判断与排除。
描述故障现象：_____
故障可能原因：_____
故障判断步骤：_____

(3) 使用故障线设置刮水器不停在最低点故障，进行故障判断与排除。
描述故障现象：_____
故障可能原因：_____
故障判断步骤：_____

## 六、考核评分表(附表8-1)

考核评分表　　　　　　　　　　　附表8-1

| 实训名称 | | | | |
|---|---|---|---|---|
| 考核项目 | 考核内容 | 评分 | | 备注 |
| | | 分值 | 得分 | |
| 相关知识预习 | 认真学习实训指导书,预习相关的知识 | 10 | | |
| 实训过程 | 积极参与实训,按照实训指导书的步骤规范操作,认真学习专业技能,提高专业知识 | 10 | | |
| 工作单 | 独立自主完成实训工作单的填写,结果正确 | 20 | | |
| 工作和学习的主动性 | 积极主动承担与实训有关的工作任务,在实训中主动学习相关的专业知识 | 20 | | |
| 安全、环保、卫生 | 遵守实训室有关规章制度,装着规定的工作服,注意操作安全,具备环保意识和行为习惯,保持实训场地卫生 | 10 | | |
| 纪律性 | 遵守学习纪律。不迟到,不早退,不做与实训无关的事情 | 30 | | |
| 总评 | | 100 | | |

指导教师签名:_____　　　　　____年__月__日

# 实训项目9　照明系统电路连接和故障判断

## 一、实训内容及目标要求

| 序号 | 工作任务 | 目标要求 | 备注 |
|---|---|---|---|
| 1 | 照明系统电路认识和电路连接 | 会描述照明电路组成、主要零部件作用<br>会连接照明电路并描述工作原理 | |
| 2 | 照明系统电路故障检修 | 会进行照明电路故障的判断与排除 | |

## 二、相关知识和技能

1. 汽车照明系统组成和各零部件作用。
2. 灯光电路和工作原理。
3. 照明系统常见故障原因和判断。

## 三、实训条件

1. 实训场所

汽车实训中心汽车电气实训室。

2. 设备材料

(1)整车电路示教板。
(2)灯光仪表电路示教板。
(3)桑塔纳2000整车电路连接实训台。
(4)数字万用表一台、灯泡和二极管试灯、测试连接线。
(5)故障的继电器,故障的各类开关,故障的前照灯、示宽灯等。
(6)一般拆装工具一套。
(7)干净的抹布若干。

3. 技术资料

(1)桑塔纳2000整车电路图(纸质或电子版、实训室电脑终端均可)。
(2)汽车维修手册(纸质或电子版、实训室电脑终端均可)。

## 四、实训步骤

1. 学习与实训有关的知识,查询相关技术标准。
2. 领取实训有关的工具、设备、器材。
3. 根据平时对轿车的认识,对照整车电路图,描述灯光电路组成、位置和各零部件作用。
4. 观察整车电路示教板和灯光仪表电路示教板、对照整车电路图,描述灯光电路组成、原理和各零部件作用。
5. 在桑塔纳2000电路连接实训台上,进行灯光电路主要零部件认识和电路连接。
6. 在桑塔纳2000电路连接实训台进行灯光电路故障判断。
7. 完成实训任务后,接受指导老师技能考核。
8. 整理清洁工作场所,清点收拾借出的工具、设备、资料,交回实训室。

## 五、实训工作单

1. 对照整车电路图,描述灯光电路组成、位置和各零部件作用。
(1)在附图9-1上标出灯光名称、灯光颜色和作用。

a)

b)

附图9-1 汽车灯光图

(2)在整车电路示教板上分别打开各灯光,观察并填写附表9-1。

附表9-1

| 灯光名称 | 颜 色 | 所有控制开关名称 | 作 用 |
|---|---|---|---|
| 远光灯 | | | |
| 近光灯 | | | |
| 示宽灯 | | | |
| 前转向灯 | | | |
| 雾灯 | | | |
| 驻车灯 | | | |
| 倒车灯 | | | |
| 后灯 | | | |
| 危险警报灯 | | | |
| 超车灯 | | | |
| 停车灯 | | | |

2. 观察整车电路示教板和灯光仪表电路示教板,对照整车电路图,描述灯光电路组成、原理和各零部件作用。

(1)描述前照灯、示宽灯、尾灯和仪表灯电路组成、主要零部件作用和工作原理。
_____

(2)描述超车灯、停车灯电路组成、主要零部件作用和工作原理。
_____

(3)描述雾灯电路组成、主要零部件作用和工作原理。
_____

3. 在桑塔纳2000电路连接实训台上,进行灯光电路主要零部件认识和电路连接。

(1)灯光总开关认识,如附图9-2所示。(用万用表测量各接线柱并填写下表,描述各接线柱作用)

| 挡位 | X | 56 | 30 | 58L | 58R | 58B | 58 | 56D |
|---|---|---|---|---|---|---|---|---|
| 0 |   |   |   |   |   |   |   |   |
| 1 |   |   |   |   |   |   |   |   |
| 2 |   |   |   |   |   |   |   |   |

附图9-2 灯光总开关认识

(2)变光开关认识,如附图9-3所示。(用万用表测量各接线柱并填写下表,描述各接线柱作用)

| 挡位 | 30 | 56 | 56a | 56b |
|---|---|---|---|---|
| 向上 |   |   |   |   |
| 远光 |   |   |   |   |
| 近光 |   |   |   |   |

附图9-3 变光开关认识

(3)转向灯/停车灯开关认识,如附图9-4所示。(用万用表测量各接线柱并填写下表,描述各接线柱作用)

| 挡位 | L | 49a | R | PL | P | PR |
|---|---|---|---|---|---|---|
| L |   |   |   |   |   |   |
| 0 |   |   |   |   |   |   |
| R |   |   |   |   |   |   |

附图9-4 转向灯/停车灯开关认识

(4)按照附图9-5连接前照灯、示宽灯、雾灯、停车灯和仪表灯等电路。(先使用直尺和铅笔连接,指导教师检查正确后,用彩笔连接)

附图9-5 连接电路

(5)在桑塔纳2000电路连接实训台上,按照附图9-5连接前照灯、示宽灯、雾灯、停车灯和仪表灯等电路。

4. 在桑塔纳2000电路连接实训台进行灯光电路故障判断

(1)使用故障线设置前照灯灯光不亮故障,进行故障判断与排除。

描述故障现象:＿＿＿＿＿＿＿＿＿＿＿＿＿＿＿＿＿＿＿＿＿＿＿＿＿＿＿＿＿＿＿＿

故障可能原因:＿＿＿＿＿＿＿＿＿＿＿＿＿＿＿＿＿＿＿＿＿＿＿＿＿＿＿＿＿＿＿＿

故障判断步骤:＿＿＿＿＿＿＿＿＿＿＿＿＿＿＿＿＿＿＿＿＿＿＿＿＿＿＿＿＿＿＿＿

(2)使用故障线设置雾灯灯光不亮故障,进行故障判断与排除。

描述故障现象:＿＿＿＿＿＿＿＿＿＿＿＿＿＿＿＿＿＿＿＿＿＿＿＿＿＿＿＿＿＿＿＿

故障可能原因:＿＿＿＿＿＿＿＿＿＿＿＿＿＿＿＿＿＿＿＿＿＿＿＿＿＿＿＿＿＿＿＿

故障判断步骤:＿＿＿＿＿＿＿＿＿＿＿＿＿＿＿＿＿＿＿＿＿＿＿＿＿＿＿＿＿＿＿＿

(3)使用故障线设置停车灯灯光故障,进行故障判断与排除。

描述故障现象:＿＿＿＿＿＿＿＿＿＿＿＿＿＿＿＿＿＿＿＿＿＿＿＿＿＿＿＿＿＿＿＿

故障可能原因:＿＿＿＿＿＿＿＿＿＿＿＿＿＿＿＿＿＿＿＿＿＿＿＿＿＿＿＿＿＿＿＿

故障判断步骤:＿＿＿＿＿＿＿＿＿＿＿＿＿＿＿＿＿＿＿＿＿＿＿＿＿＿＿＿＿＿＿＿

## 六、考核评分表(附表9-2)

考核评分表　　　　　　　　　　　　　　　　附表9-2

| 实训名称 | | | | |
|---|---|---|---|---|
| 考核项目 | 考核内容 | 评分 | | 备注 |
| | | 分值 | 得分 | |
| 相关知识预习 | 认真学习实训指导书,预习相关的知识 | 10 | | |
| 实训过程 | 积极参与实训,按照实训指导书的步骤规范操作,认真学习专业技能,提高专业知识 | 10 | | |
| 工作单 | 独立自主完成实训工作单的填写,结果正确 | 20 | | |
| 工作和学习的主动性 | 积极主动承担与实训有关的工作任务,在实训中主动学习相关的专业知识 | 20 | | |
| 安全、环保、卫生 | 遵守实训室有关规章制度,装着规定的工作服,注意操作安全,具备环保意识和行为习惯,保持实训场地卫生 | 10 | | |
| 纪律性 | 遵守学习纪律。不迟到,不早退,不做与实训无关的事情 | 30 | | |
| 总评 | | 100 | | |
| 指导教师签名: | | 　　年　　月　　日 | | |

# 实训项目10　转向灯和危险警报灯电路连接和故障判断

## 一、实训内容及目标要求

| 序号 | 工作任务 | 目标要求 | 备注 |
|---|---|---|---|
| 1 | 转向灯和危险警报灯电路连接 | 会描述信号电路组成、主要零部件作用<br>会连接信号电路并描述工作原理 | |
| 2 | 转向灯和危险警报灯电路故障判断 | 会进行信号电路故障的判断与排除 | |

## 二、相关知识和技能

1. 汽车灯光信号系统组成和各零部件作用。
2. 转向灯和危险警报灯电路和工作原理

桑塔纳2000转向灯和危险警报灯电路,如附图10-1所示。

附图10-1　转向灯和危险警报灯电路

3. 信号系统常见故障原因和判断。

### 三、实训条件

1. 实训场所

汽车实训中心汽车电气实训室。

2. 设备材料

(1) 整车电路示教板。

(2) 灯光仪表电路示教板。

(3) 轿车(推荐使用车型桑塔纳2000)。

(4) 桑塔纳2000整车电路连接实训台。

(5) 数字万用表一台、灯泡和二极管试灯、测试连接线。

(6) 故障的继电器、故障的各类开关、故障的灯泡等。

(7) 一般拆装工具一套。

(8) 干净的抹布若干。

3. 技术资料

(1) 桑塔纳2000整车电路图(纸质或电子版、实训室电脑终端均可)。

(2) 汽车维修手册(纸质或电子版、实训室电脑终端均可)。

### 四、实训步骤

1. 学习与实训有关的知识,查询相关技术标准。
2. 领取实训有关的工具、设备、器材。
3. 观察桑塔纳2000整车电路示教板和灯光仪表电路示教板,对照整车电路图,描述灯光电路组成、原理和各零部件作用。
4. 在桑塔纳2000电路连接实训台上,进行灯光电路主要零部件认识和电路连接。
5. 画出转向指示灯和危险警报灯电路。
6. 在桑塔纳2000电路连接实训台上,连接转向指示灯和危险警报灯电路。
7. 在桑塔纳2000电路连接实训台进行灯光电路故障判断。
8. 完成实训任务后,接受指导老师技能考核。
9. 整理清洁工作场所,清点收拾借出的工具、设备、资料,交回实训室。

### 五、实训工作单

1. 观察桑塔纳2000整车电路示教板和灯光仪表电路示教板,对照整车电路图,描述灯光电路组成、原理和各零部件作用。

(1) 描述转向指示灯电路组成、主要零部件作用和工作原理。

(2) 描述危险警报灯电路组成、主要零部件作用和工作原理。

2. 在桑塔纳2000电路连接实训台上,进行灯光电路主要零部件认识和电路连接。

(1) 危险警报灯开关认识,如附图10-2所示。(用万用表测量各接线柱并填写下表,描述各接线柱作用)

附图10-2 危险警报灯开关认识

| 挡位 | 15 | 49 | 30 | 49a | L | R |
|---|---|---|---|---|---|---|
| 0 | | | | | | |
| 1 | | | | | | |

(2)转向灯/停车灯开关认识,如附图10-3所示。(用万用表测量各接线柱并填写下表,描述各接线柱作用)

| 挡位 | L | 49a | R | PL | P | PR |
|---|---|---|---|---|---|---|
| L | | | | | | |
| 0 | | | | | | |
| R | | | | | | |

附图10-3 转向灯/停车灯开关认识

(3)闪光继电器认识,如附图10-4所示。(描述闪光继电器工作原理和每一接线柱作用)

附图10-4 闪光继电器认识

3.连接转向指示灯和危险警报灯电路,如附图10-5所示。(先使用直尺和铅笔连接,指导教师检查正确后,用彩笔连接)

4.在桑塔纳2000电路连接实训台上,按照附图10-5连接转向指示灯和危险警报灯电路并演示。

5.在桑塔纳2000电路连接实训台上,进行灯光电路故障判断
(1)使用故障线设置转向指示灯灯光不亮故障,进行故障判断与排除。
描述故障现象:_____
故障可能原因:_____
故障判断步骤:_____

附图10-5　连接转向指示灯和危险警报灯电路

（2）使用故障线设置危险警报灯灯光不亮故障，进行故障判断与排除。

描述故障现象：_____

故障可能原因：_____

故障判断步骤：_____

（3）使用故障线设置转向指示灯灯光不闪光故障，进行故障判断与排除。

描述故障现象：_____

故障可能原因：_____

故障判断步骤：_____

## 六、考核评分表（附表10-1）

考核评分表　　　　　　　　　　　　　　　　　附表10-1

| 实训名称 | | | | |
|---|---|---|---|---|
| 考核项目 | 考核内容 | 评分 | | 备注 |
| | | 分值 | 得分 | |
| 相关知识预习 | 认真学习实训指导书，预习相关的知识 | 10 | | |
| 实训过程 | 积极参与实训，按照实训指导书的步骤规范操作，认真学习专业技能，提高专业知识 | 10 | | |
| 工作单 | 独立自主完成实训工作单的填写，结果正确 | 20 | | |
| 工作和学习的主动性 | 积极主动承担与实训有关的工作任务，在实训中主动学习相关的专业知识 | 20 | | |

续上表

| 考核项目 | 考核内容 | 评分 | | 备注 |
| --- | --- | --- | --- | --- |
| | | 分值 | 得分 | |
| 安全、环保、卫生 | 遵守实训室有关规章制度,装着规定的工作服,注意操作安全,具备环保意识和行为习惯,保持实训场地卫生 | 10 | | |
| 纪律性 | 遵守学习纪律。不迟到,不早退,不做与实训无关的事情 | 30 | | |
| 总评 | | 100 | | |
| 指导教师签名:_____ | | _____年\_\_\_月\_\_\_日 | | |

# 实训项目 11　空调系统故障检修(6 学时)

## 一、实训内容及目标要求

### 任务1　空调系统总成维护与检修

**目标要求**

1. 能描述实训所用汽车空调制冷系统的基本组成及其各部件的位置、名称和作用。
2. 能操作空调各控制开关,熟悉控制面板各控件功能。
3. 能对斜板式、旋叶式压缩机等总成件进行分解和检修。

### 任务2　空调制冷系统故障检修

**目标要求**

1. 能正确使用电子式卤素检漏仪等检漏工具,对制冷剂泄漏情况进行检查。
2. 能正确操作制冷剂回收机,对制冷剂进行回收。
3. 能正确使用真空泵,对空调系统进行抽真空,并检查泄漏情况。
4. 能查阅维修手册或空调维护铭牌的加注量等相关信息,定量加注制冷剂。
5. 能通过空调系统压力,对空调制冷系统常见故障进行诊断。

### 任务3　空调系统电气故障检修

**目标要求**

1. 能对空调系统进行电路识读,理解空调系统各电路组成原理。
2. 能辨认说出实车上主要传感器、执行器、名称、作用。
3. 能诊断并确认空调系统电器类故障原因,对故障进行修复。
4. 能诊断并确认空调系统非电器类故障原因,对故障进行修复。

## 二、相关知识和技能

1. 汽车空调系统的使用和总成维护。

2. 汽车空调系统主要组成及其作用。
3. 汽车空调制冷系统的组成和工作原理。
4. 空调系统控制面板。
5. 汽车制冷系统制冷剂回收、加注和冷冻机油添加等操作。
6. 通过系统压力判断故障。
7. 汽车空调系统电气故障诊断与维修。

## 三、实训条件

1. 实训场所

汽车实训中心或实训基地。

2. 设备材料

(1) 自动空调实训台架 1 台。

(2) 电子式卤素检漏仪 1 把。

(3) 制冷剂回收机 1 台、真空泵 1 台、高低压表组 1 组、加注阀 1 个、R134a 制冷剂和冷冻机油等。

(4) 数字万用表 1 台、灯泡或二极管试灯 1 个、测试连接线 2 根。

3. 技术资料

汽车空调系统维修资料(纸质或电子版、实训室电脑终端)、各仪器设备使用说明书。

## 四、实训步骤

1. 学习与实训有关的知识,查询相关技术标准。
2. 领取实训有关的工具、设备、器材。
3. 说明各主要部件的名称和作用。
4. 在实训指导老师的同意下,打开 AC 开关,分别检查空调制冷系统、暖气系统、通风系统、空气净化系统、控制系统等的工作状况。
5. 使用荧光或电子式卤素检漏仪,对制冷系统进行泄漏检查,记录检查结果。
6. 制冷剂回收、加注,添加冷冻机油。
7. 根据高低压表进行制冷系统常见故障检修。
8. 查阅维修资料,在实车上找到控制系统主要传感器、执行器等部件,检查各部件安装和线束连接是否正常,说明各主要传感器、执行器的名称和作用。
9. 使用万用表、灯泡或二极管试灯等,确认空调系统电路故障原因,做好诊断过程记录,填写故障诊断报告单并排除。
10. 在实训过程中,按照工作单的要求,完成相应的实训和学习任务。
11. 完成实训任务后,接受指导老师技能考核。
12. 整理清洁工作场所,清点收拾借出的工具、设备、资料,交回实训室。

## 五、实训工作单

### 任务1 空调系统总成维护与检修

1. 观察自动空调台架,描述空调组成、各系统作用、各系统主要零部件位置和作用,并填写附表11-1。

空调系统　　　　　　　　　　　　　　　　　　　　　　　附表11-1

| 项　目 | 空调子系统 | 空调子系统主要零部件名册 | | | |
|---|---|---|---|---|---|
| 空调系统 | | | | | |
| | | | | | |
| | | | | | |
| | | | | | |

主要零件有:压缩机、高压维修阀、低压维修阀、冷凝器、储液干燥器、膨胀阀(集液器)、蒸发器、压力开关、风门、加热器、鼓风机、冷凝器风扇、控制器、传感器和控制电机等。

2. 观察轿车空调或空调台架,描述空调制冷系统组成、各主要零部件和作用。
(1)根据观察画出制冷循环图。
(2)认识制冷循环的工作原理,填写附表11-2。

制冷循环工作原理　　　　　　　　　　　　　　　　　　附表11-2

| 零　件 | 位　置 | 制冷剂状态 | 制冷剂压力 | 制冷剂温度 |
|---|---|---|---|---|
| 压缩机 | 入口 | | | |
| | 出口 | | | |
| 冷凝器 | 入口 | | | |
| | 出口 | | | |
| 膨胀阀 | 入口 | | | |
| | 出口 | | | |
| 蒸发器 | 入口 | | | |
| | 出口 | | | |

3. 制冷系统主要零部件认识
(1)根据斜板式压缩机解剖图(附图11-1)直接标出零件名称并描述其作用。
(2)根据储液干燥器图(附图11-2)直接标出零件名称并描述其作用。
如何储液:＿＿＿＿＿＿＿＿＿＿＿＿＿＿＿＿＿＿＿＿＿＿＿＿＿＿＿＿
如何过滤:＿＿＿＿＿＿＿＿＿＿＿＿＿＿＿＿＿＿＿＿＿＿＿＿＿＿＿＿
如何干燥:＿＿＿＿＿＿＿＿＿＿＿＿＿＿＿＿＿＿＿＿＿＿＿＿＿＿＿＿
如何检视制冷剂的量:＿＿＿＿＿＿＿＿＿＿＿＿＿＿＿＿＿＿＿＿＿＿

附图11-1 压缩解剖图

附图11-2 储液干燥器图

如何实现高压保护和低压保护：_____
如何防爆：_____

（3）根据下面H型膨胀阀（附图11-3）直接标出零件名称并描述其作用。

附图11-3 H型膨胀阀

如何高压变低压：_____
蒸发器出口压力如何调节制冷剂流量：_____

蒸发器出口温度如何调节制冷剂流量：_____

**4. 熟悉空调控制面板各控制开关的名称及作用完成附表 11-3**

空调控制面板开关名称及作用　　　　　　　　附表 11-3

| 部件名称 | 是否配备 | 作　用 | 工作状况 |
| --- | --- | --- | --- |
| A/C 开关 | | | |
| 鼓风机速度控制 | | | |
| 调温旋钮 | | | |
| 进气方式选择键 | | | |
| 出风口选择键 | | | |
| | | | |
| | | | |
| | | | |
| | | | |
| | | | |

## 任务 2　空调制冷系统故障检修

1. 使用荧光检漏仪或电子式卤素检漏仪，进行制冷剂泄漏检查。

阅读检漏仪操作手册，掌握检漏仪各控件功能，按照规范操作步骤对空调制冷系统进行制冷剂泄漏检查。

灵敏度调节（等级）：_____

判断结果：_____

2. 空调制冷系统制冷剂的回收、加注

(1) 将附图 11-4 中部件名称及其作用填入附表 11-4。

附图 11-4　空调制冷系统

空调制冷系统部件　　　　　　　　　　　　　　　　　　　附表 11-4

| 序　号 | 部件名称 | 部　件　作　用 |
| --- | --- | --- |
| 1 | | |
| 2 | | |
| 3 | | |
| 4 | | |
| 5 | | |
| 6 | | |
| 7 | | |
| 8 | | |
| 9 | | |
| 10 | | |

(2)将空调制冷系统制冷剂、冷冻机油回收、加注情况和主要参数记录在附表 11-5 中。

制冷剂、冷冻机油回收、加注情况　　　　　　　　　　　　　附表 11-5

| 序　号 | 步　骤 | 主要操作和结果记录 |
| --- | --- | --- |
| 1 | 安装空调压力表等 | |
| 2 | 放掉残余制冷剂 | |
| 3 | 初抽真空(时间,高、低压力) | |
| 4 | 加注冷冻机油(mL) | |
| 5 | 抽真空(时间,高、低压力) | |
| 6 | 检漏(泄漏及其原因) | |
| 7 | 高压加注 | |
| 8 | 低压定量加注制冷剂(mL) | |
| 9 | 制冷剂量和制冷效果检查 | |
| 10 | 管路回收 | |

3.制冷系统常见故障诊断

观察高低压表组,通过系统压力判断制冷系统故障。

(1)正常压力:

低压:_____　　　　高压:_____

(2)实际压力:

低压:_____　　　　高压:_____

(3)判断结果:_____

(4)故障分析与排除:_____

## 任务 3　空调系统电气故障检修

1.根据自动空调实训台和自动空调控制系统电路图,描述各控制电路工作原理。

(1) 查阅维修资料,在自动空调上查找空调系统各主要部件及其连接状况,填写附表 11-6。

**空调系统各主要部件及其连接状况**　　　　　　　　　　附表 11-6

| 部 件 名 称 | 是 否 配 备 | 安 装 位 置 | 作　　用 |
|---|---|---|---|
| 空调熔断丝 | | | |
| 电磁离合器继电器 | | | |
| 电磁离合器 | | | |
| 压力开关或压力传感器 | | | |
| 空调开关 | | | |
| 环境温度传感器 | | | |
| 蒸发器温度传感器 | | | |
| 新鲜空气进气温度传感器 | | | |
| 室内温度传感器 | | | |
| 连接线束、插头 | | | |
| 内、外循环风门电磁阀 | | | |
| 风扇继电器 | | | |
| 风扇电动机 | | | |

(2) 画出空调离合器控制电路简图,描述工作原理。

(3) 画出空调鼓风机速度控制电路简图,描述工作原理。

(4) 画出冷凝器风扇控制电路简图,描述工作原理。

(5) 画出进气模式控制电路简图,描述工作原理。

(6)画出出风模式电路简图,描述工作原理。

2. 初步检查(附表11-7)

初步检查内容　　　　　　　　　　　　　　　　　附表11-7

| 1 | 机油油量 | | □正常 □不正常 |
|---|---|---|---|
| 2 | 冷却液液位 | | □正常 □不正常 |
| 3 | 皮带张紧力 | 张紧力： | □正常 □不正常 |
| 4 | 蓄电池电压 | 电压值：　　V | □正常 □不正常 |

3. 空调系统电气故障检修

指导教师设置两个以上故障让学生应用所学知识对故障进行排除,并将故障检修过程及结果记录如下。

(1)故障现象(注:描述故障状况及空调症状)。

故障一：_____

故障二：_____

(2)故障分析(注:应用检测仪器检测得出的相关数据或故障代码,分析故障原因)。

故障一：_____

故障二：_____

故障三：_____

(3)故障检测过程(简要写明对线路、电气元件、空调机械的判断过程)。

故障一：_____

故障二：_____

(4)故障结果。

故障一：_____

故障二：_____

## 六、考核评分表(附表11-8)

考核评分表　　　　　　　　　　　附表11-8

| 实训名称 | 考核项目 | 考核内容 | 评分 | | 备注 |
|---|---|---|---|---|---|
| | | | 分值 | 得分 | |
| 进气控制系统电路的检测 | 相关知识预习 | 认真学习实训指导书,预习相关的知识 | 10 | | |
| | 实训过程 | 积极参与实训,按照实训指导书的步骤规范操作,认真学习专业技能,提高专业知识 | 10 | | |
| | 工作单 | 独立自主完成实训工作单的填写,结果正确 | 20 | | |
| | 工作和学习的主动性 | 积极主动承担与实训有关的工作任务,在实训中主动学习相关的专业知识 | 20 | | |
| | 安全、环保、卫生 | 遵守实训室有关规章制度,装着规定的工作服,注意操作安全,具备环保意识和行为习惯,保持实训场地卫生 | 10 | | |
| | 纪律性 | 遵守学习纪律。不迟到,不早退,不做与实训无关的事情 | 30 | | |
| 总评 | | | 100 | | |

指导教师签名:_____　　　　　　　　　____年____月____日

# 实训项目 12　整车电路综合故障判断(2 学时)

## 一、实训内容及目标要求

| 序号 | 工作任务 | 目标要求 | 备　注 |
|---|---|---|---|
| 1 | 会描述汽车整车的电路组成和特点 | | |
| 2 | 会看懂并描述汽车整车电路 | | |
| 3 | 会使用汽车整车电路图进行故障判断与排除 | | |

## 二、相关知识和技能

1. 现代汽车电路图的组成。
2. 汽车电路原理图识读。
3. 利用汽车电路图进行故障判断和排除。

## 三、实训条件

1. 实训场所

汽车实训中心或校外实训基地。

2. 设备材料

(1) 性能完好的小轿车一辆。
(2) 举升器一台。
(3) 数字万用表一台、灯泡和二极管试灯各一个、测试连接线 2 根。(按 2~3 人一套配置)
(4) 与小轿车配用的片式熔断器和常用继电器若干。(性能好坏各一半)
(5) 手电筒 2~3 把。

3. 技术资料

实训用轿车的维修手册。

## 四、实训步骤

1. 学习与实训有关的知识,查询相关技术标准。
2. 领取实训有关的工具、设备、器材。
3. 熔断器和继电器盒的认识。
4. 对照线束图,查看汽车整车线束的布置。
5. 对照位置图和连接器图,查看汽车的连接器。
6. 断路故障(前照灯不亮)故障判断与排除。
7. 完成实训任务后,接受指导老师技能考核。
8. 整理清洁工作场所,清点收拾借出的工具、设备、资料,交回实训室。

## 五、实训工作单

1. 熔断器和继电器盒的认识

根据熔断器和继电器盒图,查看汽车熔断器和继电器盒,对照位置图认识各熔断器和继电器,完成附表12-1。

主要熔断器名称、额定电流和颜色　　　　　　　　　　附表12-1

| 序　号 | 名　　称 | 额 定 电 流 | 颜　色 |
|---|---|---|---|
| 1 | | | |
| 2 | | | |
| 3 | | | |
| 4 | | | |
| 5 | | | |
| 6 | | | |
| 7 | | | |
| 8 | | | |
| 9 | | | |
| 10 | | | |

看到的主要继电器:_____

2. 对照线束图,查看汽车整车线束的布置。
3. 对照位置图和连接器图,查看与汽车前照灯有关的连接器。
(1)根据位置图,找出连接器位置。
(2)根据连接器图和电路原理图,认识前照灯电路所有的电路和端子。
4. 前照灯不亮的故障判断与排除。(断路故障)
(1)查阅维修手册,画出前照灯电路简图。
(2)描述前照灯的电路所有零部件位置。
(3)画出灯光开关连接器图,描述与前照灯有关的端子。
(4)描述前照灯不亮的故障的现象。
(5)描述前照灯不亮的故障的可能原因。

(6)设计故障判断步骤和检测方法。
(7)使用试灯或万用表查找断路点。
(8)排除故障后检查前照灯工作情况。

## 六、考核评分表(附表12-2)

考核评分表　　　　　　　　　　　　　　　　附表12-2

| 实训名称 | | | | |
|---|---|---|---|---|
| 考核项目 | 考核内容 | 评分 | | 备注 |
| | | 分值 | 得分 | |
| 相关知识预习 | 认真学习实训指导书,预习相关的知识 | 10 | | |
| 实训过程 | 积极参与实训,按照实训指导书的步骤规范操作,认真学习专业技能,提高专业知识 | 10 | | |
| 工作单 | 独立自主完成实训工作单的填写,结果正确 | 20 | | |
| 工作和学习的主动性 | 积极主动承担与实训有关的工作任务,在实训中主动学习相关的专业知识 | 20 | | |
| 安全、环保、卫生 | 遵守实训室有关规章制度,装着规定的工作服,注意操作安全,具备环保意识和行为习惯,保持实训场地卫生 | 10 | | |
| 纪律性 | 遵守学习纪律。不迟到,不早退,不做与实训无关的事情 | 30 | | |
| 总评 | | 100 | | |
| 指导教师签名: _____ | | _____年___月___日 | | |

"十二五"职业教育国家规划教材
经全国职业教育教材审定委员会审定

Qiche Dianqi Xitong Jianxiu
# 汽车电气系统检修

(第二版)

张宗荣 主 编
张荣贵 陈建宏 副主编
林 平 主 审

人民交通出版社股份有限公司
China Communications Press Co.,Ltd.

## 内 容 提 要

本书是"十二五"职业教育国家规划教材,内容包括新手入门、汽车起动机转动无力故障检修、充电指示灯常亮故障检修、起动机不转故障检修、汽车电动车窗不工作故障检修、前照灯不亮故障检修、车速里程表失效故障检修、汽车空调无冷气故障检修以及维修或更换全车线束9个单元。本书配有实训工单。

本书可作为高职汽车检测与维修技术专业的教材,亦可作为职业技能培训教材和相关专业技术人员的参考书。

**图书在版编目(CIP)数据**

汽车电气系统检修/张宗荣主编.—2版.—北京:人民交通出版社股份有限公司,2015.6

ISBN 978-7-114-12303-0

Ⅰ.①汽… Ⅱ.①张… Ⅲ.①汽车—电子系统—检修—高等职业教育—教材 Ⅳ.①U472.41

中国版本图书馆CIP数据核字(2015)第127369号

"十二五"职业教育国家规划教材

| | |
|---|---|
| 书　　名: | 汽车电气系统检修(第二版) |
| 著 作 者: | 张宗荣 |
| 责任编辑: | 丁润铎　周　凯 |
| 出版发行: | 人民交通出版社股份有限公司 |
| 地　　址: | (100011)北京市朝阳区安定门外外馆斜街3号 |
| 网　　址: | http://www.ccpress.com.cn |
| 销售电话: | (010)59757973 |
| 总 经 销: | 人民交通出版社股份有限公司发行部 |
| 经　　销: | 各地新华书店 |
| 印　　刷: | 北京盈盛恒通印刷有限公司 |
| 开　　本: | 787×1092　1/16 |
| 印　　张: | 24.75 |
| 字　　数: | 570千 |
| 版　　次: | 2009年9月第1版　2015年8月第2版 |
| 印　　次: | 2017年6月第2版第2次印刷　总第4次印刷 |
| 书　　号: | ISBN 978-7-114-12303-0 |
| 定　　价: | 59.00元 |

(有印刷、装订质量问题的图书由本公司负责调换)

# 第二版前言

《汽车电气系统检修》(第一版)于2009年7月出版,是国家示范性高等职业院校重点建设专业教材,是交通运输职业教育教学指导委员会推荐教材。

2014年,本教材第二版入选教育部"十二五"职业教育国家规划教材。本次教材的编写,结合当前高等职业教育发展和汽车行业发展的实际情况,对第一版做了全面修订,形成了本教材的第二版。

本教材第二版主要具有以下特点:

1. 以就业为导向,以职业能力培养为核心,按照汽车维修企业对技术技能型高级维修人才的需求,以汽车电气系统维修的工作过程为依据确定教学内容,在知识和技能的深度和广度上,既考虑了目前学生的实际水平与接受能力,又满足了学生将来就业的需要,并为学生顺利获得汽车修理工、汽车电器维修工等专业技能等级证书做好有效衔接。

2. 编写立足国内汽车维护和修理的实际情况,以我国保有量较多的丰田和桑塔纳轿车电气系统的结构和原理为主要对象,涵盖了当前汽车电气系统的各种主流技术。同时,根据汽车技术发展现状,有选择地编入汽车电气发展的新知识、新技术、新设备,并采用国家及行业最新技术标准和规范,使教材充分体现先进性与时效性。同时,也拓宽学习视野,为学生进一步深造打下基础。

3. 采用情景式教学设计;每一单元完成一到两项生产任务。每一单元由学习情境、生产任务、相关知识、课堂讨论、相关技能、小组工作和拓展知识与技能组成。本教材编写尽量结合生产实际、条理清楚、层次分明、语言流畅、浅显易懂、图表准确、配合恰当。

4. 编排体例合理,充分体现职业教育特色。每单元列出了工作目标与要求等学习内容,每单元后附有思考与练习,便于教师组织教学和学生自主学习。

本教材由国家示范性高等职业院校福建船政交通职业学院张宗荣担任主编,张荣贵和陈建宏担任副主编。福建船政交通职业学院林平主审。福建戴姆勒汽车工业有限公司售后技术部工程师王水伙,福州吉诺中迪汽车有限公司技术总监陈书孝,福州众驰汽车销售有限公司总经理廖响荣等也参与了本书的审阅,提出了许多宝贵建议。在此表示感谢!

参加本教材和实训工单编写工作的有:福建船政交通职业学院张宗荣(编写单元1、2、3和实训工单),陈建宏(编写单元4、5),苏庆列(编写单元6、7),林可春(编写单元8),张荣贵(编写单元9)。

本教材在编写过程中,得到了全国许多汽车高职院校领导和教师的大力支持以及国内许多汽车维修企业的大力支持,在此表示感谢!

本教材中不妥和疏漏之处,敬请读者指出。

编者

2015 年 1 月

# 目　　录

单元1　新手入门 ········································································· 1
 1.1　汽车电气系统的组成 ························································ 2
 1.2　汽车电气系统的特点 ························································ 3
 1.3　汽车电气系统常用维修工具 ················································ 4
 1.4　保护装置、继电器和主要开关 ·············································· 6
 思考与练习 ··········································································· 10

单元2　汽车起动机转动无力故障检修 ············································· 12
 2.1　蓄电池类型和作用 ··························································· 13
 2.2　蓄电池的结构 ································································· 13
 2.3　蓄电池的型号 ································································· 17
 2.4　蓄电池的工作原理和特性 ················································· 18
 2.5　蓄电池的维护与技术状况的检查 ········································· 22
 2.6　蓄电池的充电 ································································· 27
 2.7　蓄电池充电工艺过程 ························································ 29
 2.8　蓄电池的首次使用和储存 ················································· 31
 2.9　蓄电池的常见故障及排除方法 ············································ 32
 2.10　蓄电池的更换 ································································ 33
 2.11　新型蓄电池 ··································································· 34
 思考与练习 ··········································································· 35

单元3　充电指示灯常亮故障检修 ··················································· 39
 3.1　汽车电源系的发展过程 ····················································· 40
 3.2　汽车电源系的组成和电路 ················································· 42
 3.3　整体式交流发电机构造 ····················································· 43
 3.4　整体式交流发电机工作原理 ·············································· 48
 3.5　交流发电机的型号 ··························································· 57
 3.6　整体式交流发电机检修 ····················································· 58
 3.7　电源系常见故障诊断 ························································ 61
 3.8　常见车型电源系电路 ························································ 63
 思考与练习 ··········································································· 68

## 单元 4  起动机不转故障检修 ··· 71
- 4.1 发动机起动系概述 ··· 72
- 4.2 起动机的组成和类型 ··· 74
- 4.3 起动机构造与工作原理 ··· 77
- 4.4 起动机的使用 ··· 85
- 4.5 起动机检修步骤 ··· 85
- 4.6 起动系电路与工作原理 ··· 87
- 4.7 起动系常见故障诊断 ··· 88
- 4.8 减速起动机 ··· 92
- 4.9 带有保护继电器的起动机电路 ··· 96
- 思考与练习 ··· 97

## 单元 5  汽车电动车窗不工作故障检修 ··· 102
- 5.1 电动车窗 ··· 103
- 5.2 电动后视镜 ··· 110
- 5.3 中控门锁 ··· 112
- 5.4 电动座椅 ··· 118
- 5.5 汽车电动装置的检修 ··· 120
- 5.6 遥控门锁系统 ··· 123
- 5.7 防盗报警系统 ··· 124
- 5.8 汽车自动座椅 ··· 128
- 5.9 风窗刮水器与洗涤装置 ··· 130
- 5.10 喇叭 ··· 134
- 5.11 安全气囊 ··· 137
- 思考与练习 ··· 139

## 单元 6  前照灯不亮故障检修 ··· 142
- 6.1 汽车照明和灯光信号系统的组成 ··· 143
- 6.2 前照灯 ··· 145
- 6.3 灯光开关 ··· 151
- 6.4 灯光的控制和检测系统 ··· 152
- 6.5 前照灯的使用 ··· 158
- 6.6 照明系统电路连接和故障判断实训步骤 ··· 158
- 6.7 转向信号灯及闪光器 ··· 160
- 6.8 转向灯和危险警报灯电路实例 ··· 161
- 6.9 制动信号装置 ··· 163
- 6.10 倒车灯 ··· 163
- 6.11 转向灯电路和危险警报灯电路连接和故障判断 ··· 164
- 6.12 汽车局域网控制的多功能灯光电路 ··· 165

| | | |
|---|---|---|
| 6.13 | 前照灯检测 | 167 |
| | 思考与练习 | 169 |

## 单元7 车速里程表失效故障检修 171

| | | |
|---|---|---|
| 7.1 | 汽车仪表作用和组成 | 171 |
| 7.2 | 汽车仪表的类型 | 172 |
| 7.3 | 汽车仪表结构和工作原理 | 173 |
| 7.4 | 数字电子仪表板 | 183 |
| 7.5 | 汽车仪表常见故障检修 | 185 |
| | 思考与练习 | 188 |

## 单元8 汽车空调无冷气故障检修 191

| | | |
|---|---|---|
| 8.1 | 汽车空调概述 | 192 |
| 8.2 | 汽车空调制冷系统 | 196 |
| 8.3 | 暖风系统 | 209 |
| 8.4 | 通风系统 | 211 |
| 8.5 | 空气净化系统 | 214 |
| 8.6 | 空调系统的维护 | 216 |
| 8.7 | 空调控制系统 | 229 |
| 8.8 | 空调系统的故障诊断 | 238 |
| 8.9 | 丰田花冠汽车自动空调实例 | 242 |
| | 思考与练习 | 245 |

## 单元9 维修或更换全车线束 249

| | | |
|---|---|---|
| 9.1 | 汽车电路图概述 | 250 |
| 9.2 | 汽车电路图图形符号 | 250 |
| 9.3 | 插接器表示方法 | 259 |
| 9.4 | 导线的表示方法 | 260 |
| 9.5 | 汽车电路图的类型 | 261 |
| 9.6 | 汽车电气电路原理图的识读技巧 | 269 |
| 9.7 | 典型车系整车电路图识读 | 272 |
| 9.8 | 利用电路图检查故障的方法 | 305 |
| | 思考与练习 | 306 |

**参考文献** 308

# 单元 1 新手入门

## 学习情境

在某品牌汽车维修站新员工报到的第一天,有4名新员工被安排到汽车电气维修组工作。汽车电气维修组组长取来几样电气维修工具和仪器,拿出一本丰田威驰轿车的维修手册,要求新员工学习常用工具仪器的使用方法,并对照维修手册,熟悉威驰轿车电气系统的组成、各部件的位置和作用。

## 生产任务

**汽车电气系统的认识和工具的使用**

1. 工作对象

待检修电气系统的汽车一辆。

2. 工作内容

(1)领取所需的工具和维修手册,做好工作准备;
(2)就车认识汽车电气的组成、作用、位置;
(3)阅读万用表说明书,学会使用万用表;
(4)学会试灯的使用,并用试灯判断电路短路和断路故障;
(5)就车认识熔断器和继电器盒的位置,并认识熔断器和继电器的类型;
(6)利用万用表和试灯检查熔断器和继电器的性能并进行熔断器和继电器的更换;
(7)对检修后的车辆电气系统的工作进行检查,评价工作质量;
(8)整理工具,清洁工作场地。

3. 工作目标与要求

(1)学生应独立或以小组工作的方式,完成本项工作任务;
(2)学生应当能在小组成员的配合下,利用汽车维修手册(或实训指导书),制订工作计划,实施工作计划;
(3)能通过阅读资料和现场观察,描述汽车电器的组成、作用、位置;
(4)能认识汽车熔断器的位置、类型、作用,并能进行熔断器的检测和更换;
(5)能认识汽车继电器的位置、类型、原理和作用,并能进行继电器检测和更换;
(6)在工作过程中,注意工作安全,做好废料的处理,保持工作环境整洁。

## 相关知识与技能

### 1.1 汽车电气系统的组成

汽车电气系统,由电源、保护装置、控制装置、用电设备等组成,并通过线束以及接插件相互连接。

电源有发电机和蓄电池。保护装置有熔断器、熔断线、断电器和PTC热敏电阻。其中,熔断器、熔断线用于电路短路时切断电路,保护汽车线束。断电器和PTC热敏电阻一般与电动机串联,在电动机卡死时切断和增大电路的电阻,保护电动机。

控制装置由开关、继电器和汽车电脑(简称ECU)等组成。其中,继电器经常既是控制装置,又是保护装置,保护开关,用于防止大电流烧蚀。

汽车电气系统按照其作用,可分为电源系、起动系、车辆电动系统、照明系统、信号装置、仪表和报警装置、空调系统、娱乐和信息系统、汽车电子控制系统和汽车车载网络系统等部分。

#### 1.1.1 电源系

汽车电源系主要由蓄电池、整体式发电机组成。其作用是为汽车各种用电设备提供所需要的稳定电压的直流电源。汽车电气系统在发动机未起动时和起动瞬间由蓄电池供电,在发动机运转后由发电机供电,同时给蓄电池充电。

#### 1.1.2 起动系

汽车起动系主要由起动机、起动继电器、起动开关以及起动保护装置组成。其作用是起动发动机,就是让发动机由静止状态转变为自行运转状态。

#### 1.1.3 汽车电动系统

汽车电动系统包括:汽车的电动车窗、电动后视镜、风窗刮水器、电动座椅、电动天窗、中控门锁等由小型电动机驱动的设备。

#### 1.1.4 照明系统

汽车的照明系统用于提供汽车夜间安全行驶所必需的照明,包括车外照明和车内照明。

#### 1.1.5 信号电路

用于提供安全行车所必需的信号,包括喇叭信号和灯光信号。

#### 1.1.6 仪表及报警装置

用来监测发动机及汽车的工作情况,使驾驶员能够通过仪表及报警装置及时得到发动机及汽车运行时的各种参数及异常情况,确保汽车正常运行。主要包括车速里程表、发动机转速表、冷却液温度表、燃油表、机油压力表、气压表以及各种警告灯和指示灯。

### 1.1.7 空调系统

汽车空调系统的电路由空调压缩机电磁离合器、空调控制器、控制开关以及送风机控制电路等组成,其主要任务是根据环境温度和空气质量控制调节车内的温度和空气质量,以满足乘员舒适度的要求。

### 1.1.8 娱乐和信息系统

主要包括汽车音响、导航、通信等系统。

### 1.1.9 汽车电子控制系统

主要包括发动机电控系统、自动变速器电控系统、防滑控制系统、悬架电控系统等。现代有些车型还配备了车身网络总线系统,将各个电控系统相互连接,以实现网络化控制和信号共享。

### 1.1.10 汽车车载网络系统

汽车车载网络系统的作用是将汽车上所用控制单元(简称 ECU)连接起来、实现信息共享,减少传感器的数量和简化汽车线路,提高控制单元的功能和控制精度。

## 1.2 汽车电气系统的特点

汽车电气系统与普通的电气系统相比,有以下的特点:

### 1.2.1 低电压

汽油车普遍采用12V电源,重型柴油车普遍采用24V电源。在汽车运行时,发电机电压分别可达到 14.5V 和 29V 左右。随着汽车用电设备的增多,汽车电气系统的工作电压将来会有提高的趋势,但仍会在低电压的范围内,以保证使用的安全性。

### 1.2.2 直流

现代汽车发动机是靠起动机内部的直流电动机起动,起动机由蓄电池供电,蓄电池由发电机发出的直流电充电,汽车上所有用电设备都以直流电形式供电,所以汽车电系为直流电系统。

### 1.2.3 单线

汽车的底盘与发动机是由金属制造的,具有良好的导电性能,因此,汽车电气系统的负极直接或间接通过导线与车架或车身金属部分相连,即用汽车的金属机体作为一条公共的零线。除个别重要电器另有负极线相连接外,其他电器不再有负极线互相连接。

### 1.2.4 并联

各用电设备均采用并联,蓄电池与发电机之间以及所有用电设备之间,都采用正极接正极,负极接负极。这样,当汽车在使用中某一支路出现故障时,不会影响其他电路的正常工作。

### 1.2.5 负极搭铁

采用单线制时,蓄电池的负极接到车架或车身上,故称负极搭铁。这种搭铁形式对金属的化学腐蚀较轻,对无线电干扰小。我国标准规定,汽车线路统一采用负极搭铁。

## 1.3 汽车电气系统常用维修工具

### 1.3.1 数字万用表

现在,数字式测量仪表已成为主流,基本取代了模拟式仪表。与模拟式仪表相比,数字式仪表灵敏度高,准确度高,显示清晰,过载能力强,便于携带,使用更简单。数字万用表面板结构,如图1-1所示。

(1)使用前,应认真阅读有关的使用说明书,熟悉各开关和插孔的作用。

(2)将测量功能选择旋钮从OFF旋到相应的测量位置,将表笔插入相应插孔中。

(3)交直流电压的测量:将测量功能选择旋钮拨至DCV(直流电压)或ACV(交流电压),红表笔插入V/Ω孔,黑表笔插入COM孔,并将表笔与被测线路并联,读数即显示。

(4)交直流电流的测量:将测量功能选择旋钮拨至mA或μA孔或A挡,红表笔插入mA或μA孔或A孔,黑表笔插入COM孔,并将万用表串联在被测电路中即可。测量直流量时,数字万用表能自动显示极性。

图1-1 数字万用表
1-红表笔(插入)测量电压、电阻、二极管和电容孔;2-黑表笔(插入)COM孔;3-红表笔(插入)测量毫安和微安电流孔;4-红表笔(插入)测量安培电流孔;5-测量功能选择旋钮;6-量程选择按键;7-保持键;8-显示屏

**注意:禁止测量高电压(一般500V以上)。**

(5)电阻的测量:将测量功能选择旋钮拨至Ω挡,红表笔插入V/Ω孔,黑表笔插入COM孔,断开电源,并将表笔与被测线路并联,读数即显示。

(6)二极管的测量:将测量功能选择旋钮拨至Ω挡,红表笔插入V/Ω孔,黑表笔插入COM孔,断开电源,并将表笔与被测线路并联,读数即显示。也可以通过量程选择按键选择测量二极管的导通电压和电阻。对于发电机大功率二极管,建议测量二极管的导通电压。

**注意:数字万用表红表笔为正极,黑表笔为负极,这与指针式万用表正好相反。**

(7)使用结束后,应将测量功能选择旋钮置于OFF位置。

### 1.3.2 试灯

试灯可用于线路短路和断路故障的诊断,可以迅速判断故障部位。试灯按是否有电源分为自带电源和不带电源两种,在汽车电气维修中广泛使用的是不带电源的试灯。按灯的类型可分为发光二极管和一般测试灯泡两种。汽车电路测试灯,如图1-2所示。自带电源

的测试灯以干电池为电源,测试时,亮、灭即代表线路通、断,相当于万用表的通断测试。不带电源测试灯,其测试分短路检测和断路检测。

检测线路的断路故障时,可将测试灯的一端固定在搭铁位置,另一端按照线路的走向选取测试点,按照先易后难的原则,先测试故障概率大的部位,测试时注意选取一些易测量的裸露部位和易插拔的连接件,尽量缩小故障区域,提高工作效率;测试时以测试灯状态的变化为准,当出现亮或灭的变化时,就可以确定故障区域了。断路故障检测,如图1-3所示。如 $B$ 点发生断路,则在开关闭合后,分别用试灯测量 $A$、$C$ 两点。试灯在 $A$ 点亮、$C$ 点不亮,说明断路点在 $A$ 点和 $C$ 点之间。

图1-2 汽车电路测试灯
1-搭铁夹;2-探针;3-手柄(电池和试灯在手柄内)

图1-3 断路故障检测

检测线路的短路故障时,可将测试灯的一端固定在蓄电池正极上,依次断开各处电路,在靠近电源一端进行测试。试灯亮与不亮之间即为短路点。如图1-4a)所示,$B$ 点发生短路,断开 $A$ 点,试灯在 $A$ 点靠近电源端测量,试灯不亮。如图1-4b)所示,接在断开 $C$ 点线路,试灯在 $C$ 点靠近电源端测量,试灯亮。说明短路点在 $A$ 点和 $C$ 点之间。

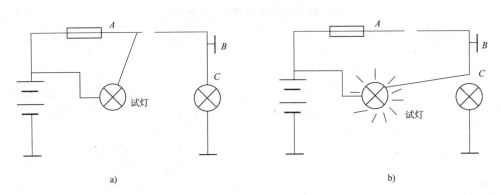

图1-4 短路故障检测1

检测线路的短路故障时,也可将测试灯串联进测试回路中进行测量。如果线路短路导致熔断器熔断,可将试灯插入熔断器测试点,然后依次断开各处电路,进行测量。如图1-5所示,如 $B$ 点发生短路,则在开关闭合后,断开 $A$ 点线路,试灯不亮。接在断开 $C$ 点线路,试灯亮,说明短路点在 $A$ 点和 $C$ 点之间。

图1-5 短路故障检测2

检测线路的短路故障也要按照先易后难的原则,从故障概率大的位置入手,选择一些易于连接、断开的位置,如接线柱、插接件等。测试时,以测试灯状态的变化为准,当出现亮或灭的变化时,就可以确定故障区域了。

在使用试灯进行故障诊断时,应注意以下几点:

(1)汽车电控部分只能用发光二极管试灯,防止电流过大损坏电子元件。

(2)汽车起动系等大电流电路,最好使用灯泡试灯,接触不良的故障才能检测出来。

(3)断路故障检测时搭铁点试灯暗,检测时不要误认为有故障。

## 1.4 保护装置、继电器和主要开关

### 1.4.1 熔断器

图1-6 汽车熔断器

熔断器又叫保险丝,其作用是以防止短路、保护电路为主;以防止过载、保护用电设备为辅。主要用途是保护电路(线路)及用电设备不因短路、过载故障而过热损坏,甚至起火。因此从某种意义上说,保险丝也是保命丝,千万不要小看它,把它当成可有可无的东西。

汽车熔断器有片式熔断器、插入式熔断器和旋紧式熔断器等几种形式。目前,最常用的是片式熔断器(图1-6),其壳体上部有测试点,还标有额定电流。壳体中间有目测可以直接看到的熔断点。国家规定了壳体不同颜色代表不同的电流。片式熔断器有C、D、F和E型片式熔断器。C、D和F型片式熔断器的特性数据如表1-1所示、E型片式熔断器的特性数据如表1-2所示。

C、D 和 F 型片式熔断器的特性数据　　　　表1-1

| 额定电流(A) | 工作电压(V) | 标志色 | 电压降($mV_{max}$) |
|---|---|---|---|
| 1 | | 黑 | 225 |
| 2 | | 灰 | 200 |
| 3 | | 紫 | |
| 4 | | 玫瑰色 | 175 |
| 5 | | 浅棕色(棕黄色) | |
| 7.5 | 32 | 棕色(褐色) | 150 |
| 10 | | 红色 | |
| 15 | | 浅蓝色 | 125 |
| 20 | | 黄色 | |
| 25 | | 天然色或白色 | 110 |
| 30 | | 浅绿色 | 100 |

E型片式熔断器的特性数据　　　　　　　表1-2

| 额定电流(A) | 工作电压(V) | 标志色 | 电压降($mV_{max}$) |
|---|---|---|---|
| 20 | 32 | 黄色 | 125 |
| 30 | | 浅绿色 | |
| 40 | | 橘黄色 | 100 |
| 50 | | 红色 | |
| 60 | | 浅蓝色 | |
| 70 | | 棕色 | |

**说明**：更换熔断器时,应首先查明熔断的原因,一定要与原配熔断器规格一致,不能任意加大熔断器的电流等级,更不能用其他导电物代替,否则极易引起火灾。

### 1.4.2 断路器

断路器(图1-7)在电路中经常与直流电动机等大电流电路串联,用于防止电动机的过载、保护电动机。断路器是机械装置,它利用两种不同金属(双金属)的热效应断开电路。如果过载的电流经过双金属带,双金属带弯曲,触点开路,阻止电流通过。当电路断路器冷却,触点再次闭合,电路导通。当无电流时,双金属带冷却而使电路重新闭合,电路断路器复位。

### 1.4.3 热敏电阻PTC

PTC 是 Positive Temperature Coefficient 的缩写,意思是正的温度系数。PTC热敏电阻(正温度系数热敏电阻)是一种具有温度敏感性的半导体电阻,一旦超过一定的温度(居里温度),它的电阻值随着温度的升高几乎是呈阶跃式的增高。PTC热敏电阻的特性,如图1-8所示。广泛使用的陶瓷PTC热敏电阻是以钛酸钡为基,掺杂其他的多晶陶瓷材料制造,具有较低的电阻。其居里温度可以通过掺杂多晶陶瓷材料的不同而改变。当今汽车上面广泛使用PTC热敏电阻代替断路器。

图1-7 汽车断路器

图1-8 PTC热敏电阻特性图
t-居里温度

### 1.4.4 汽车常用继电器

汽车常用继电器为直流电磁继电器,主要有起动继电器、前照灯继电器、喇叭继电器、点火开关继电器和刮水器间歇继电器等。如图1-9所示,喇叭按钮接通继电器线圈,继电器线圈将触点闭合,由继电器触点接通喇叭。继电器既是控制装置,又是保护装置,保护按钮免受大电流通过引起的烧蚀。一般情况下 30 端子接电源正极端、87 接负载端。两个线圈端子 85 和 86,端子 85 接线圈控制输出端,端子 86 接线圈控制输入端(实际开关控制可以在 85 端子,也可以在 86 端子)。

图 1-9　桑塔纳 2000 喇叭电路简图

图 1-10 为大众汽车公司使用的几种通用继电器的外形和内部电路。在诊断是否为继电器故障时,应先进行电路和继电器检测,确认继电器故障后进行更换。

检查继电器时,应先用万用表测量线圈电阻,电阻正常后通电检查触点导通情况。

图 1-10　汽车使用的几种通用继电器的外形和内部电路

### 1.4.5　点火开关

点火开关是汽车最主要的开关,控制汽车最主要的用电设备。点火开关有五个挡位,如图 1-11 所示。

1 挡 Lock:是钥匙插入和拔出的位置,在此位置,转向盘锁住,电子系统关闭。

2 挡 Off:转向盘未锁住,电子系统关闭。钥匙也可以插入和拔出。

3 挡 Acc:附属电子系统开启,例如收音机、CD。

4 挡 On:所有电子系统开启,如照明、仪表板灯和点火线路,车子开始自检。

5 挡 Start:起动机工作,从而起动发动机。起动后松开钥匙,自动回到 On 位置。

图 1-11　点火开关

注意:

**1.** Lock 位置拔出钥匙后,左右轻轻转动转向盘,转向盘会被固定,这样可以防止车辆被盗。这时插入钥匙后,因转向盘在被固定状态,钥匙不能转动。此时,可以左右轻轻转动转向盘并旋转钥匙。

**2.** 发动机熄火后,请勿把点火开关长时间置于 Acc 或 On 位置,以免蓄电池放电。

**3.** 点火开关在 Start 位置的时间不能超过 5s。如果第一次起动发动机没有成功,应至少等待 15s,然后才能再次起动。

**4.** 起动发动机后,不要把点火开关转到 Start 位置,这样会损坏起动机。有的开关有自锁装置。从 Start 挡回到 On 挡后,无法在直接转到 Start 挡,以保护起动机。

### 1.4.6　转向盘下组合开关

转向盘下组合开关(图 1-12)的左边是灯光组合开关,右边是刮水器开关和喷水洗涤开关。

图 1-12　组合开关

灯光组合开关由灯光总开关、变光开关、雾灯开关、转向灯开关和超车灯开关组成。灯光总开关控制前照灯、示廓灯和尾灯的亮暗变化,变光开关控制前照灯亮暗(或远近)变化。雾灯开关控制雾灯亮暗变化,一般须在灯光总开关接通前照灯或示廓灯时,雾灯才能点亮。刮水器开关一般有停止挡、手动挡、低速挡、高速挡和间歇挡。有的刮水器开关具有间歇时间可调的功能。有的刮水器开关还有自动挡,自动挡时风窗玻璃上面的雨量传感器通过刮水器控制器(或刮水器电子控制单元)控制刮水器摆动和摆动的速度。喷水洗涤开关控制喷水洗涤的同时控制刮水器摆动两次。

### 小组工作

**(实训项目1 汽车电气系统基本检查)**

1. 每3~5名学生组成1个工作小组,确定1名小组长,接受工作任务,做好工作准备。
2. 阅读工作单,查阅维修手册或实训指导书。
3. 按照工作单的引导,观察汽车电气系统的组成、作用、位置。填写工作单并描述汽车电气系统的组成、作用、位置。
4. 按照工作单的引导,阅读万用表说明书,按说明书的指示进行数字万用表的使用操作,利用数字万用表检查排除故障并填写工作单。
5. 按照工作单的引导,学会使用试灯。利用试灯检查排除电路短路和断路故障并填写工作单。
6. 按照工作单的引导,认识汽车熔断器和继电器盒。对熔断器和继电器进行检查,并填写工作单。
7. 回答指导教师的现场提问,接受指导教师的技能考核。
8. 完成工作任务后,对工作过程进行自我评价和小组互评,听取指导教师的点评。
9. 清洁工作场所,清点维护工具设备,完成任务交接。

### 思考与练习

**一、填空题**

1. 汽车电气系统的特点是_____、_____、_____、_____、_____。
2. 汽车电源系主要由_____、_____、_____组成。
3. 汽车起动系主要由_____、_____、_____组成。
4. 汽车电动系统主要由_____、_____、_____、_____组成。
5. 汽车照明系统的灯和开关有_____、_____、_____。
6. 汽车仪表系统的仪表有_____、_____、_____、_____。
7. 汽车仪表系统的指示灯和警报灯有_____、_____、_____、_____。
8. 汽车电气系统的保护装置有_____、_____、_____。其中,_____主要是用于保护线束,_____和_____主要是用于保护电动机。

**二、思考与简答题**

1. 汽车电气设备由哪些系统组成?
2. 汽车电气系统有哪些主要电器部件?其作用是什么?说明其在汽车上的位置。

3. 点火开关各个挡位的作用是什么?
4. 如何使用灯光开关控制汽车的灯具?
5. 如何使用数字万用表测量电阻、电压、电流、频率和占空比等?
6. 如何使用试灯找到汽车电路的断路点和短路点?

# 单元 2 汽车起动机转动无力故障检修

## 学习情境

一天,某上海大众汽车特约维修站来了一部普通桑塔纳汽车,客户反映该车最近一段时间起动困难,一旦第一次不能起动,那么第二次和第三次起动时,起动机转速更低,会出现起动无力甚至起动机不转。不得不经常另外并联一个蓄电池起动。今天也是先用另外一个蓄电池并联起动后(一路不熄火),到特约维修站维修。经过维修接待人员初步检查,起动系正常、蓄电池正负极桩接触良好。用电压表测量蓄电池电压静态12.4V,起动机起动时蓄电池电压仅为7V,怀疑蓄电池故障。填写报修单,交汽车电气维修组进一步检查蓄电池技术状态,以确定是否应对蓄电池进行修理或更换。

### 生产任务一

**检查和维护蓄电池**

1. 工作对象

送检的各种类型蓄电池各一个(干荷电式、免维护式等)。

2. 工作内容

(1) 领取所需的工具和仪器,做好工作准备;

(2) 检查蓄电池液面高度,视情况添加蓄电池补充液;

(3) 分别使用吸式密度计和折光式密度计测量蓄电池电解液密度并判断蓄电池技术状态;

(4) 蓄电池静态电压测量;

(5) 用高率放电计测量蓄电池放电电压并判断蓄电池技术状态;

(6) 检查、评价工作质量;

(7) 整理工具,清洁工作场地。

3. 工作目标与要求

(1) 学生应以小组工作的方式,完成本项工作任务;

(2) 学生应当能在小组成员的配合下,利用汽车维修手册(或实训指导书),制订工作计划,实施工作计划;

(3) 能通过阅读资料和现场观察,辨别所送检的蓄电池的类型;

(4)能认识所送检的蓄电池的结构,口述蓄电池的工作原理和各部件名称、作用;

(5)能向客户解释所送检的蓄电池的损坏情况、原因,向客户说明蓄电池的使用维护注意事项;

(6)能按照规范要求的步骤,完成送检的蓄电池的技术测量,根据蓄电池的技术状态、对蓄电池进行修理或更换蓄电池;

(7)在工作过程中,注意工作安全,做好废料的处理,保持工作环境整洁。

## 2.1 蓄电池类型和作用

蓄电池类型有铅酸蓄电池、锂离子蓄电池、镍氢蓄电池、钠硫蓄电池、镍锌蓄电池和锌空气蓄电池等。现今的汽车上广泛使用的是铅酸蓄电池。

铅酸蓄电池:铅酸蓄电池已有一百多年的历史,广泛用作内燃机的起动动力源。它可靠性好、原材料易得、价格便宜、起动电流大,是现今作为起动电源的最佳选择。但如作为动力电池使用,它有两大缺点:一是比能量低,即所占的质量和体积太大,另一个是使用寿命短,使用成本过高,特别是在过充电和过放电情况下很容易损坏。

蓄电池是一种将化学能转变为电能的装置,属于可逆的直流电源。汽车上广泛应用铅酸蓄电池。它在汽车上的功用是:

(1)起动发动机时,向起动机和点火系等供电,这是蓄电池最主要的作用。

(2)发动机熄火时,向用电设备供电。

(3)发电机超载时,协助供电。

(4)发电机端电压高于蓄电池电压时,将发电机的电能转变为化学能储存起来。

(5)吸收发电机和电路中形成的过电压,起大电容器的作用,以保护汽车上的电子设备。

## 2.2 蓄电池的结构

汽车用蓄电池必须满足发动机起动的需要,即在短时间内向起动机提供大电流(汽油机为 200~600A、柴油机可达 1000A)。汽车上采用的蓄电池通常称为起动型蓄电池。根据电解液的不同,起动型蓄电池分为酸性蓄电池和碱性蓄电池两种。酸性蓄电池是用稀硫酸作为电解液,而碱性蓄电池则以氢氧化钾或氢氧化钠水溶液作为电解液。汽车上广泛使用的是酸性蓄电池。

铅酸蓄电池就是一种酸性蓄电池,它结构简单,价格低廉、内阻小、起动性能好,能在短时间内提供起动机所需的大电流,因此在汽车上得到了广泛的应用。

铅酸蓄电池是在盛有稀硫酸的容器内插入两组极板而构成的电能存储器,铅酸蓄电池由极板组(正极板、负极板、隔板)、电池盖、电解液、加液孔盖和电池外壳组成,如图 2-1 所示。

外壳分为 3 格或 6 格,每格装有电解液和极板组。极板组浸入电解液中成为单格电池。每个单格电池的标称电压为 2V,因此 3 个单格串联起来成为 6V 蓄电池,6 格串联起来成为 12V 蓄电池。

图 2-1 蓄电池外形和结构
1-负极柱；2-加液孔盖；3-正极柱；4-穿壁连接；5-汇流条；6-外壳；7-负极板；8-隔板；9-正极板

### 2.2.1 极板组

极板组由正极板、负极板和隔板组成，将正、负极板各一片浸入电解液中，可获得2V左右的电动势。为了增大蓄电池的容量，常将多片正、负极板分别并联，组成正、负极板组，如图2-2所示。

图 2-2 蓄电池极板组
1-极板组；2-负极板；3-隔板；4-正极板；5-连接片

在每个单格电池中，正极板总是比负极板少一片，这样每片正极板都处于两片负极板之间，可以使正极板两侧放电均匀，避免正极板因放电不均匀造成极板拱曲。隔板在两极板之间，可在有限的空间内尽量放置更多的极板，同时避免正负极板之间短路，同时又让电解液流动。

**1. 极板**

极板是电池的基本部件，它的作用是接受充入的电能和向外释放电能。

极板由栅架和活性物质组成。分为正极板和负极板，正极板上的活性物质是棕红色的二氧化铅（$PbO_2$），负极板上的活性物质是青灰色的海绵状纯铅（$Pb$），如图2-3a）所示。

**2. 栅架**

栅架一般由铅锑合金铸成，其作用是固结活性物质，如图2-3b）所示。

为了降低蓄电池的内阻、改善蓄电池的起动性能，有些铅蓄电池采用了放射形栅架，如图2-4所示。

图 2-3 极板结构
1-栅架；2-活性物质；3-颗粒；4-孔隙

### 2.2.2 隔板

隔板放置在正负极板之间，以避免其接触而短路。

隔板应具有多孔性，以便电解液渗透，而且化学稳定性要好，具有耐酸和抗氧化性。其结构，如图2-5所示。常见类型有：

图 2-4 放射形栅架的结构

图 2-5 蓄电池隔板

(1) 微孔橡胶隔板：性能好，寿命长，但生产工艺复杂、成本高，故尚未推广使用。
(2) 微孔塑料隔板：其孔径小、孔率高、薄而软，生产效率高、成本低，所以目前推荐使用。
(3) 玻璃纤维纸浆和玻璃纤维丝棉隔板。
(4) 袋式隔板：免维护蓄电池使用较多，它将正极板装入，起到良好的分隔作用，这样可以增大极板面积，进而增大蓄电池的容量。现今的蓄电池广泛使用袋式隔板。

### 2.2.3 电解液

电解液是蓄电池内部发生化学反应的主要物质，它由纯净硫酸和蒸馏水按一定比例配制而成，也叫稀硫酸。水的密度为$1g/cm^3$，硫酸的密度为$1.84/cm^3$，两者以不同的比例混合后形成不同密度的电解液。现在一般使用配置好的电解液，如图2-6所示。市场上销售的蓄电池电解液分为蓄电池电解液和蓄电池补充液。蓄电池电解液是由硫酸和蒸馏水按一定

图 2-6　蓄电池电解液

的密度配置制成,用于新的干荷电式蓄电池加注电解液使用。而蓄电池补充液主要是蒸馏水,用于使用中的蓄电池液面高度太低时添加电解液使用。

电解液的密度对蓄电池的工作有重要影响,密度大,可减少结冰的危险并提高蓄电池的容量,但密度过大,则黏度增加,反而会降低蓄电池的容量,缩短使用寿命。汽车用铅蓄电池的电解液密度一般为 $1.24 \sim 1.30 \text{g/cm}^3$,使用中的电解液密度应根据地区、气候条件和制造厂家的要求而定。具体参见表2-1。

不同地区和气候条件下电解液的相对密度　　　　　表 2-1

| 使用地区最低温度(℃) | 充足电的蓄电池在25℃时的电解液密度($\text{g/cm}^3$) | |
| --- | --- | --- |
| | 冬 季 | 夏 季 |
| < -40 | 1.3 | 1.26 |
| -30 ~ -40 | 1.28 | 1.24 |
| -20 ~ -30 | 1.27 | 1.24 |
| 0 ~ -20 | 1.26 | 1.23 |
| > 0 | 1.23 | 1.23 |

### 2.2.4　外壳

(1)作用:用于盛装极板组和电解液。

(2)要求:耐酸、耐热、耐振动冲击。

(3)材料:有硬橡胶、聚丙烯塑料两种。现在广泛使用塑料外壳。

(4)结构:蓄电池每组极板所产生的电动势大约为2V,要想获得更高的电动势,通常要使多组极板串联起来,因此在制造蓄电池外壳时,将一个电池外壳内分成若干个单格,即每个单格内有一组极板。所以,6V 的蓄电池为 3 个单格,12V 蓄电池为 6 个单格(国标规定蓄电池有 3 个或 6 个单格两种)。每个单格的底部制有凸筋,用来放置极板组。凸筋之间的空隙可以积存极板的脱落物质,防止正、负极板短路,使用袋式隔板的蓄电池不需要凸筋,如图2-7所示。

图 2-7　蓄电池外壳

1-注入口;2-盖;3-隔板;4-蓄电池壳体;5-肋条

极板组的连接均采用铅质连条进行串联。可分为两种形式,即传统的外露式连接和当前常见的穿壁式连接。

### 2.2.5　蓄电池盖、加液孔盖和正负极桩

蓄电池盖上面有正负极桩和加液孔。在蓄电池盖的正极桩位置标有"+"字,负极桩位

置标有"－"字。正极桩和负极桩具有上小下大的圆锥形,并且正极桩的直径比负极桩大。加液孔用来向蓄电池单格内加注电解液或蒸馏水,加液孔盖上有通气小孔以保证蓄电池内部与大气的压力平衡。加液孔盖上的通气小孔制作成弯曲的通气孔,用于防止电解液溅出。如发生通气孔堵塞可能导致蓄电池爆炸。

## 2.3 蓄电池的型号

### 2.3.1 国产蓄电池的型号

根据《铅酸蓄电池名称、型号编制与命名办法》(JB/T 2599—2012)规定,国产蓄电池的型号一般标注在外壳上,用一些数字和字母表示蓄电池最主要的性能,国产蓄电池的型号由3段5部分组成:其中圆形表示数字,矩形表示字母。

①－②③－④④⑤

(1) 第1部分表示串联的单体电池数。标准规定蓄电池有3个单格或6个单格两种,用阿拉伯数字(3或6)表示。一个单格蓄电池的电压为2V。3个单格的蓄电池额定电压为 $2V \times 3 = 6V$,6个单格的蓄电池额定电压为 $2V \times 6 = 12V$。

(2) 第二部分表示蓄电池类型,根据其主要用途来划分。

Q——起动用蓄电池。

M——摩托车用蓄电池。

JC——船用蓄电池。

HK——飞机用蓄电池。

(3) 第三部分表示蓄电池特征。第三部分为附加部分,仅在同类用途的产品中具有某种特征而在型号中又必须加以区别时采用。当产品同时具有两种特征时,原则上应按表2-2的顺序将两个代号并列标志。产品特征代号见表2-2所示。一般蓄电池不标注。

产品特征代号  表2-2

| 特征代号 | 产品特征 | 特征代号 | 产品特征 | 特征代号 | 产品特征 |
| --- | --- | --- | --- | --- | --- |
| 不标注 | 一般蓄电池 | J | 胶体式 | D | 带液式 |
| A | 干荷电 | M | 密闭式 | Y | 液密式 |
| H | 湿荷电 | B | 半密闭式 | Q | 气密式 |
| W | 免维护 | F | 防酸式 | I | 激活式 |
| S | 少维护 | | | | |

(4) 第四部分表示蓄电池额定容量。指20h放电率额定容量,单位:安培小时(简称为 $A \cdot h$),用阿拉伯数字表示。

(5) 第五部分表示产品某些特殊性能。可用相应的代号加在产品型号的末尾。如G表示高起动率电池、S表示塑料外壳电池、D表示低温起动性能好。

举例如下:

① 3 - Q - 75:由3个单体电池组成,额定电压为6V,额定容量为 $75 A \cdot h$ 的起动用一般蓄电池。

②6-QA-105G：由6个单体电池组成，额定电压为12V，额定容量为105A·h的起动用干荷电高起动率蓄电池。

③6-QAW-100：由6个单体电池组成，额定电压为12V，额定容量为100A·h的起动用干荷电免维护蓄电池。

### 2.3.2 美国、日本蓄电池的型号

按美国BCI标准生产的铅酸蓄电池，型号由两组数字组成，中间由一短横线相隔。第一组数字表示蓄电池的组号，即蓄电池的外形尺寸；第二组数字表示蓄电池的低温起动电流值。如北京切诺基用蓄电池型号为"58-475"或"58-500"，其外形尺寸一致，-17.8℃时的起动电流分别为475A和500A。

按日本标准生产的蓄电池，型号由两部分组成。如丰田佳美上使用的65D 26LMF蓄电池。其表示意义如下：

(1) 65表示蓄电池的性能参数。数字越大，表示蓄电池可以存储的电量就越多。接近与我国蓄电池的额定容量。

(2) D表示蓄电池的宽度和高度代号。蓄电池的宽度和高度组合是由8个字母(A~H)中的一个表示的，字符越接近H，表示蓄电池的宽度和高度值越大，具体如表2-3所示。

日本蓄电池宽度和高度表　　　　表2-3

| 代　号 | 宽度(mm) | 高度(mm) |
|---|---|---|
| A | 127 | 162 |
| B | 127 或 129 | 203 |
| C | 135 | 207 |
| D | 173 | 204 |
| E | 176 | 213 |
| F | 182 | 213 |
| G | 222 | 213 |
| H | 278 | 220 |

(3) 26表示蓄电池的长度约为26cm。

(4) L表示正极端子的位置，从远离蓄电池极柱看过去，正极端子在右端的标R，正极端子在左端的标L。

(5) MF表示免维护。

## 2.4 蓄电池的工作原理和特性

### 2.4.1 蓄电池的工作原理

蓄电池的工作过程是一个化学能与电能相互转化的过程。当蓄电池的化学能转化为电能而向外供电时，称为放电过程；当蓄电池与外界电源相连而将电能转化为化学能储存起来时，称为充电过程。

1. 电动势的建立

负极板在硫酸溶液中,负极板上的纯铅电离为正二价铅离子和两个电子,铅离子进入电解液中,电子留在负极板上,使负极板具有 $-0.1V$ 的负电位。正极板在硫酸溶液中,正极板上的二氧化铅电离为正四价铅离子和负二价氧离子,铅离子附着在正极板上,氧离子进入电解液中,使正极板具有 $2.0V$ 的正电位;其化学反应式如下:

$$Pb \rightleftharpoons Pb^{2+} + 2e$$
$$PbO_2 + 2H_2O \rightleftharpoons Pb^{4+} + 4OH^-$$

因此,正、负极板间产生 $2.1V$(等于正极板电位减去负极板电位)的电位差,如图2-8所示。

图2-8 蓄电池电位的形成

2. 放电过程

在电位差的作用下,电流从正极流出,经过灯泡流回负极,使灯泡发光。正极板上的正四价铅离子与电子结合,生成正二价铅离子,进入电解液再与硫酸根离子结合,生成硫酸铅(附着在正极板上);负极板上,正二价铅离子也同硫酸根离子结合,生成硫酸铅(附着在负极板上)。同时,由于正极板上负二价氧离子与氢离子生成水,电解液中的水不断增多,结果使得电解液的密度不断下降,如图2-9b)所示。

图2-9 蓄电池工作原理

3. 充电过程

充电时,外接直流电源的正极接蓄电池的正极板,电源的负极接蓄电池的负极板。当直流电源的电动势高于蓄电池的电动势时,电流将以放电电流相反的方向流过蓄电池。

正极板上,正二价铅离子失去2个电子而成为正四价铅离子,再与水反应生成二氧化铅,附着在正极板上,电位升高;负极板上,正二价铅离子得到2个电子生成一个铅分子而附着在负极板上;从正、负极板上电离出来的硫酸根离子与水中的氢离子结合生成硫酸。随着充电过程的进行,极板上的硫酸根离子不断进入电解液与氢离子生成硫酸,使得电解液中的硫酸根离子逐渐增多,结果使得电解液的密度不断升高,如图2-9c)所示。

综上所述，蓄电池的充放电过程的化学反应是可逆的：

正极：

$$PbO_2 + H_2SO_4 + 2H^+ + 2e \xrightleftharpoons[\text{充电}]{\text{放电}} PbSO_4 + 2H_2O$$

负极：

$$Pb + H_2SO_4^- \xrightleftharpoons[\text{充电}]{\text{放电}} PbSO_4 + 2H^+ + 2e$$

总的反应式如下：

$$PbO_2 + 2H_2SO_4 + Pb \xrightleftharpoons[\text{充电}]{\text{放电}} PbSO_4 + 2H_2O + PbSO_4$$

  正极板   负极板   正极板   负极板

### 2.4.2 蓄电池的工作特性

蓄电池的工作特性包括：静止电动势、蓄电池容量、内阻、充电特性和放电特性。

**1. 静止电动势**

蓄电池在静止状态下(充电或放电后静止 2~3h)，正负极板间的电位差称静止电动势，用 $E_0(E_j)$ 表示。

静止电动势可用直流电压表或万用表的直流电压挡直接测得。静止电动势与蓄电池充电程度有关，还与电解液密度和外界温度有关。密度增大和外界温度升高时，静止电动势增大。

**2. 内电阻**

铅蓄电池的内电阻包括电解液电阻、极板电阻、隔板电阻、联条电阻。

(1) 极板电阻：正常使用条件下，极板电阻很小，只有极板发生硫化故障时，极板的电阻才明显增大。

(2) 电解液电阻：电解液电阻与电解液的温度、密度有关。密度大、温度低，电解液的黏度增大，渗透力下降，电解液的电阻增大。

(3) 隔板电阻：隔板电阻主要取决于隔板的材料、厚度以及多孔性。

(4) 联条电阻：采用穿壁式结构后，电阻可以忽略不计。

**3. 蓄电池的容量**

蓄电池的容量常用额定容量和起动容量表示。

额定容量是完全充足电的蓄电池在电解液平均温度为 25℃ 的情况下，以 20h 放电率的电流连续放电至单格电压降至 1.75V 时所输出的电量。

如一只起动型蓄电池，在电解液平均温度为 25℃ 的情况下，以 4.5A 放电电流连续放电 20h 后，单格电压降至 1.75V，则它的额定容量为 $Q = 4.5 \times 20 = 90(A \cdot h)$。

起动容量则用于表示蓄电池在起动时大电流放电的能力。

蓄电池的容量与放电电流(放电电流越大，蓄电池的容量就越低)、活性物质的数量、极板的厚薄、活性物质的孔率、极板的结构、生产工艺、电解液温度、电解液密度等因素有关。

**注意**：为防止蓄电池大电流放电损坏，在起动发动机时应注意，一次起动时间不应超过 **5s**，连续两次起动应间隔 **15s**。连续 3 次无法起动应查明原因后继续起动。

**4. 蓄电池的充电特性**

蓄电池的充电特性是指在恒流充电过程中,蓄电池的端电压 $U$、电动势 $E$ 和电解液密度随时间变化的规律。

蓄电池的充电过程可分为以下 4 个阶段(图 2-10):

(1)迅速上升阶段:充电开始,在极板的孔隙表层中首先形成硫酸,而且来不及向外扩散,致使孔隙中的电解液密度增大,此阶段蓄电池的端电压和电动势迅速增大。

(2)稳定上升阶段:充电至孔隙中产生硫酸的速度和向外扩散硫酸的速度相同时,蓄电池的端电压和电动势随整个容器内电解液密度的上升而缓慢上升。

(3)急剧上升阶段:端电压上升至 2.3~2.4V 时,极板上可能参加变化的活性物质大多恢复为二氧化铅和铅,若继续充电,则电解液中的水被电解成 $H_2$ 和 $O_2$,以气泡形式放出,形成"沸腾"。但是氢离子在负极板处与电子的结合不是瞬时完成的,于是在负极板处就积聚了大量的氢离子,使电解液与极板间产生了附加电位差(0.33V),因而端电压上升到了 2.7V,并保持 1~2h 不变。

图 2-10 蓄电池充电特性

(4)急剧下降阶段:端电压上升到 2.7V 后应停止充电。若继续充电,则称为过充电。蓄电池过充电会使蓄电池充坏。过充电会产生大量的气泡从极板孔隙中冲出,导致活性物质脱落,蓄电池的容量下降。

停止充电后,电源电压消失,积聚在负极板周围的氢离子形成氢气逸出,孔隙内的硫酸向外扩散,电解液混合均匀,端电压迅速下降到稳定值。

(5)充电终了判断:充电终了的标志是电解液呈沸腾状(氢气和氧气的溢出);电解液密度上升至最大值,而且 2~3h 内不再上升;单格电池的端电压上升至最大值(2.7V),而且 2~3h 内不再上升。

**5. 蓄电池放电特性**

蓄电池的放电特性是指恒流放电时,蓄电池的端电压、电动势和电解液密度随时间变化的规律。

蓄电池的整个放电过程可分为以下 4 个阶段(图 2-11):

(1)开始放电阶段:开始放电时,化学反应在极板孔内进行,首先消耗的是极板孔内的硫酸,而该范围内硫酸很有限,此时外围硫酸来不及向内补充,所以极板孔内电解液密度迅速下降(电动势迅速下降),端电压迅速下降。

(2)相对稳定阶段:随着极板孔隙内电解液密度的不断下降,孔隙内外电解液的密度差不断增大,在密度差的作用下,硫酸向孔隙内的扩散速度也随之加快,从而使放电电压和放电电流得以维持。当孔隙外补充的硫酸和孔隙内部消耗的硫酸基本相等时,极板孔隙内外的密度差将基本保持一定。此时,孔隙内电解液密度将随着孔隙外电解液密度一起下降,端

图2-11 蓄电池放电特性

电压也按近似直线规律缓慢下降。

(3)迅速下降阶段:以下3个方面的原因导致了端电压迅速下降。

①当放电接近终了时,孔隙外电解液密度已大大下降,孔隙外硫酸向孔隙内补充的速度减慢,离子的扩散速度下降。

②随着放电时间的延长,极板表面硫酸铅的数量增多,使孔隙变小,将极板活性物质与电解液分隔开来。

③硫酸铅本身的导电性能差。放电时间越长,硫酸铅越多,内阻越大。通常,把端电压急剧下降的临界点(端电压约为1.7V)称为放电终了。若此时仍继续放电,由于电解液不容易渗透内部,端电压会很快下降到0,所以必须停止放电。

(4)电压回升阶段:停止放电后,由于放电电流为0,故内阻上的压降为0,而且因有足够时间让硫酸渗入到极板孔隙内,使电解液混合均匀,所以端电压回升到与此时电解液密度相对应的电动势数值。

蓄电池放电终了,停止放电后,端电压回升是一种表面现象,在没有充电前,若重新接通电路继续放电,电压急剧下降到0的现象又会出现。

(5)放电终了判断:放电终了的标志是,单格电池电压下降到放电终止电压值(20h放电率放电时,此值为1.75V。放电电流越大、放电终止电压越低);电解液的相对密度下降到最小许可值,约为1.11V。

蓄电池过放电会使蓄电池早期损坏。

 **课堂讨论一**

1．描述汽车使用的干荷蓄电池和免维护蓄电池等的结构和使用特点。
2．分析说明测量蓄电池静态电压能否决定蓄电池技术状态。
3．描述蓄电池电压和电流形成过程。

 **相关技能一**

## 2.5 蓄电池的维护与技术状况的检查

### 2.5.1 蓄电池的维护

(1)保持蓄电池外表面的清洁干燥,及时清除极桩和电缆卡子上的氧化物,并确定蓄电池极桩上的电缆连接牢固。

清洗蓄电池时,最好从车上拆下蓄电池,用苏打水溶液冲洗整个壳体,然后用清水冲洗蓄电池并用纸巾擦干。对于蓄电池托架,可先用腻子刀刮净厚腐蚀物,然后用苏打水溶液清洗托架,之后用水冲洗并干燥。托架干燥后,漆上防腐漆。

对于极桩和电缆卡子,可先用苏打水溶液清洗,再用专用清洁工具进行清洁,如图2-12所示。清洗后,在电缆卡子上涂上凡士林或润滑油防止腐蚀。

**注意**:清洗蓄电池之前,要拧紧加液孔盖,防止苏打水进入蓄电池内部。

(2)保持加液孔盖上通气孔的畅通,定期疏通。

(3)定期检查并调整电解液液面高度,液面不足时,应补加蒸馏水。

(4)汽车每行驶1000km或夏季行驶5~6天,冬季行驶10~15天,应用密度计或高率放电计检查一次蓄电池的放电程度,当冬季放电超过25%、夏季放电超过50%时,应及时将蓄电池从车上拆下进行补充充电。

图2-12 蓄电池极桩的清洁

(5)根据季节和地区的变化及时调整电解液的密度。冬季可加入适量的密度为$1.40g/cm^3$的电解液,以调高电解液的密度(一般比夏季高$0.02~0.04g/cm^3$为宜)。

(6)冬季向蓄电池内补加蒸馏水时,必须在蓄电池充电前进行,以免水和电解液混合不均而引起结冰。

### 2.5.2 蓄电池技术状况的检查

蓄电池技术状况的检查包括外部检查、电解液液面高度检查、蓄电池端电压的检查、电解液密度的测量以及蓄电池放电程度的检查。

**1. 外部检查**

(1)检查蓄电池封胶有无开裂和损坏、极桩有无破损、极桩连接是否可靠、壳体有无泄漏,否则应修理或者更换。

(2)疏通加液孔盖的通气孔。

(3)清洁蓄电池外壳,并用钢丝刷或极柱接头清洗器清洁极桩和电缆卡子上的氧化物,清洁后涂抹一层凡士林或润滑脂。

**2. 电解液液面高度的检查**

汽车每行驶1000km或冬季行驶10~15天,夏季行驶5~6天,就应对电解液液面高度进行检查。其检查方法如下:

(1)玻璃试管测量法(图2-13)。玻璃试管测量法用于不透明外壳的非免维护蓄电池。用长度为150~200mm、内径4~6mm的玻璃试管,对蓄电池所有单格的液面高度进行测量。

将试管插至蓄电池单格内极板的上平面上,用拇指压住玻璃管上端,使管口密封后提起试管,此时试管中液体的高度即蓄电池电解液液面的高度,其标准高度值应为10~15mm。低于此值时,应加注蒸馏水并使其符合标准值。

(2)液面高度指示线检查法。液面高度指示线检查法用于透明外壳的非免维护蓄电池。透明塑料外壳的蓄电池上均刻有(或印有)两条指示线(图2-14),即上限线和下限线。标准的电解液高度应介于两条指示线之间,否则应进行调整。当液面高度低于下限时,应添加蒸馏水,使液面介于上限线与下限线之间;当液面高度高于上限线时,应将高出的部分吸出,并调整好单格中的电解液密度。

图 2-13　蓄电池液面高度的检查　　　　图 2-14　蓄电池电解液液面高度线

(3) 观察孔检查法。观察孔检查法用于新式免维护蓄电池。为了方便对蓄电池的检查，许多新式免维护蓄电池上设置蓄电池密度计。通过蓄电池盖上蓄电池密度计观察孔中颜色的变化，可判断蓄电池的状况。在新式免维护蓄电池的蓄电池盖或蓄电池壳体上，印制有各种图标标记和说明，检查时可根据其图示形状或颜色的变化来判断液体的多少和存电量状况(图 2-15)。

图 2-15　蓄电池状况检查图标标记

**3. 蓄电池放电程度的检查**

(1) 电解液密度与放电程度的关系：电解液相对密度每下降 $0.01\mathrm{g/cm^3}$，相当于蓄电池放电 6%。由此，根据电解液密度可以确定蓄电池的放电程度。一般规定，蓄电池冬季放电达 25%、夏季放电 50% 时不宜再使用，应及时进行充电，否则会使蓄电池极板硫化而提前报废。

(2) 使用吸式密度计测量密度，如图 2-16 所示。打开蓄电池的加液孔盖，将密度计橡皮球捏扁，排出吸管中的部分空气后，使下端橡皮管插入电池电解液中。慢慢放松橡胶皮球，电解液就会被吸进玻璃管中。

**注意：控制吸入的电解液不要过多或过少，使密度计芯管既能被浮起，又不要被上端顶住，以保证测量的准确性。**

使密度计芯管浮在玻璃管中央(不要与管壁接触)，然后读取电解密度值(读取时注意使视线与玻璃管中电解液液面持平，该平面与密度计芯管相交的刻度线就是电解液实测密度值)。

图 2-16　使用吸式密度计测量密度
1-吸式密度计；2-浮子

将测量换算后的电解液密度值与上次充电终了的电解密度进行对比,根据两次的密度差来判断蓄电池的放电程度。

**注意:对于刚进行过强电流放电或刚加过蒸馏水的蓄电池,不宜进行电解液密度的测量。否则,会因电解液混合不均匀而使测量结果不准确。**

(3)使用折光式密度计测量密度。折光式密度计的结构,如图 2-17a)所示。它利用液体密度不同、折射角不同的原理制成。折光式密度计测量密度是根据不同浓度的液体具有不同的折射率这一原理设计而成的。它具有快速、准确、重量轻、体积小等优点。

图 2-17　折光式密度计
1-盖板；2-检测棱镜；3-镜筒和手柄；4-视度调节手轮；5-目镜

测量时打开盖板,用软布仔细擦净检测棱镜。取待测溶液数滴,置于检测棱镜上,轻轻合上盖板,避免气泡产生,使溶液遍布棱镜表面。将仪器进光板对准光源或明亮处,眼睛通过目镜观察视场(图 2-17b)转动目镜调节手轮,使视场的蓝白分界线清晰。中间刻度线的蓝白分界线的刻度值即为电解液密度。

这一仪器还可用于测量发动机冷却液冰点。左边用于测量添加丙二醇防冻液的发动机冷却液,右边用于测量添加乙二醇防冻液的发动机冷却液。

### 4. 蓄电池端电压的测量

(1) 单格外露式蓄电池单格电压的测量。单格外露式蓄电池可用 2.5V 高率放电计进行测量,如图 2-18 所示。

将高率放电计的两个触头紧压在蓄电池单格的正、负极桩上。在 5s 之内观察放电计的电压,并记录电压值。

各单格电压应为 1.5V 以上,并在 5s 之内保持稳定。

如果各单格电压低于 1.5V,但在 5s 之内保持稳定,说明放电过多,应及时进行充电。

若单格电压低于 1.5V,并且在 5s 之内单格电池电压迅速下降到 1.0V 以下,说明蓄电池有故障。

现在基本上没有这种单格外露式蓄电池。这里主要借助其说明测量原理。

图 2-18 单格外露式蓄电池单格电压的测量
1-高率放电计手柄；2-电压表；3-分流电阻

(2) 单格链条不外露式蓄电池端电压的测量(图 2-19)。对于单格链条不外露的蓄电池,只能测量整个蓄电池的端电压。采用专用的大量程高率放电计测量这种蓄电池方便而准确。这种放电计的正面表盘上设有红、黄、蓝色的条形,分别表明蓄电池的不同放电程度,其中红色区域表示亏电或有故障;黄色区域表示亏电较少或技术状况较好;绿色区域则表示电充足或技术状况良好。表面上的上、下两条彩色条形图,分别测量≤60A·h 和 >60A·h 的蓄电池的放电程度。测量时注意:放电 20s,停止 3min,连续放电 3 次,以第 3 次为准。

图 2-19 单格链条不外露式蓄电池端电压的测量

#### 小组工作一

**(实训项目 2.1　电源系统总成维护和检修——结构认识和性能检测)**

1. 每 3~5 名学生组成 1 个工作小组,确定 1 名小组长,接受工作任务,做好工作准备。

2. 阅读工作单,查阅维修手册或实训指导书,观察送检的蓄电池,讨论检测方法和步骤,确定小组人员工作分工。向实训指导教师汇报讨论结果,经指导教师同意后,开始下一步的工作。

3. 按照工作单的引导,完成送检蓄电池的技术状况测量,根据蓄电池的技术状况,对蓄电池进行修理或更换蓄电池。

4. 在完成工作任务的过程中,根据工作单的要求,完成蓄电池结构认识、工作原理描述等学习任务。

5. 回答指导教师的现场提问,接受指导教师的技能考核。

6. 完成工作任务后,对工作过程进行自我评价和小组互评,听取指导教师的点评。

7. 清洁工作场所,清点维护工具设备,完成任务交接。

 生产任务二

**蓄电池充电**

1. 工作对象

需充电的汽车蓄电池及充电设备。

2. 工作内容

(1) 领取所需的工具和充电机等仪器,做好工作准备;
(2) 阅读充电机使用说明书,了解充电机使用;
(3) 识别蓄电池型号,制定蓄电池充电规范;
(4) 对蓄电池进行充电前的检测,调整蓄电池电解液液面高度和密度;
(5) 按蓄电池充电规范对蓄电池进行充电;
(6) 充电结束后,对蓄电池技术状况进行测量,再次补充和调整电解液液面高度和密度;
(7) 检查、评价工作质量;
(8) 整理工具,清洁工作场地。

3. 工作目标与要求

(1) 学生应以小组工作的方式,完成本项工作任务;
(2) 学生应当能在小组成员的配合下,利用汽车维修手册(或实训指导书)和仪器设备使用说明书,制订工作计划,实施工作计划;
(3) 能通过阅读资料和现场观察,辨别所充电蓄电池的型号并制定蓄电池充电规范;
(4) 能描述蓄电池各种充电方法和优缺点;
(5) 能向客户解释所充电的蓄电池特性及使用注意事项;
(6) 能按规范的步骤,完成蓄电池充电,恢复蓄电池技术状态;
(7) 在工作过程中注意工作安全,做好废料的处理,保持工作环境整洁。

 相关知识二

## 2.6 蓄电池的充电

蓄电池的充电方法可分为定流充电、定压充电和脉冲快速充电。

### 2.6.1 定流充电

充电过程中,使充电电流保持恒定的充电方法,称为定流充电。

定流充电的特点是:

(1) 充电过程中,充电电流恒定,但充电电压是变化的(充电过程中,蓄电池的端电压不断升高,为保证充电电流的恒定,充电电源电压或调节负载应随时变化)。

(2) 充电电流大小可根据充电类型及蓄电池的容量确定。

(3) 不同端电压的蓄电池可以串联充电。

(4) 充电时间长。

为缩短充电时间,充电过程通常分为两个阶段。充电特性曲线,如图2-20所示。第一阶段采用较大的充电电流(一般为蓄电池容量的1/15~1/10),使蓄电池的容量得到迅速恢复。当蓄电池电量基本充足,单格电池电压达到2.4V,电解液开始产生气泡时,转入第二阶段,将充电电流减小一半,直到电解液密度和蓄电池端电压达到最大值且在2~3h内不再上升,蓄电池内部剧烈冒出气泡时为止。

### 2.6.2 定压充电

充电过程中,加在蓄电池两端的电压保持不变的充电方法,称为定压充电。蓄电池在汽车上就是使用定压充电。这是各种蓄电池最广泛使用的充电方法,其充电过程如图2-21所示。

图2-20 定流充电特性曲线

图2-21 定压充电特性曲线

定压充电的特点是:

(1) 充电过程中,充电电压保持不变。充电开始时,充电电流很大,随着蓄电池电动势的不断升高,充电电流逐渐减小,直至为零。

(2) 充电电压的选择:一般单格电池的充电电压选择2.4V。蓄电池电压为12V的汽车充电电压为14.5V,蓄电池电压为24V的汽车充电电压为29V(若充电电压低,则蓄电池会出现充电不足的现象;若充电电压选择过高,则蓄电池充足电后还会继续充电,此时的充电则为过充电。过充电会使蓄电池损坏),如图2-21虚线所示。

### 2.6.3 脉冲快速充电

脉冲快速充电必须用脉冲快速充电机进行,其充电电流波形,如图2-22所示。

脉冲快速充电的过程是:先用0.8~1倍额定容量的大电流进行恒流充电,使蓄电池在短时间内充至额定容量的 50%~60%,当单格电池电压升至 2.4V,开始冒气泡时,由充电机的控制电路自动控制,开始脉冲快速充电,首先停止充电 25ms(称为前停充),然后再放电或反向充电,使蓄电池反向通过一个较大的脉冲电流(脉冲深度一般为充电电流的 1.5~3 倍,脉冲宽度为 150~1000μs),然后再停止充电 40ms(称为后停充),以后的过程为:正脉冲充电—前停充—负脉冲瞬间放电—后停充—正脉冲充电……循环进行,直至充足电。

图 2-22 快速充电特性曲线

脉冲快速充电的特点是:
(1)充电速度快,充电时间或短(一次初充电只需 5h)。
(2)可以增加蓄电池的容量。充电过程中,化学反应充分,而且加深了化学反应的深度,并可使极板去硫化。因此,蓄电池的容量增加。
(3)去硫化效果好。
(4)充电过程中产生大量气泡,对活性物质的冲刷力强,易使活性物质脱落,蓄电池的使用寿命下降。

**课堂讨论二**

1. 试述各种充电方法的优缺点和使用范围。
2. 试设计一种能综合各种充电方法优点的充电法。

**相关技能二**

## 2.7 蓄电池充电工艺过程

蓄电池充电按照蓄电池使用情况分初充电和补充充电。

### 2.7.1 初充电

定义:新蓄电池或修复后的蓄电池(更换极板)在使用前的首次充电为初充电。
操作步骤:
(1)检查蓄电池的外壳,拧下加液口盖。
(2)按照不同的季节和气温选择电解液密度,将选择好的电解液从加液孔处缓慢加入蓄电池内,液面要高出极板上沿 15mm。
(3)静止 6~8h,让电解液充分浸渍极板(由于电解液浸入极板后,液面会有所下降,应再加入电解液,将液面调整到规定值)。
(4)待电解液温度下降到 30℃以下后,将充电机的正极接到蓄电池的正极,充电机的负极接到蓄电池的负极,准备充电。
(5)选择初充电规范。
①第一阶段的充电电流约为蓄电池容量的 1/15,充电至电解液中有气泡析出,单格端电

压达到 2.4V。

②第二阶段的充电电流约为蓄电池容量的 1/30。

（6）开始充电。

**注意**：充电过程中要经常测量电解液的密度和温度。如果电解液的温度超过 40℃，则应将电流减小；如果温度继续上升至 45℃，则应停止充电。适当采取冷却措施，以降低电解液的温度。

**充电接近终了时，如果电解液的密度不符合规定，应用蒸馏水或相对密度为 1.400g/cm³ 电解液调整。调整后再充电 2h。**

（7）充足电的标志。蓄电池电解液产生大量气泡，呈沸腾状态；蓄电池电解液的密度及单格端电压达到规定值，并连续 2h 不变。

### 2.7.2　补充充电

蓄电池在使用过程中，若符合下列条件时应进行补充充电：

（1）起动机运转无力、灯光比平时暗淡。

（2）电解液密度下降至 1.15g/cm³ 以下。

（3）单格电池电压下降至 1.75V 以下。

（4）储存不用近一个月的蓄电池。

操作步骤：

（1）清洁——从汽车上拆下蓄电池，清除蓄电池盖上的脏污，疏通加液孔盖上的通气孔，清除极桩和导线接头上的氧化物。拆下加液口盖。

（2）检查电解液的密度和液面高度。

（3）用高率放电计检查各单格电池的放电情况。

（4）将蓄电池的正、负极接至充电机的正、负极。

（5）选择充电规范：第一阶段的充电电流约为蓄电池额定容量的 1/10；第二阶段的充电电流约为蓄电池额定容量的 1/20。

（6）充足电的标志：电解液呈沸腾状态；电解液密度和蓄电池端电压达到规定值，而且连续 2h 不变。

（7）将加液口盖拧紧，擦净蓄电池的表面。

### 2.7.3　去硫化充电

蓄电池使用过程中，可能发生极板硫化、内阻加大、充电时温度上升较快、蓄电池的容量降低。对于硫化较轻的蓄电池，可以通过去硫化充电法加以消除。

操作步骤：

（1）先倒出原有的电解液，并用蒸馏水清洗两次，然后加入蒸馏水。

（2）接通充电电路，将电流调到初充电的第二阶段电流值充电，当密度上升到 1.15g/cm³ 时，倒出电解液，换加蒸馏水再进行充电，直到电解液密度不再增加为止。

（3）以 10h 率放电，当单格电压下降到 1.7V 时，再以补充充电的电流进行充电、再放电、再充电，直到容量达到额定值 80% 以上。

## 小组工作二

**(实训项目2.2 电源系统总成维护和检修——蓄电池更换)**

1. 每3～5名学生组成1个工作小组,确定1名小组长,接受工作任务,做好工作准备。
2. 阅读工作单,查阅维修手册或实训指导书和仪器设备使用说明书,观察待充电的汽车蓄电池,讨论充电方法、步骤和充电规范,确定小组人员工作分工。
3. 向实训指导教师汇报讨论结果,经指导教师同意后,开始下一步的工作。
4. 按照工作单的引导,完成蓄电池补充充电工作。
5. 在完成工作任务的过程中,根据工作单的要求,完成充电机认识、充电方法和原理的描述等学习任务。
6. 在完成蓄电池补充充电过程中,按工作单要求,将充电前检测、充电中检测和充电后检测结果记录在工作单的相应栏目中,并对检测结果作出分析。
7. 回答指导教师的现场提问,接受指导教师的技能考核。
8. 完成工作任务后,对工作过程进行自我评价和小组互评,听取指导教师的点评。
9. 清洁工作场所,清点维护工具设备,完成任务交接。

## 拓展知识与技能

### 2.8 蓄电池的首次使用和储存

#### 2.8.1 新蓄电池的首次使用

新购置的蓄电池在首次使用时,应先擦净外表面,拧开加液孔盖,疏通通气孔,注入新电解液,静置4～6h后,再调节液面高度到规定值,按初充电规范进行充电后即可使用。

干荷电蓄电池在规定存放期(一般为2年)内,启用时可直接加入规定密度的电解液,静置20～30min后,校准液面高度,即可使用。若超期存放或保管不当,损失部分容量,应在加注电解液后经补充充电方可使用。

#### 2.8.2 蓄电池的储存

(1)新蓄电池的储存。未启用的新蓄电池,其加液孔盖上的通气孔均已封闭,不要捅破。保管蓄电池时,应注意以下几点:
① 应存放在温度5～30℃的室内,保持周围的环境干燥、清洁、通风。
② 不要受阳光直射,离热源距离不小于2m。
③ 避免与任何液体和有害气体接触。
④ 不得倒置或卧放,不得叠放,不得承受重压。
⑤ 新蓄电池的存放时间不得超过2年。

(2)暂时不用蓄电池的储存。暂时不用的蓄电池可采用湿储存的方法,即先充足电,再把电解液密度调至1.24～1.28g/cm³,液面调至规定高度,然后将通气孔密封,存放期不得超过半年,期间应定期检查,如容量降低25%,应立即补充充电,交付使用前也应先充足电。

(3)长期停用的蓄电池的储存。长期停用的蓄电池应采用干储存法,即先将充足电的蓄电池以20h放电率放完电,然后倒出电解液,用蒸馏水反复冲洗多次,直到水中无酸性,晾干后拧紧加液孔盖,并将通气孔密封,存放条件与新蓄电池相同。

## 2.9 蓄电池的常见故障及排除方法

### 2.9.1 自行放电

**1.故障现象**

充足电的蓄电池放置一段时间后,在无负荷的情况下会逐渐失去电量。

由于蓄电池本身的结构原因,正常情况下也会产生一定程度的自放电。如果自放电在一定的范围内,可视为正常现象。一般自放电的允许范围为每昼夜1%。如果每昼夜放电超过2%,就应视为故障。

**2.故障原因**

(1)电解液中有杂质,杂质与极板之间形成电位差,通过电解液产生局部放电。

(2)蓄电池表面脏污,造成正负极桩之间小电流通路。

(3)极板活性物质脱落,下部沉积物过多使极板短路。

(4)蓄电池长期放置不用,硫酸下沉,从而造成下部密度比上部密度大,极板上下部发生电位差引起自放电。

**3.排除方法**

将蓄电池全部放电或过放电,使极板上的杂质进入电解液。倒出电解液,清洗几次,最后加入新配制的电解液。

### 2.9.2 极板硫化

极板上附着有硬化的白色大颗粒硫酸铅,正常充电时不能转化成二氧化铅和铅。

**1.故障现象**

(1)蓄电池电解液的密度下降到低于规定正常值。

(2)用高率放电计检测时,蓄电池端电压下降过快。

(3)蓄电池充电时过早地产生气泡,甚至一开始就有气泡。

(4)充电时电解液温度上升过快,易超过45℃。

**2.故障原因**

(1)蓄电池在放电或半放电状态下长期放置,硫酸铅在昼夜温差作用下,溶解与结晶不能保持平衡,结晶量大于溶解量,结晶的硫酸铅附着在极板上。

(2)蓄电池经常过量放电或深度小电流放电,在极板的深层小孔隙内形成硫酸铅,充电时不易恢复。

(3)电解液液面过低,极板上部的活性物质暴露在空气中被氧化,之后与电解液接触,生成硬化的硫酸铅。

(4)电解液不纯或其他原因造成蓄电池的自放电,生成硫酸铅,从而为硫酸铅的再结晶提供物质基础。

3. 故障排除

硫化不严重时,可通过去硫化充电方法解决。硫化严重时,应予以报废。

### 2.9.3　蓄电池容量达不到规定要求

1. 故障现象

汽车起动时,起动机转速很快减慢,转动无力;按喇叭声音弱、无力;开启前照灯,灯光暗淡。

2. 故障原因

(1) 使用蓄电池前未按要求进行初充电。

(2) 发电机电压太低,使蓄电池经常充电不足。

(3) 经常长时间使用起动机,造成大电流放电,致使极板损坏。

(4) 电解液的相对密度低于规定值,或在电解液渗漏后,只加注蒸馏水,未及时补充电解液,致使电解液相对密度降低。

(5) 电解液的相对密度过高或电解液液面过低,造成极板硫化。

(6) 长时间停车没有关闭用电设备。

(7) 蓄电池搭铁线、极柱的连接夹接触不良。

3. 故障排除

(1) 首先检查蓄电池外部,检查外壳是否良好、表面是否清洁、极板上是否有腐蚀物或污物。

(2) 检查蓄电池搭铁线、极柱的连接夹是否松动,如果有,则为输出电阻过大,产生压降,使电压过低。

(3) 测量蓄电池的电解液密度。如果电解液密度过低,说明充电不足或新蓄电池未按要求经过充、放电循环,致使蓄电池达不到规定容量。

(4) 检查电解液液面高度。如果液面高度不足,而且在极板上有白色结晶物质存在,则可能存在极板硫化故障。

(5) 蓄电池充电后,检查电解液密度,如果出现两个相邻的单格电池中电解液的密度有明显差别,则说明该单格电池内部有短路,不能使用。

(6) 必要时,检查发电机的充电电压。

## 2.10　蓄电池的更换

更换蓄电池时,应注意以下几点:

(1) 拆装、移动蓄电池时,应轻搬轻放,严禁在地上拖拽。

(2) 蓄电池型号和车型应相符,电解液密度和高度应符合规定。

(3) 安装时,蓄电池应固定在托架上,塞好防振垫。

(4) 应在极桩上涂少量凡士林或润滑油,可防腐防锈。

**注意**:极桩卡子与极桩要接触良好。

(5) 蓄电池搭铁极性必须与发电机一致。

(6) 接线时,先接正极后接负极,拆线时相反。以防金属工具搭铁,造成蓄电池短路。

## 2.11 新型蓄电池

### 2.11.1 镍镉电池

目前,镍镉电池的应用广泛程度仅次于铅酸蓄电池。镍镉电池的优点是比能量大,可达 55W·h/kg,比功率超过 190W/kg。可快速充电,循环使用寿命可达到 2000 多次,是铅酸蓄电池的两倍多。但价格为铅酸蓄电池的 4~5 倍。它的初期购置成本虽高,但由于其在比能量和使用寿命方面的优势,因此其长期的实际使用成本并不高。镍镉电池在使用中要注意做好回收工作,以免重金属镉对环境造成污染。

### 2.11.2 镍氢蓄电池

镍氢蓄电池和镍镉蓄电池一样,也属于碱性电池,其特性和镍镉蓄电池相似。不过镍氢蓄电池不含镉、铜,不存在重金属污染问题。目前,生产电动汽车镍氢蓄电池的公司主要是 Ovonie 公司,它现有 80A·h 和 130A·h 两种单元电池,并由此构成 30kW·h 和 50kW·h 两种规格的电池。其比能量达 75~80W·h/kg,比功率达 160~230W/kg,循环使用寿命超过 600 次。这种蓄电池曾装在几种电动汽车上试用,其中一类车一次充电可行驶 345km,有一辆车一年中行驶了 8 万多公里。由于价格较高,目前尚未大批量生产。估计随着镍氢蓄电池技术的发展,其比能量可超过 80W·h/kg,循环使用寿命可超过 2000 次,远景价格可降至 150 美元/kW·h。通用汽车公司已把它作为今后几年电动汽车优先考虑蓄电池。

### 2.11.3 钠硫蓄电池

钠硫蓄电池也是近期普遍看好的电动汽车蓄电池,美国福特汽车公司的 Mnivan 电动汽车就是使用钠硫蓄电池的。它已被美国先进电池联合体(USMABC)列为中期发展的电动汽车蓄电池,德国 ABB 公司生产的 B240K 型钠硫蓄电池,其质量为 17.5kg,蓄电量 19.2kW·h;比能量达 109W·h/kg,循环使用寿命 1200 次,装车试验时最好的一辆车无故障地行驶了 2300km。钠硫蓄电池主要存在高温腐蚀严重、电池寿命较短、性能稳定性差以及使用安全性不太理想等问题。

### 2.11.4 锂电他

锂电池目前已被列为电动汽车蓄电池的长期开发目标。锂电池的种类繁多,常见的有锂离子电池、高温锂熔直盐电池、锂聚合物电池和锂聚合物固体电解质电池等,锂离子电池比能量的理论值为 570W·h/kg,它目前达到的性能指标是:比能量为 100W·h/kg,比功率 200W/kg,循环使用寿命为 1200 次,充电时间 2~4h。

### 2.11.5 锌空气电池

锌空气电池的潜在比能量在 200W·h/kg 左右。美国 DEMI 公司为电动汽车开发的锌空气电池的比能量已达 160W·h/kg 左右,但它目前尚存在寿命短、比功率小、不能输出大电流以及难以充电等缺点。美国的 CRX 电动汽车装的就是锌空气电池,该车为弥补它的不足,还装有镍镉蓄电池以帮助汽车起动和加速。CRX 电动汽车的锌空气电池组质量为 340kg,充足电后可存储 45kW·h 的能量,同时装备 CRX 的重达 159kg 的镍锡蓄电池充足电后有 4kW·h 能量。充电 12min 可使 CRX 电动汽车行驶 65km,充电 1h 则可行驶 160km。

### 2.11.6 燃料电池

燃料电池是一种将储存在燃料和氧化剂中的化学能通过电极反应直接转化为电能的发电装置。它不经历热机过程,不受热力循环限制,故能量转换效率高。燃料电池的化学能转换效率在理论上可达 100%,实际效率已达 60%~80%,是普通内燃机热效率的 2~3 倍。现在,应用于电动汽车中的燃料电池是一种被称为质子交换膜燃料电池(PEMFC),它以纯氢为燃料,以空气中的氧气为氧化剂。美国通用汽车公司在美国能源部的资助下,推出了以质子交换膜燃料电池(也称为离子交换膜燃料电池或固体高聚合物电解质燃料电池)和蓄电池并用提供动力的轿车。美国福特汽车公司现已研制出从汽油中提取氢的新型燃料电池,其燃料效率比内燃机提高 1 倍,而产生的污染则只有内燃机的 5%。估计 5~10 年内可研制出使用该种动力系统的电动汽车,并有望于 2015 年投入商业化生产。在 1993 年加拿大温哥华科技展览会上,加拿大的 BALLABC 公司推出了世界上第一辆以 PEMFC 电池为动力的电动公共汽车,载客 20 人,可行驶 160km,最高车速达 72.2km/h。德国奔驰汽车公司也研制了以 PEMFC 电池为动力的电动汽车。目前,所有领先的汽车制造厂商都在积极开发燃料电池发动机技术,许多国家在燃料电池的研究方面取得了可喜的成绩。

燃料电池技术虽已取得快速发展,但要使其装载使用达到规模,仍有一些难题需要解决,例如氢的制取、储存以及携带成本高,基础设施建设投资大等。当前研究和开发工作的重点是降低成本和开发大规模制造工艺。随着燃料电池的体积功率和质量功率的逐步提高、生产成本的不断降低、制造材料和工艺的进一步改进和完善,以燃料电池作为动力的汽车将会得到广泛使用。

### 思考与练习

#### 一、名词解释

1. 干荷电蓄电池。
2. 免维护蓄电池。
3. 额定容量。
4. 极板硫化。
5. 蓄电池自放电故障。
6. 初充电。
7. 电压充电。

#### 二、填空题

1. 铅蓄电池主要由 _____、_____、_____、_____

_____、_____部件组成。

2. 极板组由_____、_____、_____组成。

3. 铅蓄电池正极板上的活性物质为_____，呈_____色；负极板上的活性物质为_____状的_____，呈_____色。

4. 铅蓄电池每个单格内，负极板总比正极板多_____片。以减轻正极板的_____，防止_____。

5. 外壳上有 + 记号的铅蓄电池接线柱为_____接线柱，有 – 记号的接线柱为_____接线柱。

6. 蓄电池放电时，正极板上的_____和负极板上的_____与电解液发生化学反应，变成了 $PbSO_4$ 和_____。使得电解液相对密度变_____，内阻变_____，端电压变_____。

7. 铅蓄电池电解液相对密度每下降 $0.01g/cm^3$，蓄电池约放掉_____%额定容量的电量。

8. 过充电时，正极板表面会逸出_____气，负极面会逸出_____气，使电解液呈"沸腾"状态。

9. 起动型蓄电池常见性能指标有_____、_____和_____。

10. 将高率放电计两叉尖紧压在单格电池正负极柱上，历时5s左右，若单格电压在1.7V保持稳定，说明电池_____；1.6V保持稳定，表明电池_____；下降到1.5V保持稳定，表明电池_____。

11. 蓄电池的充电方法有_____、_____以及_____。

12. 用数字式万用表测量电池开路电动势，若12V标称电压的蓄电池电动势小于12V，说明电池_____；在 12.2～12.5V 之间，说明_____；高于12.5V，说明电池_____。

13. 用整体电池式高率放电计测试蓄电池电压，若15s内，电池能保持在9.6V以上，说明电池_____但_____；若稳定在 11.6～10.6V，说明电池_____；若迅速下降，说明电池已损坏。

14. 蓄电池的容量有_____、_____、_____。

15. 铅蓄电池的型号由_____、_____、_____、_____组成。

16. 铅蓄电池有_____、_____、_____、_____种类型。

三、选择题

1. 蓄电池在放电过程中，其电解液的密度是(_____)。
   A. 不断上升的　　　　B. 不断下降的　　　　C. 保持不变的

2. 蓄电池电解液的相对密度一般为(_____)。
   A. $1.24～1.28g/cm^3$　　B. $1.15～1.20g/cm^3$　　C. $1.35～1.40g/cm^3$

3. 蓄电池电解液温度的下降,会使其容量(　　)。
   A. 增加　　　　　B. 下降　　　　　C. 不变

4. 蓄电池在补充充电过程中,第一阶段的充电电流应选取其额定容量的(　　)。
   A. 1/10　　　　 B. 1/15　　　　 C. 1/20

5. 蓄电池在使用过程中,如发现电解液的液面下降,应及时补充(　　)。
   A. 电解液　　　 B. 稀硫酸　　　 C. 蒸馏水

6. 蓄电池极板上的活性物质在放电过程中转变为(　　)。
   A. 硫酸铅　　　 B. 二氧化铅　　 C. 铅

7. 下列原因哪一个可造成蓄电池硫化?(　　)。
   A. 大电流过充电　B. 电解液液面过高　C. 长期充电不足

8. 随着蓄电池放电电流的增大,其实际输出的容量(　　)。
   A. 增大　　　　 B. 不变　　　　 C. 减小

9. 在讨论蓄电池结构时,甲说,12V 蓄电池由6个单格电池并联组成;乙说,12V 蓄电池由6个单格电池串联组成。你认为(　　)。
   A. 甲正确　　　 B. 乙正确　　　 C. 甲乙都对　　　 D. 甲乙都不对

10. 铅蓄电池放电时,端电压逐渐(　　)。
    A. 上升　　　　B. 平衡　　　　C. 下降　　　　D. 不变

11. 在讨论蓄电池电极桩的连接时,甲说,脱开蓄电池电缆时,始终要先拆下负极电缆;乙说,连接蓄电池电缆时,始终要先连接负极电缆。你认为(　　)。
    A. 甲正确　　　 B. 乙正确　　　 C. 甲乙都对　　　 D. 甲乙都不对

12. 蓄电池最主要的用途是(　　)。
    A. 蓄电　　　　B. 充电　　　　C. 起动　　　　D. 停车照明

四、判断题(对的画"√",错的画"×")

1. 在一个单格蓄电池中,负极板的片数总比正极板多一片。　　　　　　　(　)
2. 将蓄电池的正负极板各插入一片到电解液中,即可获得12V 的电动势。(　)
3. 在放电过程中,正负极板上的活性物质都转变为硫酸铅。　　　　　　　(　)
4. 在放电过程中,蓄电池的放电电流越大,其容量就越大。　　　　　　　(　)
5. 在定电压充电过程中,其充电电流也是定值。　　　　　　　　　　　　(　)
6. 免维护蓄电池在使用过程中不需补加蒸馏水。　　　　　　　　　　　　(　)
7. 蓄电池主要包括极板、隔板、电解液和外壳等。　　　　　　　　　　　(　)
8. 蓄电池可以缓和电气系统中的冲击电压。　　　　　　　　　　　　　　(　)
9. 蓄电池正极板上的活性物质是二氧化铅,负极板上的活性物质是海绵状纯铅。(　)
10. 蓄电池极板硫化的原因主要是长期充电不足、电解液不足。　　　　　 (　)
11. 如果将蓄电池的极性接反,后果是有可能将发电机的磁场绕组烧毁。　 (　)
12. 为了防止冬天结冰,蓄电池电解液的密度越高越好。　　　　　　　　 (　)
13. 蓄电池的正极桩比负极桩小。　　　　　　　　　　　　　　　　　　 (　)

五、思考与简答题

1. 汽车蓄电池为什么会硫化？怎样才能避免和解决硫化？
2. 如何检测蓄电池性能？
3. 蓄电池使用时，应该注意哪些问题？
4. 如何对蓄电池进行充电？
5. 蓄电池在汽车上的用途有哪些？
6. 如何更换蓄电池？叙述蓄电池更换注意事项。

# 单元 3　充电指示灯常亮故障检修

## 学习情境

某丰田4S店接到一辆丰田花冠汽车。客户反映:汽车在行驶过程中充电指示灯突然点亮,行驶一段距离后感觉动力断断续续,直至熄火。熄火之后就无法起动(起动机不工作)。

接到汽车后,前台临时用外接蓄电池起动车辆,汽车正常起动。同时,对充电系统做了基本检查:首先检查发电机是否发电,结果发现起动前蓄电池电压为12.5V,起动后蓄电池电压为11.5V,比起动前低一些。这就证明故障确实是由发电机不发电引起的。然后用丰田专用皮带张力器检查发电机皮带是否过松或打滑,检查结果,皮带张力正常。再检查充电系统的相关熔断丝,均未发现问题;当用起子去接触发电机皮带轮时,感觉不到吸力,说明励磁回路没有构成,故障可能在控制线路或发电机内部。

经初步检查,确定故障在电源系控制线路或发电机内部。填写电源系检修工作单,移交电气维修组继续维修。

**检修发电机**

1. 工作对象

需检修发电机的汽车1部。

2. 工作内容

(1)领取所需的工具和仪表,做好工作准备;

(2)就车检查发电机,确定发电机是否有故障;

(3)从车上拆下发电机;

(4)将发电机解体,检测各零部件;

(5)更换损坏的零部件后,装配发电机,检查发电机性能;

(6)将发电机装上汽车;

(7)检查、评价工作质量;

(8)整理工具,清洁工作场地。

## 3. 工作目标与要求

(1) 学生应以小组工作的方式,完成本项工作任务;

(2) 每个学生应当能在小组成员的配合下,利用汽车维修手册或实训指导书,制订工作计划,实施工作计划;

(3) 能通过阅读资料和现场观察,描述所检修的发电机结构;

(4) 能认识所检修发电机的零部件,口述发电机的工作原理和各零部件的作用;

(5) 能向客户解释所检修发电机的故障情况和修复方案;

(6) 能按规范的步骤,完成发电机检修,恢复发电机的技术状况;

(7) 在工作过程中,注意工作安全,做好废料的处理,保持工作环境整洁。

**相关知识**

### 3.1 汽车电源系的发展过程

汽车电源系统的发展主要表现在发电机的结构及其控制电路。汽车用发电机主要经历了直流发电机、交流发电机和整体式交流发电机三个阶段,同时控制电路经历了直流发电机三联调节器、交流发电机触点式电压调节器、交流发电机电子电压调节器、交流发电机集成电路电压调节器、多功能集成电路电压调节器和薄片集成电路电压调节器六个阶段。日本汽车发电机技术的发展过程如图 3-1 所示。随着发电机和控制电路技术的发展,其 kg/kW 指标不断下降,即发电机功率不断提高,质量不断减小并且可靠性也不断提高。

图 3-1 日本汽车发电机技术的发展过程

我国汽车电源电路的发展比日本迟 10~15 年。我国在 1980 年以前主要使用直流发电机和触点式直流发电机电压调节器(内含触点式逆流截断器、限流器和电压调节器)。其电源系由蓄电池、电流表、点火开关、直流发电机电压调节器和直流发电机组成,如图3-2所示。

逆流截断器作用是在发电机电压大于蓄电池电压时接通充电电路,在发电机电压小于蓄电池电压时切断充电电路,防止电流倒流,保护发电机。限流器作用是限制发电机输出电流,使其不超过发电机额定电流。电压调节器的作用是当发动机转速和用电设备负载变化时,保持发电机输出电压基本不变。

1980—1990年,我国车用发电机主要使用交流发电机和触点式电压调节器(或晶体管电压调节器)。其电路如图3-3所示。

图3-2 直流发电机电源系电路

图3-3 交流发电机电源系电路图

20世纪90年代后,我国开始使用整体式交流发电机,现在各厂家的电源系电路和组成基本相同,但内部结构和电路有所不同。整体式交流发电机电路,如图3-4所示。

图3-4 整体式交流发电机电路
a) 零件位置图;b) 丰田花冠汽车电源系简图

## 3.2 汽车电源系的组成和电路

现在汽车电源系一般由蓄电池、整体式交流发电机、点火开关和充电指示灯组成。丰田汽车公司提供的丰田花冠汽车使用的电源系电路,如图3-5所示。丰田花冠汽车发电机内部电路,如图3-6所示。其中,点画线的大矩形表示发电机。发电机由三相同步交流发电机、硅整流器和集成电路电压调节器三部分组成。发电机通过B、IG、S、L端子与外部的蓄电池、点火开关、充电指示灯相连接。其中,B用于对外供电,给蓄电池充电,同时在起动时给发电机提供他励电流。IG用于给集成电路电压调节器供电。S用于将蓄电池极柱上输出电压传给电压调节器,作为电压调节器调节电压的信号。L用于接通充电指示灯,通过指示灯的亮暗变化显示电源系的工作状态。

图3-5 丰田花冠汽车电源系电路

图3-6 丰田花冠汽车发电机内部电路简图

图 3-6 中小虚线框为集成电路电压调节器。通过 B、IG、S、L 以及 P、F、E 端子在整体式发电机内部与其他部分相连接。其中，MIC 为多功能集成电路、多功能集成电路通过三极管 tr1 控制发电机励磁绕组通断，调节发电机电压。通过 tr2 控制汽车仪表内部充电指示灯亮暗，起指示和警报作用。D 用于吸收励磁绕组电流被切断瞬时产生的自感电动势，保护电子元件不被击穿。

## 3.3 整体式交流发电机构造

发电机是汽车的主要电源，其功用是在发动机正常运转时，向所有用电设备（起动机除外）供电，同时向蓄电池充电。

汽车用整体式交流发电机由一个三相同步交流发电机、硅二极管整流器和集成电路调节器所组成。整体式发电机如图 3-7 所示，整体式发电机分解如图 3-8 所示。

图 3-7 整体式发电机

图 3-8 整体式发电机分解图

1-前端盖；2-定子；3-双头螺栓；4-轴承盖；5-轴承；6-转子；7-金属板；8-绝缘管；9-皮带轮；10-后端盖；11-整流器；12-集成电路电压调节器；13-电刷；14-弹簧；15-电刷螺钉；16-后盖

### 3.3.1 转子

转子由转子轴、励磁绕组、爪形磁极和滑环等组成,如图3-9、图3-10所示。其作用是在皮带轮的带动下转动,产生旋转磁场。转子轴左端的铜环通过电刷给转子中间的线圈供电,产生磁场。转子轴左端螺纹用于锁紧皮带轮。整根转子轴通过轴承安装在前后端盖之间,在皮带轮带动下转动。

图3-9 交流发电机的转子

图3-10 交流发电机的转子解剖图
1-滑环;2-转子轴;3-爪极;4-磁轭;5-磁场绕组;6-爪极

转子轴上压装着两块爪极,爪极被加工成鸟嘴形状,爪极空腔内装有励磁绕组和磁轭。滑环由两个彼此绝缘的铜环组成,压装在转子轴上并与轴绝缘,两个滑环分别与励磁绕组的两端相连。

当给两滑环通入直流电时,励磁绕组中就有电流通过,并产生轴向磁通,使爪极的一块被磁化为N极,另一块被磁化为S极,从而形成六对(或八对)相互交错的磁极。当转子转动时,就形成了旋转的磁场。磁场由N极→定子铁芯→S极,如图3-11所示。

图3-11 转子磁场

### 3.3.2 定子

定子(图3-12)安装在转子的外面,和发电机的前后端盖固定在一起,其作用是产生三相交流电。当转子在其内部转动时,引起定子绕组中磁通的变化,定子绕组中就产生交变的

图3-12 定子

感应电动势。

定子由定子铁芯和定子绕组（线圈）组成。定子铁芯由内圈带槽、互相绝缘的硅钢片叠成。定子绕组有三组线圈，对称地嵌放在定子铁芯的槽中。三相绕组的连接有星形接法和三角形接法两种，都能产生三相交流电。

### 3.3.3 皮带轮

通常由铸铁制成，有的利用半圆键装在前端盖外侧的转子轴上，用弹簧垫片和螺母紧固。通过半圆键带动转子转动。有的利用在前端盖外侧的转子轴的锥度，用弹簧垫片和螺母压紧，通过压紧后产生的摩擦力带动转子转动。有的皮带轮上安装有单向离合器。单向离合器的作用是单向传动，即只能由发动机带动发电机皮带轮转动。在汽车减速和制动时，可以利用发电机转子的惯性提高发电量。

### 3.3.4 风扇

风扇一般用1.5mm厚的钢板冲压而成，或用钢板冲压后直接安装在转子轴上，如图3-9所示。其作用是，当风扇旋转后能使空气高速流经发电机内部，对定子和转子进行通风冷却。

### 3.3.5 前、后端盖

前、后端盖（图3-13）用非导磁性的材料（铝合金）制成，它具有轻便、散热性好等优点。在后端盖上装有电刷总成、硅整流器和集成电路电压调节器。在前、后端盖上均有通风口，当风扇旋转后能使空气高速流经发电机内部进行冷却。

a)          b)

图3-13 发电机前、后端盖
a) 前端盖；b) 后端盖

### 3.3.6 电刷总成

两只电刷装在电刷架的方孔内，并在其弹簧的压力推动下与转子滑环保持良好的接触，如图3-14所示，给转子绕组供电，产生磁场。

电刷总成上的两个电刷接线柱可分为B、F接线柱。图3-6为丰田花冠汽车发电机内部电路简图，B接线柱接发电机正极，F接线柱接电压调节器。通过电压调节器的三极管控制励磁电流通断。

图 3-14 电刷
1-螺钉;2-接线柱;3-弹簧;4-电刷

### 3.3.7 整流器总成

整流器(图 3-15)的作用是把交流发电机产生的三相交流电变成直流电输出,还可阻止蓄电池的电流向发电机倒流。

如图 3-16 所示,整流器由正极板和负极板组成。正极板上有 3~4 个中心引线为正极、外壳为负极的正极管。其外壳与正极板一起构成发电机正极,通过 B 端子输出。负极板上也有 3~4 个中心引线为负极、外壳为正极的负极管。其外壳与负极板一起构成发电机负极,通过螺栓连接在发电机后端盖上。正极板上面 3 个正极管、负极板上面的 3 个负极管与发电机的三相绕组组成典型的三相全波整流电路,如图 3-17 所示。

图 3-15 整流器总成
1-三相线圈接柱;2-三极管;3-B 接柱

图 3-16 整流器示意图
1-B 端子;2-正极板;3-架座板(散热片);4-负极板;
5-二极管;6-正极管;7-负极管

### 3.3.8 电压调节器

由于交流发电机的转子是由发动机通过皮带驱动旋转的,而且发动机和交流发电机的速比为 1.7~3,因此交流发电机转子的转速变化范围非常大,这样将引起发电机的输出电压发生较大变化,无法满足汽车用电设备的工作要求。为了满足用电设备对恒定电压的要求,交流发电机必须配用电压调节器才能提供恒定电压。

目前,在汽车发动机上使用的调节器都是集成电路电压调节器,其基本作用是调节电压,许多电压调节器还有其他作用。

图 3-17　三相全波整流电路

1. 调压作用

在发电机转速和负荷变化时,自动控制发电机电压,使之保持恒定,把发电机的输出电压控制在规定范围内。一般蓄电池电压为 12V 的汽车,发电机输出电压为 14.5V;蓄电池电压为 24V 的汽车,发电机输出电压为 39V,以保证用电设备用电和蓄电池充电。现在由发动机 ECU 控制的电压调节器还可以根据汽车的工作状态、蓄电池充电状态以及蓄电池充电电流和蓄电池工作温度等,通过电压调节器控制发电机输出不同的电压。

2. 指示作用

集成电路电压调节器还控制仪表板上的充电指示灯。在正常情况下,打开点火开关置于 IG 挡时,充电指示灯亮;起动后系统正常,则充电指示灯迅速熄灭。

3. 警报作用

集成电路电压调节器警报作用是在电源系外电路异常(如 S 端子脱开或 B 端子脱开)和发电机内部转子线圈短路、断路等故障时,会通过点亮充电指示灯发出警报。有的还有过电压警报,即某些原因引起发电机 B 端子电压过高时,点亮充电指示灯发出警报。

4. 保护作用

集成电路电压调节器还有保护作用。当发动机熄火后,如忘记关闭点火开关时,电压调节器会自动延迟 10s 左右,切断发电机磁场绕组的电流。防止长时间、大电流通过电压调节器和发电机磁场绕组,产生大量的热,过热会使电压调节器和发电机磁场绕组损坏。

5. 徐励作用

徐励作用就是,当刚刚接通点火开关起动时,断续接通转子磁场绕组,将他励的励磁电流保持在约 0.2A。控制发电机输出较小的电压,减小起动阻力,使发动机快速起动。起动后迅速增大励磁电流,使发电机输出正常电压,保证用电设备供电和对蓄电池充电。

集成电路电压调节器按电压的检测点不同,分为发电机电压检测和蓄电池电压检测两种类型。发电机电压检测的检测信号取自发电机的正极,调节的结果是保持发电机的输出电压稳定。而蓄电池电压检测的检测信号取自蓄电池的正极,调节的结果是保持蓄电池的充电电压稳定。图 3-18 为发电机电压检测型。图 3-19 为丰田 5A 发动机使用的集成电路电压调节器,为蓄电池电压检测型。从图中可以看出,蓄电池电压检测型比发电机电压检测型多一个端子 S,如图 3-6 所示。调节器有 F、P、E 三个端子,B 端用螺母固定在发电机的输出端子 B 上,IG、L、S 端子经过外部接线插座分别与点火开关、充电指示灯和蓄电池正极相连接。其中,S 端子用于将蓄电池极柱上输出电压传给电压调节器,作为蓄电池电压检测的电压调节器调节电压的依据。蓄电池电压检测电压调节器的优点是,在汽车负载较大时,可以保持对蓄电池充电电压的稳定,使蓄电池始终保持良好的充电状态。缺点是汽车发电机负载较大时,发电机输出电压比较大,发电机容易超载。

图 3-18 夏利汽车电压调节器

图 3-19 丰田 5A 发动机使用的集成电路电压调节器

### 3.4 整体式交流发电机工作原理

#### 3.4.1 发电原理

图 3-20 交流发电机发电原理
1-铁芯;2-三相线圈;3-转子;4-转子线圈;5-二极管;6-炭刷

如图 3-20 所示,在发电机内部有一个由发动机带动的转子(旋转磁场),磁场外有一个定子绕组,绕组有 3 组线圈(三相绕组),三相绕组彼此相隔 120°。当转子旋转时,旋转的磁场使固定的电枢绕组切割磁力线(或者说使电枢绕组中通过的磁通量发生变化),而产生电动势。定子三相绕组感应电动势的大小为:

$$e_U = E_m \sin\omega t = \sqrt{2} E_\phi \sin\omega t$$
$$e_V = E_m \sin(\omega t - \frac{2}{3}\pi) = \sqrt{2} E_\phi \sin(\omega t - \frac{2}{3}\pi)$$
$$e_W = E_m \sin(\omega t + \frac{2}{3}\pi) = \sqrt{2} E_\phi \sin(\omega t + \frac{2}{3}\pi)$$

式中:$E_m$——每相电动势的最大值;
$E_\phi$——每相电动势的有效值;
$\omega$——电角速度。

定子三相绕组感应电动势的波形如图 3-21b)所示,其幅值是发电机转速的函数。因此,当转速 $n$ 变化时,三相电动势的波形为变频率、变幅值的交流波形。

#### 3.4.2 定子每相电动势的有效值

$$E_\phi = E_m/\sqrt{2} = 4.44 KfN\phi = 4.44 K\frac{pn}{60}N\phi = C_e\phi_n \quad (V)$$

式中：$E_\phi$——每相电动势的有效值；
　　　$E_m$——每相电动势的最大值；
　　　$K$——绕组系数（和发电机定子绕组的绕线方法有关）；
　　　$f$——转子转动频率。其中 $f = p \times n/60\mathrm{Hz}$；
　　　$N$——每项匝数，匝；
　　　$\phi$——每极磁通，Wb；
　　　$p$——磁极对数；
　　　$C_e$——电机结构常数；
　　　$n$——转速。

由此可见，当交流发电机结构一定时（结构常数 $C_e$ 不变），三相电动势 $E_\phi$ 和发电机转速、磁通成正比。

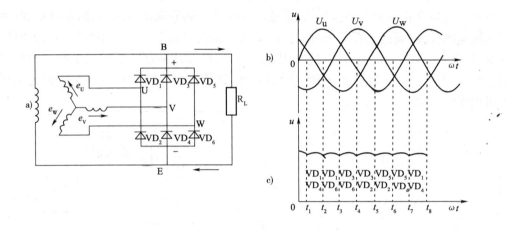

图 3-21　三相桥式整流电路及电压波形
a) 整流电路；b) 整流前三相交流电波形；c) 整流后负载上的电压波形

### 3.4.3　整流原理

发电机定子绕组产生的是三相交流电，要通过 6 只或 8 只二极管组成的三相桥式全波整流电路转变为直流电，如图 3-21a) 所示。

二极管具有单向导电性，当给二极管加上正向电压时，二极管导通，当给二极管加上反向电压时，二极管截止。对于三个正极管子（$D_1$、$D_3$、$D_5$），正极和定子绕组始端相连，在某瞬时，电压最高一相的正极管导通。对于三个负极管子（$D_2$、$D_4$、$D_6$），负极和定子绕组始端相连，在某瞬时，电压最低一相的负极管导通。但同时导通的管子总是两个，正、负管子各一个。三相桥式整流电路中二极管的依次循环导通，导通的顺序如图 3-21c) 所示，使得负载 $R_L$ 两端得到一个比较平稳的脉动直流电压。

整流时发电机的输出端 B、E 上输出一个脉动直流电压，将三相交流电的最高电压的一相连接到蓄电池正极，将三相交流电的最低电压的一相连接到蓄电池负极，给蓄电池充电和给负载 $R_L$ 供电，如图 3-21b)、c) 所示，这就是发电机的整流原理。

图 3-22  8 管交流发电机整流电路

有的发电机采用 8 管整流电路,如图 3-22 所示。8 管交流发电机除组成三相桥式整流电路的 6 只二极管外,还有 2 只中性点二极管。利用中性点的二次谐波电压输出(二次谐波电压比三相线圈输出端高),可提高发电机的输出电压、同时提高输出功率 10%~15%。

有的汽车还从中心点 N 输出一个三相半波整流的电压,简称中性点 N 电源(丰田汽车称为 P 电源),如图 3-23 所示。中心点 N 的电源是通过全波整流电路里面的 $D_2$、$D_4$、$D_6$ 整流。在 N 端子和搭铁 E 之间输出一个全波整流电压一半的电压。具体一点说,其电压在熄火时为零(熄火时 B 点仍然与蓄电池正极连接其电压为 12V),在发动机发动后其电压始终是三相全波整流电压 $B^+$ 的 1/2。其用途主要是给汽车上的一些控制继电器线圈供电。如用于控制起动电路(图 3-24),可防止在发动机发动状态驾驶员误操作再次接通起动电路,而引起起动机驱动齿轮与飞轮齿发生冲击打齿,造成齿轮损坏。其原理是,在熄火时起动机保护继电器常闭触点闭合,接通点火开关即可通过起动继电器接通起动机。发动机发动后,中性点电源 N 接通起动机保护继电器线圈,使常闭触点打开,自动切断起动机控制电路,同时切断起动机。同时,在发动机运转时常闭触点始终打开,即使误操作接通点火开关中的起动开关,起动机也无法接通。

图 3-23  带有中性点电源的交流发电机电路      图 3-24  中性点电压控制的起动机保护电路

还有一些汽车利用中性点电压通过具有常闭触点继电器控制充电指示灯。发电机发电时,中性点电压通过继电器线圈,使常闭触点打开,充电指示灯熄灭。但是现在使用的整体式交流发电机基本没有使用这种控制充电指示灯熄灭的方法。

还有的交流发电机采用 9 管整流电路,许多大众汽车公司的发电机就是使用这种电路。

### 3.4.4  励磁方式和励磁电路

除了永磁式交流发电机不需要励磁以外,其他形式的交流发电机都必须给励磁绕组通电才会有磁场产生而发电,否则发电机将不能发电。将电流引入到励磁绕组使之产生磁场,称为励磁。按照给励磁绕组供电的电源不同,励磁分为他励和自励两种。

**1. 他励**

在发动机刚刚起动且发电机转速较低时(发动机未达到怠速转速),自身不能发电。单靠微弱的剩磁产生的很小的电动势,很难克服二极管的正向电阻,需要蓄电池供给发电机励磁绕组电流,使励磁绕组产生磁场来发电。这种由蓄电池供给励磁绕组电流发电的方式称为他励发电。丰田花冠汽车发电机起动时他励电流流向,如图3-25所示。起动时点火开关闭合,给内置集成电路电压调节器供电,三极管$V_1$导通。他励电流由蓄电池正极→发电机B端子→励磁绕组(转子绕组)→调压器F端子→三极管$V_1$→调压器E端子→发动机搭铁→蓄电池负极。

**2. 自励**

随着转速的提高(一般在发动机达到怠速时),发电机定子绕组的电动势逐渐升高并能使整流器二极管导通,当发电机的输出电压大于蓄电池电压时,发电机就能对外供电了。当发电机能对外供电时,就可以把自身发的电供给励磁绕组,这种利用自身供给励磁绕组电流发电的方式称为自励发电。丰田花冠汽车发电机起动后自励电流流向,如图3-26所示。自励电流由发电机正极→励磁绕组(转子绕组)→调压器F端子→三极管$V_1$→调压器E端子→发电机负极。

图3-25 丰田花冠汽车发电机起动他励电流流向

所有汽车交流发电机励磁过程都是先他励后自励。发动机起动时,由蓄电池提供励磁电流,当发动机达到正常怠速转速时,发电机的输出电压一般会高出蓄电池电压1~2V,便开始对蓄电池充电,同时发电机自励发电。不同汽车的励磁电路各不相同,但有一个共同特点是,励磁电路都必须直接或间接受点火开关控制,以保证熄火后切断励磁电流。丰田花冠汽车发电机的励磁电流是由点火开关间接控制的。点火开关接通或切断集成电路电压调节器工作所需的工作电流,集成电路电压调节器通过接通和切断三极管$V_1$,接通或切断发电机转子的励磁电流。

图 3-26　丰田花冠汽车发电机起动后自励电流流向

### 3.4.5　电压调节

**1. 电压调节器的基本工作原理**

$$\because U_e = E_\phi - IR_e$$

又 $\because E_\phi = C_e \cdot \phi_n$

$$\therefore U_e = C_e \cdot \phi_n - IR_e$$

式中：$U_e$——发电机输出电压；

$E_\phi$——发电机电动势有效值；

$I$——发电机输出电流；

$R_e$——发电机内阻；

$C_e$——电机结构常数；

$n$——转速；

$\phi$——每极磁通。

所以，发电机输出电压 $U_e$ 主要与 $\phi$（每极磁通）、$n$（转速）和 $I$（发电机输出电流）有关。当发电机转速增大或发电机输出电流减小时，发电机输出电压 $U_e$ 要增大。而汽车行驶中发动机的转速不断变化，同时发电机的负载也在根据驾驶员的要求经常变化，并且汽车发动机转速和发电机的负载变化范围很大，一般发动机转速可以在 0~3500r/min，并且发动机到发电机之间是增速传动，发电机的转速变化范围更大，将引起发电机输出电压 $U_e$ 也在很大范围内变化，如果不对发电机电压进行调节，可能导致低速时电压太低，用电设备无法正常工作、高速时电压太高，用电设备烧坏无法工作。

电压调节器的作用是，当转速 $n$ 升高或发电机输出电流减小，使 $E_\phi$ 增大，控制发电机输出电压 $U_e$ 升高。要想使发电机的输出电压 $U_e$ 不随转速的升高而上升，只能通过减小磁通 $\phi$ 来实现。又因为发电机的磁极磁通 $\phi$ 是励磁电流 $I_f$ 励磁产生的，并且磁极磁通 $\phi$ 与励磁电流 $I_f$ 成正比，所以减小磁通 $\phi$ 也就是减小励磁电流 $I_f$。

所以，交流发电机电压调节器的调压原理是：当发电机转速升高或发电机输出电流减小时,电压调节器通过减小发电机励磁电流 $I_f$ 来减小磁通 $\phi$,使发电机的输出电压 $U_e$ 保持不变;当发电机的转速降低或发电机输出电流增大时,调节器通过增大发电机的励磁电流 $I_f$ 来增加磁通 $\phi$,使发电机的输出电压 $U_e$ 保持不变。

2. 集成电路电压调节器工作过程

以丰田花冠汽车发电机电压调节器为例,具体工作过程如下:

(1)点火开关接通,发动机停机时,如图 3-27 所示。点火开关(IG—SW)接通,蓄电池电压便施加在 MIC 控制电路内部稳压器的端子 IG 上。MIC 检测到蓄电池这一电压,于是 Tr1 接通,使初始励磁电流经蓄电池和端点 B 流至转子线圈。这时发动机还没有发动,发电机还没有发电,为了减少点火开关接通时蓄电池的放电量,MIC 根据 P 点电压为零的情况,断续接通和断开 Tr1,将励磁电流保持在约 0.2A(图 3-27 中虚线箭头)。

图 3-27 集成电路电压调节器原理图 1

充电指示灯(丰田原厂资料图中的充电警告灯即为充电指示灯):因为还没有开始发电,P 端点电压为零。MIC 检测到这一情况,就接通 Tr2,于是充电指示灯 CL 亮(如图 3-27 虚线箭头所示)。

这时断续接通和断开三极管 Tr1,将激磁电流保持在约 0.2A 的另一个目的是减小起动时发电机的发电量,减小起动阻力。这一功能称为徐励功能。

还有一些丰田汽车的电压调节器,在点火开关接通、发动机停机并且点火开关又不会马上开启时,或停车熄火后没有将点火开关断开时,三极管 Tr1 会延迟 1~2min 自动关闭,切断励磁电流。这一功能称为保护功能。

(2)交流发电机发电,发电机电压低于标准电压时。如图 3-28 所示,发动机起动,发电机转速增大,交流发电机开始发电。当端子 P 电压升高时,MIC 控制电路将三极管 Tr1 从断续通断状态转为持续接通状态,于是蓄电池向转子线圈供给充足的激磁电流,发电机电压很快增加。发电机电压大于蓄电池电压时,发电机给蓄电池充电,给用电设备供电,同时开始自励,即发电机给自己的励磁绕组供电(如图虚线箭头所示)。

端点 P 电压上升,于是 MIC 控制电路确认发电机发电,将 Tr2 由接通转为断开状态,充电指示灯熄灭,如图 3-28 所示。

图 3-28　集成电路电压调节器原理图 2

(3)发电机电压高于规定电压时,如图 3-29 所示。当发电机发电电压高于规定电压时,如果 Tr1 继续导通,端子 B 处的电压将增加,导致端子 S 处的电压超过规定电压。MIC 控制电路检测到此情况并关掉三极管 Tr1。结果转子线圈的磁场电流经逆电动势吸收二极管被衰减,使端子 B 处的电压(发电机电压)降低导致端子 S 处的电压降低到低于规定电压,MIC 检测到这一情况,又将三极管 Tr1 打开到,使转子线圈的磁场电流增加,端子 B 处的电压也增加。集成电路调节器通过重复上述的操作将端子 S 处的平均电压(蓄电池端子电压)调节为恒定电压(一般为 14.5V 左右)。

由于端子 P 点电压始终保持较高的电压,MIC 控制电路使 Tr2 断开,因此充电指示灯不亮。

图 3-29　集成电路电压调节器原理图 3

(4)端子 S 电路断开时,如图 3-30 所示。在交流发电机转动时,如果 IC 调节器 S 端子断开,MIC 控制电路检测到"端子 S 没有输入",这时 MIC 便以 B 端子的电压取代 S 端子,控制三极管 Tr1 接通和断开,以保持端子 B 电压在 14V 左右。这样可防止输出电压过高,从而保护交流发电机、IC 稳压器和其他电子元件。

当 MIC 检测到"端子 S 无输入"时,便使 Tr2 接通,于是充电指示灯亮,起到警示作用。

图 3-30 集成电路电压调节器原理图 4

(5)交流发电机端子 B 电路断开时,如图 3-31 所示。在发电机转动时,如果交流发电机端子 B 电路断开,蓄电池将无法充电,S 端子电压会降低。由于 S 端子的电压下降,MIC 控制电路会增加磁场的电流,使 B 端子电压上升(设计上 MIC 控制电路调节磁场电流,使端子 B 处的电压不超过 20V,起保护作用)。同时,当端子 S 处的电压变低时(大约在 13V 时),MIC 便根据 B 端子和 S 端子的电压差,判断出 B 端子断路。这时,MIC 便以 B 端子的电压取代 S 端子,控制三极管 Tr1 接通和断开,以保持端子 B 电压在 14V 左右。这样可防止输出电压过高,从而保护交流发电机、IC 调节器和其他电子元件。同时,使 Tr2 接通,于是充电警报灯亮。

图 3-31 集成电路电压调节器原理图 5

(6)转子线圈电路断路,如图3-32所示。在发电机转动时,如果转子线圈开路,发电机便停止发电,端子P处的输出电压变0V。当MIC控制电路检测到这一情况时,打开Tr2使充电警报灯,点亮以便指示这一异常。

图3-32 集成电路电压调节器原理图6

(7)当转子线圈短路时,如图3-33所示。在发电机转动时,如果转子线圈发生短路,终端B处的电压直接施加到端子F,并有大电流。当MIC检测到此情况时,立即关掉三极管Tr1进行保护,同时打开Tr2以便点亮充电指示灯,指示异常发生。

图3-33 集成电路电压调节器原理图7

(8)端子F和E之间短路时,如图3-34所示。在发电机运转期间,如果端子F和E之间发生短路,端子B处的电压从端子E经转子线圈搭铁,而不经过三极管Tr1。因为磁场电流不能被三极管Tr1来调节,使端子B处的电压超过了规定电压,发电机的输出电压也会变得高于规定值。MIC通过端子F和端子E之间的电压差检测到这种情况,打开Tr2,使充电指示灯点亮,指示异常情况。

图 3-34　集成电路电压调节器原理图 8

### 3.5　交流发电机的型号

根据中华人民共和国汽车行业标准《汽车电气设备产品型号编制方法》(QC/T 73—93)的规定,汽车交流发电机型号由产品代号、电压等级代号、电流等级代号、设计序号、变型代号五部分组成,用一些数字和字母来分别表示,如图 3-35 所示。其中,圆形表示数字,矩形表示字母。

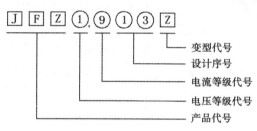

图 3-35　汽车交流发电机型号

#### 3.5.1　产品代号

交流发电机型号的第一部分为产品代号。产品代号用中文汉语拼音字母表示,例如:ZF——直流发电机;JF——普通交流发电机;JFZ——整体式交流发电机;JFB——带泵的交流发电机;JFW——无刷交流发电机。现在汽油机车上广泛使用的是 JFZ(整体式交流发电机),柴油机车上广泛使用的是 JFZB(整体式带泵的交流发电机)。带泵的交流发电机的真空泵用于汽车制动系统真空增压或真空助力时使用。

#### 3.5.2　电压等级代号

交流发电机型号的第二部分为电压等级代号。电压等级代号用 1 位阿拉伯数字表示,1 表示 12V 系统、2 表示 24V 系统、6 表示 6V 系统,6V 系统在常用汽车上面没有使用。

### 3.5.3 电流等级代号

交流发电机型号的第三部分为电流等级代号。电流等级代号也用1位阿拉伯数字表示,其含义见表3-1。

电流等级代号　　　　　　　　　　　　　表3-1

| 代号 | 1 | 2 | 3 | 4 | 5 | 6 | 7 | 8 | 9 |
| --- | --- | --- | --- | --- | --- | --- | --- | --- | --- |
| 电流等级(A) | 小于19 | 20~29 | 30~39 | 40~49 | 50~59 | 60~69 | 70~79 | 80~89 | 90~99 |

### 3.5.4 设计序号

交流发电机型号的第四部分为设计序号。设计序号用1~2位阿拉伯数字表示,表示产品设计的先后顺序。

### 3.5.5 变型代号

图3-36 调整臂在中间的发电机

交流发电机型号的第五部分为变型代号。交流发电机以调整臂位置作为变型代号,从驱动端看,固定端朝下,调整臂在左边用Z表示,调整臂在右端用Y表示,调整臂在中间不加标记。图3-36为调整臂在中间的发电机。与汽车发电机相关的标准还有《汽车用交流发电机技术条件》(QC/T 729—2005)、《汽车交流发电机用电子电压调节器技术条件》(QC/T 774—2006)和《滚动轴承 汽车发电机轴承 技术条件》(JB/T 8167—2006)。

如发电机型号 JFZ1913Z,为输出电压等级12V、输出最大电流90~99A、调整臂在左边的整体式交流发电机。

**课堂讨论**

1. 描述整体式交流发电机的结构、内部电路和各零部件作用。
2. 探讨无刷发电机结构。
3. 描述电源系电路和原理。
4. 描述整体式交流发电机内部IC电压调节器电压检测方式和优缺点。
5. 描述丰田花冠汽车整体式交流发电机内部IC电压调节器如何起调压、指示、报警和保护作用。

**相关技能一**

## 3.6 整体式交流发电机检修

### 3.6.1 发电机就车检查

发电机就车检查的目的是确定发电机是否有故障,检查内容有:

(1)检查发电机皮带。
(2)检查电源系电路。
(3)发电机无负荷测试(发电机电压是否保持在一恒定的水平)。
(4)发电机带负荷测试(发电机输入电流和功率)。

### 3.6.2　从车上拆下发电机

从车上拆下发电机的步骤是：
(1)断开蓄电池的负极电缆。

**注意**：断开蓄电池的负极电缆之前，对存储在ECU等器件内的信息做笔记。音响系统防盗可能起动。

(2)拆下发电机防短路盖和发电机电缆。
(3)拆下发电机防短路盖。
(4)拆下发电机电缆定位螺母。
(5)断开发电机端子B的发电机电缆。
(6)拆下发电机连挂器（压下或拉起连接器的卡爪，握住连接器拔出）。
(7)松开连接器螺母拆下皮带和发电机。

### 3.6.3　发电机解体

发电机解体的步骤是：
(1)拆卸发电机皮带轮。
(2)拆卸后盖和发电机电刷座总成。
(3)拆卸发电机调节器总成。
(4)拆卸整流器。
(5)拆卸后端盖。
(6)拆卸发电机转子总成。
(7)零件清洗。

### 3.6.4　解体后检测

发电机解体后的检测内容有：
(1)检查发电机转子总成。
(2)检查整流器。
(3)检查集成电路调节器。
(4)检查发电机电刷座。
(5)检查发电机电枢绕组。
(6)检查发电机轴承。

### 3.6.5　装配

装配发电机的步骤是：

(1)安装发电机转子总成。
(2)安装整流器。
(3)安装发电机调节器总成。
(4)安装发电机电刷座总成。
(5)依次安装电刷座、后端盖、发电机端子绝缘体。
(6)安装发电机皮带轮。
(7)按规定力矩拧紧皮带轮螺母。

### 3.6.6 装配后检查

(1)发电机调节电压测试。
(2)发电机无负荷测试。
(3)发电机输出测试。

### 3.6.7 发电机装车

(1)将发电机吊耳安装到发动机和托架上,并安装皮带调整松紧度。
(2)连接发电机电缆和连接器。
(3)连接蓄电池负极端子电缆。
(4)起动发动机进行运转实验。

  小组工作一

## (实训项目3 发电机检修)

1. 每3~5名学生组成1个工作小组,确定1名小组长,接受工作任务,做好工作准备。
2. 阅读工作单,查阅维修手册或实训指导书,观察待修车辆的发电机,讨论发电机拆卸、检测、装配的方法和步骤,确定小组人员工作分工。向实训指导教师汇报讨论结果,经指导教师同意后,开始下一步的工作。
3. 按照工作单的引导,完成发电机的拆卸、分解、检测和装配等工作。
4. 在完成工作任务的过程中,根据工作单的要求,完成发电机零部件认识、工作原理描述等学习任务。
5. 完成工作单要求的发电机主要零部件的检测任务,将检测结果记录在工作单的相应栏目中,并对检测结果作出分析。
6. 回答指导教师的现场提问,接受指导教师的技能考核。
7. 完成工作任务后,对工作过程进行自我评价和小组互评,听取指导教师的点评。
8. 清洁工作场所,清点维护工具设备,完成任务交接。

  工作任务二

**电源系故障诊断**

1. 工作对象
充电指示灯常亮的故障汽车一辆。

2. 工作内容

(1) 领取所需的工具和仪器,做好工作准备;
(2) 起动发动机观察故障现象;
(3) 阅读汽车维修手册或实训指导书,认识该车电源系电路和零部件位置;
(4) 根据电源系电路,分析故障可能原因和检测方法、步骤;
(5) 按确定的检测方法、步骤进行故障判断,找出故障原因并排除故障;
(6) 重新起动发动机观察故障现象是否消失;
(7) 测量发电机电压和输出电流,判断是否达到技术标准要求;
(8) 检查、评价工作质量;
(9) 整理工具,清洁工作场地。

3. 工作目标与要求

(1) 学生应以小组工作的方式,完成本项工作任务;
(2) 学生应当能在小组成员的配合下,利用汽车维修手册或实训指导书,制订工作计划,实施工作计划;
(3) 能通过阅读资料和现场观察,描述电源系电路和零部件位置;
(4) 能通过电路图分析出故障的可能原因并制订检测方法和步骤;
(5) 能向客户解释所修电源系的故障原因和修复方案;
(6) 能按规范的步骤,完成故障判断和排除,恢复电源系正常性能;
(7) 在工作过程中注意工作安全,做好废料的处理,保持工作环境整洁。

 相关技能二

### 3.7 电源系常见故障诊断

电源系(装用整体交流发电机)常见故障主要有,发电机异响、充电指示灯不熄灭和充电指示灯不亮。

#### 3.7.1 发电机异响

1. 故障现象

发动机在运转过程当中有不正常的响声。

2. 原因分析

发电机异响主要是机械故障,原因有:
(1) 发电机皮带过紧或过松。
(2) 轴承损坏或缺油松旷,使转子与定子相碰。
(3) 电刷磨损过大或与滑环接触角度偏斜。
(4) 电刷在刷架内倾斜摇摆。
(5) 发电机装配不到位,使机体倾斜或转子轴弯曲。
(6) 发电机皮带轮与轴松旷,使皮带轮与散热片碰撞。

3. 故障诊断方法步骤

首先检查传动带的松紧度,然后根据原因分析异响部位,按先简单后复杂依次进行检修与调整。

### 3.7.2 充电指示灯不熄灭

**1. 故障现象**

汽车充电指示灯正常情况下在接通点火开关时,应亮起,发动机起动后应立即熄灭。充电指示灯不熄灭的故障现象是,发动机起动时,点火开关在 ON 挡充电指示灯亮,发动机起动后回到 ON 挡充电指示灯不熄灭。

**2. 故障原因分析**

充电指示灯不熄灭的故障可能有:

(1) 接线端子松脱。

(2) 熔断器烧断。

(3) 发电机皮带过松。

(4) 发电机 S 端子及线路断路。

(5) 发电机 L 端子及线路短路。

(6) 发电机 IG 端子及线路接触不良。

(7) 发电机炭刷接触不良。

(8) 发电机电压调节器损坏。

(9) 定子绕组断路和短路。

**3. 故障判断步骤**

(1) 外观检查:检查电源系线路各接线端子有没有松脱。不能直观检查到的接线端子不要检查。

(2) 检查电源系电路各熔断器。

(3) 检查发电机皮带松紧度。

(4) 用万用表检查发电机电压(熄火时应为 12V,起动后应为 14~15V)。如起动后电压没有升高,并稍有下降,则说明发电机不发电。

(5) 如发电机不发电,检测发电机 IG 端子电压。IG 端子电压正常,则发电机内部有故障。应拆下发电机进行维修,或更换发电机。

(6) 如发电机发电,则应检查发电机 L 端子是否有短路。

(7) 如发电机 L 端子没有短路,再检查 S 端子。如 S 端子正常,应检查充电电路。如充电电路正常,则可能是发电机内部线圈等有故障,需拆检或更换发电机。

### 3.7.3 充电指示灯不亮

**1. 故障现象**

接通点火开关 ON 挡后,充电指示灯不亮。

**2. 故障原因**

(1) IG 端子断路。

(2) 充电指示灯断路。

(3) 发电机 L 端子及线路断路。

**3. 故障判断**

拔出发电机 IG、S、L 端子。用试灯检查 IG 端子。若 IG 端子试灯不亮,则检查点火开关和各熔断丝。用灯泡试灯检查 L 端子,充电指示灯不亮,则为充电指示灯断路或熔断丝断路。

### 小组工作二

## (实训项目4 电源系电路故障检修)

1. 每 3~5 名学生组成 1 个工作小组,确定 1 名小组长,接受工作任务,做好工作准备。
2. 阅读工作单,查阅维修手册或实训指导书,观察待修车辆的电源系,讨论该车电源系电路、零部件位置、故障可能原因和检测方法、步骤,确定小组人员工作分工。向实训指导教师汇报讨论结果,经指导教师同意后,开始下一步的工作。
3. 按照工作单的引导,完成故障判断与排除工作。
4. 在完成工作任务的过程中,根据工作单的要求,完成电源系电路的认识、工作原理描述等学习任务。
5. 完成工作单要求的电源系故障的诊断和检测,将检测结果记录在工作单的相应栏目中,并对检测结果作出分析。
6. 回答指导教师的现场提问,接受指导教师的技能考核。
7. 完成工作任务后,对工作过程进行自我评价和小组互评,听取指导教师的点评。
8. 清洁工作场所,清点维护工具设备,完成任务交接。

### 拓展知识与技能

## 3.8 常见车型电源系电路

### 3.8.1 夏利汽车电源系电路

夏利汽车装备的交流发电机为内装式 IC 电压调节器的整体式交流发电机,其结构特点为采用整体式三个接线柱发电机(没有 S 接线柱)。夏利汽车交流发电机的电路原理,如图 3-37 所示。

图 3-37　夏利汽车交流发电机的电路原理

(1) 当接通点火开关(不起动发动机)时,蓄电池电压通过点火开关端子IG给IC电压调节器供电。此时,IC电压调节器根据其内部端子B和端子P的电压信号,控制三极管$VT_1$导通。磁场绕组的(电流)电路为:蓄电池正极+→发电机接线端子B→磁场绕组→IC电压调节器连接器端子F→三极管$VT_1$→电压调节器连接器搭铁端子E→蓄电池负极。与此同时,由于内部B端电压较低,三极管$VT_2$导通,充电指示灯电路接通,充电指示灯亮。充电指示灯的控制电路为:蓄电池正极→点火开关→充电指示灯→IC电压调节器连接器端子L→三极管$VT_2$→IC电压调节器连接器搭铁端子E→蓄电池负极。

(2) 发动机运转,但发电机输出电压低于标准电压时,IC电压调节器检测到其内部端子B和端子P的电压均上升,使三极管$VT_1$持续导通,从而使发电机的输出电压快速上升。当发电机电压大于蓄电池电压时,三极管$VT_2$截止,充电指示灯熄灭。

(3) 发电机的输出电压达到标准电压时,IC电压调节器根据其内部端子B和端子P的电压,调节三极管$VT_1$导通的脉冲宽度,从而使发电机的输出电压始终稳定在标准电压范围内。

### 3.8.2　普通桑塔纳汽车电源系电路

桑塔纳汽车发电机的特点是:

(1) 增加了三个励磁二极管,专门给磁场绕组自励供电。

(2) 发电机只有B+和D+两个接线柱。桑塔纳汽车交流发电机的电路原理,如图3-38所示。

图3-38　桑塔纳汽车交流发电机的电路原理

① 当接通点火开关ON挡(不起动发动机)时,蓄电池电压通过点火开关端子D+给IC电压调节器供电,同时给励磁绕组(磁场线圈)供电。这时,IC电压调节器根据其内部电压信号,控制开关管导通。磁场绕组的控制电路为:蓄电池正极→点火开关→充电指示灯→发电机接线端子D+→磁场绕组→开关管→电压调节器连接器搭铁端子E→蓄电池负极。同时,充电指示灯亮。

② 发动机运转,当发电机输出电压低于标准电压时,IC电压调节器检测到其内部端子的电压上升,使开关管持续导通,从而使发电机的输出电压快速上升。此时,由于整流二极管($VD_1/VD_2/VD_3$)与励磁二极管($VD_7/VD_8/VD_9$)基本相同,使充电指示灯两端电压相同(尽管点火开关仍然闭合),充电指示灯熄灭。

③ 发电机的输出电压达到标准电压时,IC电压调节器根据其内部端子电压,调节开关管导通的脉冲宽度,从而使发电机的输出电压始终稳定在标准电压范围内。

### 3.8.3　丰田发电机带M端子的电源系电路

图3-39为丰田带M端子的电源系电路。其M(FR)端子的作用是把集成电路调节器的

发电状态,发送给发动机的电子控制单元 ECU。这个信号用于根据电子负荷变化而产生的发动机转速的调整等方面。

图 3-39　丰田发电机带 M 端子的电源系电路

### 3.8.4　丰田发电机带 C 端子的电源系电路

图 3-40 为丰田带 C 端子的电源系电路。其 C 端子的作用是让发动机电子控制单元 ECU 根据汽车的工作状态,通过 C 端子把调节电压转换为高电压和低电压两个状态。例如,汽车加速时,三极管饱和,C 端子搭铁控制发电机输出低电压。反之,三极管截止,C 端子搭铁控制发电机输出高电压。

图 3-40　丰田带 C 端子的电源系电路

### 3.8.5　丰田锐志汽车带有网络系统的电源系电路

图 3-41 为丰田锐志汽车 3GR-FE 发动机电源系电路,该电源电路由蓄电池、SC 整体式交流发电机、发动机 ECU、网关 ECU、电流传感器、蓄电池温度传感器、组合仪表、点火开关、空调 ECU 等组成,使用了多路通信和计算机控制等新技术。

图 3-41 丰田锐志轿车 3GR-FE 发动机电源系电路

发动机 ECU 作用是根据汽车工作状态和电流传感器、蓄电池温度传感器信号调节发电机的输出电压。同时,通过网关 ECU 和组合仪表控制充电指示灯的亮暗变化。网关 ECU 作用是在高速动力控制网(CAN 网)和低速丰田车身局域网(BEAN 网)这两种不同总线系统上的控制单元 ECU 之间进行信息交换和通信,实现汽车数据的同步性和共享。

电流传感器和蓄电池温度传感器安装在蓄电池旁,电流传感器的电感线圈环绕在蓄电池正极电源线上,通过电磁感应将蓄电池电流大小的信号传给发动机 ECU。蓄电池温度传感器紧贴着蓄电池外壳,通过其半导体负温度系数的可变电阻,将蓄电池温度大小的信号传给发动机 ECU。

空调 ECU、车身 ECU 和前照灯 ECU 等串联在丰田车身局域网（BEAN 网）上（与电源电路没有直接关系的 ECU 在图中没有画出），通过网关与其他 ECU 实现汽车数据的同步性和共享。发动机 ECU 在对电源电压进行控制的同时，通过网关和丰田车身局域网将信号传给空调 ECU，实现对空调系统的同时控制。

组合仪表（带仪表 ECU）里面的充电指示灯通过亮暗和闪烁起到指示、警报作用。

SC 交流发电机外部有 5 个端子，其中发电机输出 B 端子使用 D25 插接器，经过 ALT150A 大电流熔断器与蓄电池正极连接，并向用电设备供电。该端子还使蓄电池正极与 G 型电压调节器的 B 端子连接，为发电机初始发电提供他励电流。IG、L、M 和 RLO 端子使用 D7 插接器，其中 1 端子连接 RLO、2 端子连接 IG、3 端子连接 M、4 端子连接 L。

IG 端子的作用是向 G 型电压调节器提供工作电流。其电路是：电源→80A LH J/B－AM 大电流熔断器→LH－IG1 继电器（继电器线圈由点火开关控制）→10ALH－IG 小电流熔断器→IG 端子。

L 端子的作用是向发动机 ECU 提供一个控制充电指示灯亮暗的信号。发动机 ECU 接收到该信号后，通过 CAN 网络的双绞线 CANH 和 CANL，将该信号送入网关 ECU。网关 ECU 又将该信号通过车身局域网的 MPI1 和 HMPI2 提供给仪表总成的仪表 ECU，最后由仪表总成的仪表 ECU 控制充电指示灯的亮暗。L 端子的电压信号为 5V 时，充电指示灯暗；电压信号为 0V 时，充电指示灯亮。

RLO 端子作用是接收来自发动机 ECU 的控制信号。发动机 ECU 根据发动机的工作状态以及蓄电池电流、蓄电池温度、发电机负荷信号等，通过 RLO 端子向 G 型电压调节器控制电路发出一个占空比的信号，电压调节器的控制电路根据这个信号，通过三极管 Tr1 管的通断，控制发电机的输出电压。例如：加速时（踩下加速踏板时）输出低电压，降低发电机的输出电压，以保证汽车的动力性；减速时（松开加速踏板时）输出高电压，提高发电机的输出电压，以利用发动机的运转惯性，降低燃油消耗，并且保持蓄电池处于良好的工作状态。

在车身局域网中还串联着空调 ECU，发动机 ECU 在控制发电机输出低电压的同时，通过网关和丰田车身局域网将信号传给空调 ECU，暂时切断空调压缩机电磁离合器，使汽车得到更大的动力。

M 端子的作用是给发动机 ECU 提供一个励磁绕组导通率的信号（即发电机负荷信号），也是 RLO 端子通过三极管 Tr1 管的通断，控制发电机的输出电压的反馈信号，并为发动机 ECU 控制发动机的喷油和点火提供参考依据。

发动机 ECU 在控制发电机电压的同时，如果发现蓄电池电流过大或蓄电池温度过高，会发出信号，通过网关 ECU 和仪表 RCU，控制仪表总成的充电指示灯闪烁以报警。

使用中，如果 M 端子发生脱落，发动机 ECU 会通过 RLO 端子保持对发电机电压的控制。同时，使仪表板上发动机故障指示灯闪烁以报警。使用中如果 RLO 端子发生脱落时，发动机 ECU 对调节电压控制会停止。此时，发电机在 G 型电压调节器控制下自行工作，将发电机输出电压固定调节为 14.5V 左右，使发电机正常发电，保证汽车所有用电设备能正常工作。

组合仪表连接有两个电源。来自蓄电池的电源提供给组合仪表的时钟和仪表 ECU 中存储器的记忆电源,来自点火开关 IG2 继电器的电源给组合仪表提供工作电源。当点火开关关闭后,组合仪表停止工作,但时钟的工作和仪表 ECU 的储存信息仍能正常保持。

### 一、名词解释

1. 调节电压。
2. 正极管。
3. 汽车无刷发电机。
4. 他励。
5. 整体式硅整流发电机。
6. SG(分段矩形截面)发电机。

### 二、填空题

1. 汽车电源系主要由_____、_____、_____以及_____组成。
2. 汽车用发电机按整流二极管的多少分为_____、_____、_____发电机。
3. 整体式硅整流发电机由_____、_____和_____三大部分组成。
4. 丰田发电机的_____端子用于接通和控制充电指示灯亮暗。
5. 丰田发电机的_____端子用于对外供电,给蓄电池充电。
6. 丰田发电机的_____端子用于给集成电路电压调节器供电。
7. 丰田发电机的_____端子用于将蓄电池极柱上输出电压传给电压调节器。
8. 发电机转子由_____、_____、_____、_____等组成。无刷式硅整流发电机中的励磁绕组是静止的,从而省去了_____和_____。
9. 定子由_____和_____组成。定子绕组的接法有_____、_____两种方式,一般硅整流发电机都采用_____连接。
10. 整流器的作用是把三相同步交流发电机产生的_____电转换成_____电输出,它一般用 6 个硅二极管接成_____整流电路。有些硅整流发电机还有 2 个_____二极管和 3 个_____二极管。
11. 一般情况下,充电指示灯亮表明蓄电池正在_____,发电机处于_____励状态,灯由亮转灭表明蓄电池正在_____,发电机处于_____励状态。
12. 行驶中丰田汽车充电指示灯亮表明_____或_____或_____。
13. 从定子三相星形绕组中性点引出的接线柱叫_____接线柱(记为 N),其输出电压为三相桥式整流器输出电压的_____。
14. 检查硅整流发电机传动皮带松紧度时,应在发电机传动带轮和风扇传动带轮中间,用_____的力按下皮带,皮带挠度应为_____。

15. 集成电路调节器装于发电机内部,构成_____式硅整流发电机。
16. 中性点二极管的作用是提高发电机的_____。
17. 衡量交流发电机性能的指标有_____、_____、_____。
18. 交流发电机的励磁分为_____、_____两种。
19. 交流发电机按总体结构分为_____、_____、_____、_____、_____五种形式。
20. 电压调节器最主要的作用为_____。
21. 丰田汽车发电机内部的多功能电压调节器有_____、_____、_____、_____、_____5个作用。
22. 正极管的中心引线为二极管的_____极、管壳为_____极。
23. 硅整流发电机充电前采用_____励发电,充电时采用_____励发电。
24. 丰田花冠汽车行驶中充电指示灯亮的原因有_____、_____和_____等。
25. 根据集成电路调节器检测电压方式的不同,硅整流发电机可分_____电压检测式和_____电压检测式两种。

### 三、选择题

1. 交流发电机中装在元件板上的二极管( )。
   A. 是正极管　　B. 是负极管　　C. 既可以是正极管也可以是负极管
2. 交流发电机所采用的励磁方法是( )。
   A. 自励　　B. 他励　　C. 先他励,后自励
3. 交流发电机转子的作用是( )。
   A. 产生交流电　　B. 产生磁场　　C. 变交流为直流
4. 发电机中性点输出的电压是发电机输出电压的( )。
   A. 1/2　　B. 1/3　　C. 1/4
5. 交流发电机中产生磁场的装置是( )。
   A. 定子　　B. 转子　　C. 电枢　　D. 电压调节器
6. 交流发电机切割磁力线产生的电流装置是( )。
   A. 定子　　B. 转子　　C. 硅整流器　　D. 电压调节器
7. 发电机调节器是通过调整( )来调整发电机电压的。
   A. 发电机的转速　　B. 发电机的励磁电流　　C. 发电机的输出电流
8. F是硅整流发电机( )接线柱代号。
   A. 电枢　　B. 磁场　　C. 中性抽头

### 四、判断题(对的画"√",错的画"×")

1. 交流发电机硅整流器中正极管的负极为发电机的正极。　　( )
2. 交流发电机中性点N的输出电压为发电机电压的一半。　　( )

3. 在三相桥式整流电路中,每个二极管导通的时间占整个周期的1/2。（    ）
4. 交流发电机的激磁方法为：先他激，后自激。（    ）
5. 交流发电机的定子绕组通常为Y形接法,整流器为三相桥式整流电路。（    ）
6. 整体式发电机由三相异步交流发电机和硅整流器两大部分组成。（    ）
7. 硅整流发电机都有电刷、滑环。（    ）
8. 无刷式交流发电机不必整流。（    ）
9. 壳体与发电机电枢相通的二极管是正极管。（    ）
10. 带中性点二极管的硅整流发电机低速时,可提高10%~15%的输出功率。（    ）
11. 带励磁二极管的硅整流发电机可配装充电指示灯。（    ）
12. 桑塔纳汽车配用的交流发电机,既有励磁二极管,又有中性点二极管。（    ）

## 五、思考与简答题

1. 调节器为什么可以控制交流发电机的输出电压？
2. 交流发电机在使用过程中为什么要定期进行维护？
3. 硅整流发电机一只硅整流二极管击穿短路时,为什么会造成定子绕组一相或两相烧毁？
4. 为什么发电机在长期运行状态下不会烧毁,但在发动机熄火时,忘记切断点火开关时却容易烧毁硅整流发电机励磁绕组？
5. 标出图3-42中集成电路调节器（IG、S、L、B、F、P、E）各接柱位置。叙述各接线柱作用。

图3-42　集成电路调节器1

6. 标出图3-43中集成电路调节器（IG、L、M、RLO、B、F、P、E）各接柱位置。叙述各接线柱作用。

图3-43　集成电路调节器2

# 单元 4 起动机不转故障检修

## 学习情境

大众汽车维修部接到救援电话,称桑塔纳超越者汽车在路上抛锚,客户反映该车起动时起动机不转。经过施救维修人员用外挂蓄电池进行起动,起动机仍不能转动。拖回后,交汽车电气维修组进一步检查,用蓄电池高率放电计对蓄电池进行检测,确认蓄电池正常。进一步将30端子和C端子短接起动机转动,将30端子和50端子短接起动机不转。基本确认起动机电磁开关故障,进一步进行起动机检修。

## 生产任务一

**检修起动机**

1. 工作对象

需进行起动系维修的汽车一辆。

2. 工作内容

(1) 领取所需的工具,做好工作准备;
(2) 就车检查起动机,确认起动机故障;
(3) 从汽车上拆下起动机;
(4) 不解体检测起动机,确认故障部位;
(5) 分解起动机;
(6) 起动机零部件检测和修复;
(7) 装复起动机并进行检验和性能检测;
(8) 将起动机装上汽车;
(9) 检查、评价工作质量;
(10) 整理工具,清洁工作场地。

3. 工作目标与要求

(1) 学生应以小组工作的方式,完成本项工作任务;
(2) 学生应当能在小组成员的配合下,利用汽车维修手册(或实训指导书),制订工作计划,实施工作计划;
(3) 能通过阅读资料和现场观察,描述所修车辆起动机和起动电路类型和工作原理;辨

别起动系主要部件在汽车上位置,描述其作用和结构;

(4)能认识所拆卸起动机的零部件,描述起动机的工作原理和各零部件的作用;

(5)能向客户解释所修车辆起动机的损伤情况和修复方案;说明起动机的使用注意事项;

(6)能按规范的步骤,完成起动机的检修,恢复汽车的起动性能;

(7)在工作过程中注意工作安全,做好废料的处理,保持工作环境整洁。

### 4.1 发动机起动系概述

#### 4.1.1 发动机的起动

要使发动机由静止状态过渡到工作状态,必须用外力转动发动机的曲轴,使汽缸内吸入(或形成)可燃混合气并燃烧膨胀,工作循环才能自动进行。曲轴在外力作用下开始转动到发动机自动地怠速运转的全过程,称为发动机的起动,这也是起动系的作用。

要使发动机起动,应满足一定的要求,除了对汽缸压缩压力、混合气浓度、电火花强度(汽油机)或着火温度(柴油机)的要求外,还要求起动系能为发动机提供起动转矩和起动转速。

曲轴在外力作用下开始转动到发动机正常运转,必须克服汽缸内被压缩气体的阻力和发动机本身及其附件内相对运动的零件之间的摩擦阻力。克服这些阻力所需的力矩称为起动转矩。

保证发动机顺利起动所需的曲轴转速称为起动转速。

车用汽车油机在 0~20℃ 的气温下,一般最低起动转速为 30~40r/min。为使发动机能在更低气温下迅速起动,要求起动转速能达 50~70r/min。车用柴油机所要求的起动转速较高,达 150~300r/min。

#### 4.1.2 发动机起动方式

现在发动机在各行各业广泛使用,用途不同则功率不同,汽缸大小也不同,因此起动方式也不同。起动方式有人力起动(手摇、脚踩等)、电力起动、小型发动机起动和压缩空气起动。人力起动主要使用在缸径 50mm 以下的发动机,这些发动机主要使用在摩托车、小型发电机的发动机、小型农用机械(如割草机、农药喷洒机等)。电力起动主要使用在缸径 50~100mm 的发动机。汽车中广泛使用这种发动机。汽车发动机常用的方法是电力起动,同时人力起动作为后备的起动方法。早期的汽车都配置有手摇起动的机构,将起动手柄端头插入发动机曲轴前端的起动爪内,以人力转动曲轴来起动。

电力起动是用电动机作为机械动力,当电动机轴上的齿轮与发动机飞轮周缘的齿圈啮合时,动力就传到飞轮和曲轴,使之旋转。电动机本身又以蓄电池作为能源。

小型发动机起动主要使用在大型工程机械上。用电力起动小型发动机,再由小型发动机起动大型发动机。

压缩空气起动主要用在大型船舶发动机上。

本单元主要学习电力起动系的结构与检修。

### 4.1.3 起动系的组成和各零部件的作用

电力起动系由起动机和控制电路两大部分组成,主要包括:蓄电池、起动机、起动继电器和点火开关(柴油机则称为起动开关)组成,如图4-1所示。对于具体汽车来说,可能还有起动安全开关(或起动安全继电器)、起动切断继电器等。

起动机的作用是将蓄电池提供的电力转化成起动力矩,通过小齿轮驱动发动机飞轮转动,使发动机起动;控制电路用来控制起动机的工作。控制电路中点火开关的作用是接通和切断起动继电器的线圈,并由起动继电器的触点去控制起动机工作。起动继电器还起到保护点火开关的作用。防止经过点火开关的电流过大,烧坏点火开关的接触点。

安全开关主要有离合器开关和自动变速器空挡开关两种。离合器开关主要使用在手动变速器的汽车上。离合器开关串联在起动系控制电路中,当脚踩下离合器踏板时,离合

图4-1 起动系组成
1-飞轮;2-起动机;3-点火开关;4-起动继电器;
5-起动机电缆;6-搭铁电缆;7-蓄电池

器开关闭合,起动机才能起动,防止手动变速器的汽车变速器在最低挡时起动,起动后驾驶员还没有做好行驶准备,导致汽车直接向前冲。

所有自动变速器的汽车上面都有自动变速器空挡开关。自动变速器空挡开关串联在起动系控制电路中。当自动变速器的换挡手柄在停车挡(P挡)和空挡(R挡)时,自动变速器空挡开关闭合。在其他挡位时,自动变速器空挡开关断开。保证自动变速器的换挡手柄在停车挡(P挡)和空挡(R挡)时,起动机才能起动。防止自动变速器的汽车在前进挡上起动,起动后汽车马上向前行驶造成事故。

起动切断继电器主要有防盗继电器和保护继电器等。防盗继电器的作用是防盗系统起动时,切断起动电路。保护继电器的作用是:发动机起动后,自动切断起动机;发动机运转时,通过点火开关无法接通起动机,防止起动机齿轮和飞轮齿轮撞击损坏。

### 4.1.4 起动系电路和基本工作原理

起动系电路常见的有两种形式,一种是没有起动继电器的形式,由蓄电池、起动机和点火开关组成,如图4-2所示。图中30端子、50端子和C端子是德国大众汽车公司对起动机各端子(又称接线柱)用途的定义。其中,30端子表示直接与蓄电池正极连接的电源。实际汽车中,起动机的30端子通过全车最粗的电缆直接与蓄电池正极连接、50端子通过点火开关和熔断器与蓄电池正极连接、C端子与起动机内部的电动机连接。起动时,点火开关转至ST挡,通过50端子接通起动机电磁开关,电磁开关将30端和C端子连接,也就是将蓄电池的电缆和起动机中的电动机连接,使起动机内部的电动机转动,带动发动机旋转起动。

也有的汽车厂家将图中的 30 端子称为 B 端子,50 端子称为 S 端子,C 端子称为 M 端子。其中,B 是 batteries(代表蓄电池接线柱)、S 是 switch(代表起动开关接线柱)、M 是 motor(代表电动机接线柱)。

另一种是有起动继电器的形式,由蓄电池、起动机、起动继电器和点火开关组成(图 4-3)。起动时点火开关转至 ST 挡,接通起动继电器线圈,使起动继电器触点闭合,通过 50 端子接通起动机电磁开关,电磁开关将 30 端和 C 端子连接,也就是将蓄电池的电缆和起动机中的电动机连接,使起动机内部的电动机转动,带动发动机旋转起动。

图 4-2　无起动继电器的起动系电路

图 4-3　带起动继电器的起动系电路

## 4.2　起动机的组成和类型

### 4.2.1　起动机的组成

图 4-4　起动机组成

1-电磁开关(控制装置);2-直流电动机;3-传动机构

起动机由直流电动机、传动机构和操纵机构三部分组成,如图 4-4 所示。通常,在起动机的电磁开关上有 3 个接线端子,其中一个端子(图中的 50 端子)与起动继电器(或起动开关)连接,用于控制起动机的电磁开关。另外两个端子是电磁开关的两个接柱,其中一个(图中的 30 端子)与来自蓄电池正极接柱的电缆连接,另一个(图中的 C 端子)连接到起动机内部的电动机,这两个端子在起动时被电磁开关短接,直接接通和切断起动机中的电动机,如图 4-5 所示。起动机内部零件,如图 4-6 所示。

图 4-5  起动机外形和连接端子
1-30 端子;2-50 端子;3-C 端子

图 4-6  起动机实物分解图
1-后端盖;2-穿心螺栓;3-前端盖;4-定孔(磁极);5-炭刷架;6-炭刷;7-炭刷弹簧;8-后轴承盖;9-铁芯复位弹簧;10-电磁开关;11-转子和单向离合器;12-拨叉

直流电动机的作用是将蓄电池输入的电能转换为机械能,产生电磁转矩。过去起动机的直流电动机都是使用直流串励式电动机,其优点是起动时转速低、力矩大。现在由于许多起动机内部安装有减速装置,大大提高了电动机的起动转速并增大了起动力矩。因此起动机的电动机也可使用直流永磁式电动机,其优点是电流利用率高、起动电流小。

传动机构:由单向离合器与驱动齿轮、拨叉等组成。其作用是在起动发动机时使驱动齿轮与飞轮齿圈相啮合,将起动机的转矩传递给发动机曲轴;在发动机起动后,又能使驱动齿轮与飞轮脱离。在起动中传动机构还有单向传动的作用,也就是只能将起动机的旋转力矩传给发动机飞轮,而发动机飞轮的力矩不能传给起动机,防止起动机转速太高造成轴承损坏和转子线圈因离心力作用脱出。

操纵机构:主要是指起动机的电磁开关,用来接通或断开电动机与蓄电池之间的电路。有的起动机还有减速装置,可以看作传动机构的一个部分。

### 4.2.2  起动机类型

起动机种类很多,按照起动机内部的电动机分类,有直流串励式电动机和直流永磁式电动机两种。按照起动机内部的操纵机构分类,有利用电磁开关接通和切断电动机的电磁操纵式起动机;1980 年以前汽车上广泛使用的直接由脚踩或手拉接通起动机内部电动机的直接操纵式起动机。由于人工接通电动机时,接通和断开的速度慢,电动机的大电流很容易烧蚀电动机的开关,在现在汽车上已经淘汰。因此现在起动机类型主要按照起动机内部的传动机构分类,按照传动机构的啮合方式有强制啮合式、齿轮移动式和电枢移动式三种。

1. 强制啮合式起动机

强制啮合式起动机是电磁力通过杠杆机构使起动机驱动齿轮沿电枢轴移动与飞轮齿环啮合的起动机(如图4-4、图4-5和图4-6都是强制啮合式),称为电磁操纵强制啮合式起动机,简称强制啮合式起动机。这种类型起动机是现在汽车上最广泛使用的起动机。

## 2. 齿轮移动式起动机

齿轮移动式起动机就是电磁力通过电枢轴孔内的啮合杆使起动机驱动齿轮移动与飞轮齿环啮合的起动机,如图4-7所示。齿轮移动式起动机实际上是将电磁开关安装在起动机内部电动机轴的后端,因而起动机占用的空间大大变小。因此齿轮移动式起动机主要使用在一些发动机舱空间比较紧凑的高档汽车上。

图4-7 齿轮移动式起动机

1-离合器;2-外啮合鼓;3-电枢;4-电刷;5-电刷架;6-接线柱;7-电磁开关;8-活动铁芯;9-开关闭合弹簧;10-前端盖;11-控制继电器;12-开关切断弹簧;13-换向器盖;14-滚针轴承;15-换向器;16-复位弹簧;17-励磁绕组;18-磁极;19-滚针轴承;20-外壳;21-螺纹花键套筒;22-后端盖;23-轴承;24-驱动齿轮;25-啮轮柄;26-啮合杆;27-内啮合鼓

## 3. 电枢移动式起动机

电枢移动式起动机是依靠磁极电磁力使电枢与小齿轮一起移动与飞轮齿环啮合的起动机,如图4-8所示。这里使电枢与小齿轮一起移动的电磁力不是电磁开关的电磁力,而是磁极的电磁力。电枢移动式起动机主要使用在大型柴油车上,解决了中大型柴油机起动力矩大、起动啮合时摩擦力大、单向离合器无法在电动机轴移动的问题。

图4-8 电枢移动式起动机

1-静触点;2-接触桥;3-串联励磁绕组;4-并联励磁;5-磁场绕组;6-复位弹簧;7-圆盘;8-电枢;9-磁极;10-摩擦片式离合器;11-起动开关;12-电磁铁;13-扣爪;14-挡片

此外,还有传动机构带有减速器的减速式起动机,其减速方式有外啮合、内啮合和行星齿轮减速三种。

### 4.2.3 起动机的型号

根据我国行业标准《汽车电气设备产品型号编制方法》(QC/T 73—1993)的规定,国产起动机的型号用字母和数字表示,由以下五个部分组成:其中矩形代表字母,圆形代表数字。

1 1 1 ② ③ ④ ④ 5

1. 产品代号

用2~3字母表示,其中 QD 代表起动机、QDJ 代表减速起动机、QDY 代表永磁起动机。

2. 电压等级代号

用1个数字表示1代表12V、2代表24V、6代表6V。

3. 功率等级代号

用1个数字表示其含义,如表4-1所示。

起动机功率等级代号　　　　　　　　表4-1

| 功率等级代号 | 1 | 2 | 3 | 4 | 5 | 6 | 7 | 8 | 9 |
|---|---|---|---|---|---|---|---|---|---|
| 功率(kW) | <1 | 1~2 | 2~3 | 3~4 | 4~5 | 5~6 | 6~7 | 7~8 | >8 |

4. 设计代号

按产品设计先后顺序,用1~2位阿拉伯数字表示。

5. 变型代号

在主要电气设备参数和基本结构不变的情况下,一般电气设备参数的变化和某些结构改变称为变型,以汉语拼音大写字母 A、B、C 等表示。

例如,QD124 表示额定电压12V、功率1~2kW、第四次设计的起动机。

## 4.3 起动机构造与工作原理

起动机由直流电动机、传动机构和操纵机构三部分组成。起动机内部各零部件结构和名称如图4-9、图4-10所示。

图4-9 起动机结构分解图

1-端盖;2-拨叉;3-电磁开关;4-外壳;5-单向离合器;6-电枢;7-定子;8-电刷架

图4-10 起动机结构解剖图

1-吸拉线圈;2-保险线圈;3-电磁开关;4-触点;5-接线柱;6-接触盘;7-前端盖;8-电刷弹簧;9-换向器;10-电刷;11-机壳;12-磁极;13-磁场绕组;14-电枢;15-移动衬套;16-单向离合器;17-电枢轴;18-驱动齿轮;19-后端盖;20-拨叉

### 4.3.1 直流电动机

直流电动机的功用是将蓄电池输入的电能转换为机械能,产生电磁转矩。

**1. 直流电动机的结构和原理**

直流电动机由电枢(转子)、磁极(定子)、换向器和电刷等主要部件构成,如图4-9、图4-10所示。

图4-11 电枢

(1)电枢。直流电动机的转动部分称为电枢,又称转子。转子由外圆带槽的硅钢片叠成的铁芯、电枢绕组线圈、电枢轴和换向器组成,如图4-11所示。

为了获得足够的转矩,通过电枢绕组的电流较大(汽油机为200~600A、柴油机可达1000A)。因此,电枢绕组采用较粗的矩形裸铜漆包线绕制为成型绕组。绕组镶在铁芯中,通过换向器和电刷与外电路连接。

强制啮合式起动机和移动齿轮式起动机的电枢轴还有螺旋槽,用于起动机转动时推动单向离合器边转动、边移动,与飞轮啮合。

(2)磁极。磁极在起动机中又称为定子,由固定在机壳内的定子铁芯和定子绕组线圈组成,如图4-12所示。定子铁芯由低碳钢制成,用螺母固定在起动机机壳上。定子铁芯上绕有定子绕组线圈(又称励磁绕组),通电后产生磁极。直流永磁式电动机的定子铁芯是由永久磁铁制成,没有定子绕组线圈。

磁极一般是4个,两对磁极相对交错安装在电机的壳体内,定子与转子铁芯形成的磁通回路如图4-13所示,低碳钢板制成的机壳也是磁路的一部分。

图4-12 磁极

起动机内部线路连接如图4-14所示。励磁绕组一端接在外壳的绝缘接线柱上,另一端与两个非搭铁电刷相连接。

图4-13 磁路

图4-14 起动机内部电路

1-电磁开关;2-接线柱;3-励磁绕组;4-负电刷;5-换向器;6-正电刷;7-蓄电池

当起动开关接通时,电动机的电路为,蓄电池正极→电磁开关 1→接线柱 2→励磁绕组 3→电刷 6→换向器和电枢绕组 5→搭铁电刷 4→搭铁→蓄电池负极。

4 个励磁线圈有的是相互串联后再与电枢绕组串联(图 4-15a),称为串联式;有的则是两两相串后再并联,再与电枢绕组串联(图 4-15b),称混联式。

(3)电刷与电刷架。电刷架一般为框式结构,如图 4-16 所示。其中,正极电刷架绝缘地固定在端盖上,负极电刷架与端盖直接相连并搭铁。电刷置于电刷架中,电刷由铜粉与石墨粉压制而成,呈棕黑色。电刷架上有较强弹性的盘形弹簧将电刷压向换向器。

图 4-15 磁场绕组的连接
a)四个励磁绕组相互串联;b)励磁绕组两两串联后并联

图 4-16 电刷及电刷架示意图
1-绝缘片;2-底板;3-弹簧;4-电刷

(4)换向器。向旋转的电枢绕组注入电流,并且每旋转 180°相位角改变电流的方向(一般电动机有两对磁极,实际角度 90°),使直流电动机转动。

它由许多截面呈燕尾形的铜片围合而成,如图 4-17 所示。铜片之间由云母绝缘。云母绝缘层应比换向器铜片外表面凹下 0.8mm 左右,以免铜片磨损时,云母片很快突出。电枢绕组各线圈的端头均焊接在换向器的铜片上。

2. 直流电动机工作原理和特性

(1)电磁转矩的产生。直流电动机是根据载流导体在磁场中受到电磁力作用而发生

图 4-17 换向器外形图

运动的原理工作的。图 4-18a)为一台最简单的两极直流电动机模型。根据左手定则判定 ab、cd 两边均受到电磁力 F 的作用,由此产生逆时针旋转方向的电磁转矩 M 使电枢转动。其换向方法如图 4-18b)所示。实际电动机为了提高效率,电动机磁极不止一对,电枢上有线圈也不止一组,因此换向器铜片也有相应的对数。

(2)直流电动机转矩自动调节原理。电枢在电磁转矩 M 作用下转动,但由于绕组在转动的同时也切割磁力线而产生感应电动势,根据右手定则判定其方向与电枢电流 $I_s$ 方向相反,故称反电动势 $E_f$。反电动势 $E_f$ 与磁极的磁通 $\phi$ 和电枢的转速 $n$ 成正比:

$$E_f = C_e \phi n$$

式中:$C_e$——电机结构常数。

图 4-18 直流电动机的工作原理
a) 绕组中的电流从 a→b; b) 绕组中的电流从 d→a

由此可推出电枢回路的电压平衡方程式,即:

$$U = E_f + I_s(R_s + R_j)$$

式中:$U$——蓄电池电压;
$R_s$——电枢回路电阻;
$R_j$——磁极绕组电阻;
$I_s$——流过电枢的电流。

因为电动机的力矩:

$$M = C_e I_s \phi$$

同时对于串励式电动机:

$$\phi = C_e I_s$$

因此:

$$M = C_e I_s^2$$

直流电动机在刚刚接通直流电源的瞬间,电枢转速、反电动势均为0。此时,电枢绕组中的电流最大,即 $I_{max} = U/(R_s + R_j)$,将产生最大的电磁转矩,即 $M_{max}$。若此时的电磁转矩 $M$ 大于电动机阻力转矩 $M_z$,电枢就开始加速运转起来。随着转速 $n$ 的上升,$E_f$ 增大,$I_s$ 下降,$M$ 也就随着下降。当 $M$ 下降至与阻力矩 $M_z$ 相等时,电枢就以此转速运转。如果直流电动机在工作过程中负载发生变化,就会出现以下情况:

① 负载增大时,$M < M_z \rightarrow n \downarrow \rightarrow E_f \downarrow \rightarrow I_s \uparrow \rightarrow M \uparrow \rightarrow M = M_z$,达到新的稳定。

② 负载减小时,$M > M_z \rightarrow n \uparrow \rightarrow E_f \uparrow \rightarrow I_s \downarrow \rightarrow M \downarrow \rightarrow M = M_z$,达到新的稳定。

由此可见,当负载变化时,电动机能通过转速、电流和转矩的自动变化来满足负载的需要,使之能在新的转速下稳定工作。因此,直流电动机有自动调节转矩功能。

(3) 工作特性。工作特性曲线:起动机的转矩、转速、功率与电流的关系称之为起动机的工作特性曲线。

串励直流电动机的特点是起动转矩大,机械特性软(电枢转速随其负载增大而降低,随其负载的减小而上升)。

① 转矩特性。

在磁路未饱和的情况下,串励直流电动机的转矩 $M$ 与电枢电流的平方 $I_s^2$ 成正比。并励式直流电动机和永磁式直流电动机转矩 $M$ 与电枢电流的 $I_s$ 成正比。直流电动机的转矩特性如图 4-19 所示。

在发动机起动瞬间,发动机的内部阻力矩很大,起动机处于完全制动状态。由于转速为零,电枢电流达到最大值(称为制动电流),电动机产生最大转矩(称为制动转矩),足以克服发动机的阻力矩,使发动机起动。这就是汽车起动机采用串励式电动机的主要原因之一。

图 4-19 直流电动机转矩特性

汽车起动机有时也采用永磁式直流电动机,其电流效率高,配合减速器也可获得足够大的起动力矩。

②转速特性(机械特性)。串励直流电动机转速 $n$ 与电枢电流 $I_s$ 的关系式为:

$$n = \frac{U - I_s(R_s + R_j)}{C_1 \phi}$$

串励电动机在磁极未饱和时,由于 $\phi$ 不为常数,当 $I_s$ 增加时,电枢转矩随之增大,由于 $\phi$ 与 $I_s(R_s + R_j)$ 也随之增加。因此,电枢转速 $n$ 随 $I_s(M)$ 的增大下降较快,故具有较软的机械特性,如图 4-20 所示。

直流串励电动机具有在轻载时电枢电流小、转速高;在重载时电枢电流大、转速低的软机械特性,能保证发动机即安全又可靠地起动,这是汽车起动机采用串励式电动机的又一主要原因。

而并励式电动机在低速时,起动力矩较小。不适合直接作为起动机的电动机使用。

③功率特性。串励式电动机的功率 $P$ 可用下式表示:

$$P = \frac{M \cdot n}{9550}$$

式中:$M$——电枢轴上的力矩,N·m;

$n$——电枢转速,r/min。

由式可以看出,在完全制动($n = 0$)和空转($M = 0$)两种情况下,起动机的功率都等于 0。因为起动机工作时间很短,可以允许在最大功率下工作,所以把起动机的最大输出功率称为起动机的额定功率。其特性曲线如图 4-21 所示。

图 4-20 直流电动机机械特性

图 4-21 直流串励式电动机功率特性曲线

直流串励式电动机的转矩、转速、功率特性完全可以表述起动机的工作特性。图 4-22 为三大特性曲线在同一坐标系的情况。由该图可以看出:

A. 完全制动时,相当于起动机刚接通的瞬间,$n = 0$,电枢电流最大(即制动电流 $I_{max}$),转

图4-22 直流串励式电动机特性曲线

矩也达到最大值(称为制动转矩),但输出功率为0。

B. 起动机空转时电流最小(称为空载电流 $I_0$),转速达到最大值(称为空载转速)输出功率也为0。

C. 在电流接近制动电流的一半时,起动机功率最大。将其最大功率作为额定功率。

(4)影响起动机功率的主要因素。

①蓄电池容量的影响:蓄电池容量越小,其内阻越大,放电时产生的电压降越大,因而供给起动机的电压降低,使起动机输出的功率减小。

②环境温度影响:当温度降低时,由于蓄电池电解液密度增大,内阻增大,会使蓄电池容量和端电压急剧下降,起动机功率将会显著下降。

③接触电阻和导线电阻:电刷与换向器接触不良、电刷压簧弹力下降、电刷过短以及导线与蓄电池接线柱接触不良,都会使工作线路电阻增加;导线过长以及导线横截面积过小也会造成较大的电压降,由于起动机工作电流特别大,这些都会使起动机功率减小。

### 4.3.2 传动机构

传动机构是指使起动机的驱动齿轮和发动机飞轮齿环啮合传动与分离的机构。

传动机构的作用是在起动时使起动机的驱动齿轮与发动机的飞轮齿环啮合,将电动机产生的转矩传递给飞轮;起动后,自动切断动力传递,防止电动机被发动机带动超速运转而遭到损坏。

传动机构由驱动齿轮、单向离合器、拨叉、复位弹簧等组成,安装在转子轴的螺旋槽部分。如图4-9、图4-10所示。

单向离合器种类有滚柱式单向离合器、弹簧式单向离合器、摩擦片式单向离合器等。

1. 滚柱式单向离合器

滚柱式单向离合器外形如图4-23所示,其结构如图4-24所示,传动套筒5内具有内螺纹花键槽,与电枢轴上的外螺纹花键相配合。起动小齿轮1套在电枢轴的光滑部分上。在传动套筒的另一端,活络地套着缓冲弹簧压向右方,并有卡簧防止脱出。移动衬套7由传动叉拨动。起动小齿轮1与离合器外壳2刚性连接,十字块3与传动套筒5刚性连接。装配后,十字块与外壳形成四个楔形空间,滚柱4分别安装在四个楔形空间内且在压帽弹簧张力的作用下,处在楔形空间的窄端,如图4-25所示。

图4-23 滚柱式单向离合器外形

其工作过程是:起动发动机时,在电磁力的作用下,传动拨叉使移动衬套沿电枢轴轴向移动,从而压缩缓冲弹簧。在弹簧张力的作用下,离合器总成与起动小齿轮沿电枢轴轴向移动,实现起动小齿轮与发动机飞轮的啮合。与此同时,控制装置接通起动机主电路,起动机输出强大的电磁转矩。转矩由传动套筒传至十字块,十字块与电枢轴一同转动。此时,由于飞轮齿圈瞬间制动,就使滚柱在摩擦力的作用下,滚入楔形槽的窄端而卡死。于是,起动小齿轮和传动套成为一体,带动飞轮起动发动机,如图4-25a)所示。

起动发动机后,由于飞轮齿环带动驱动齿轮高速旋转且比电枢轴转速高得多,驱动齿轮尾部外壳的摩擦力带动滚柱克服弹簧张力,使滚柱滚向锲形腔室较宽的一端,于是滚柱将在驱动齿轮外壳摩擦力带动下滚动,发动机动力不能传给电枢轴,起到分离作用,电枢轴只按自己的转速空转,避免电枢超速飞散的危险,如图4-25b)所示。

图4-24 滚柱式单向离合器的结构
1-起动齿轮;2-外壳;3-十字块;4-滚柱;5-传动套筒;
6-弹簧;7-移动衬套;8-卡圈;9-弹簧和压帽

图4-25 滚柱式离合器工作原理
a)起动时;b)起动后
1-驱动齿轮;2-外壳;3-十字块;4-滚柱;5-压帽;6-飞轮

此种离合器构造简单,工作可靠;接合时为刚性,不能承受大的冲击力,传递大转矩会因滚柱卡死而失效;适用于额定功率在1.47kW以下的小型起动机。

2. 弹簧式离合器

弹簧式离合器的主动件连接套筒和从动件驱动齿轮由两片月牙圈轴向连接起来(图4-26),可以相对转动,扭力弹簧分别套在两端。当起动单向传力时扭力弹簧直径缩小,靠摩擦力把动力传给驱动齿轮。当发动后空转时,扭力弹簧直径变大,摩擦力减小。驱动齿轮的扭力无法传给连接套筒,驱动齿轮空转。

图4-26 弹簧式离合器结构
1-驱动齿轮;2-扭力弹簧;3-螺旋花键套筒;4-止推套筒;5-定位键

3. 摩擦片式单向离合器

摩擦片式单向离合器(图4-27a)主要使用在大型汽车上,摩擦片式单向离合器按作用可以分为主动部分、从动部分和压紧装置。其中,主动部分主要由电动机轴、外接合鼓1和主动片组成。外接合鼓1通过半圆键与电动机轴连接、主动摩擦片4外齿卡在外接合鼓的切槽中,组成了离合器主动部分。从动部分主要驱动齿轮10、齿轮柄9和从动摩擦片5组成。齿轮手柄空套在电动机轴上面,内接合鼓6通过螺纹花键与齿轮柄连接,内接合鼓外表面带有凹槽,从动摩擦片内齿卡在内接合鼓的凹槽中。主动摩擦片与从动摩擦片交替在内外接合鼓之间。压紧装置主要由弹性圈 2、压环 3 和内接合鼓 6 组成。在停车不工作状态，弹性圈通过压环将主动片和从动片压紧，动力可以通过电动机轴→半圆键→外接合鼓→主动片→从动片→内接合鼓→齿轮柄→驱动齿轮。这时由于弹性力小，可以传递的动力也比较小。起动时，由于传力的结果，内接合鼓将向右移动，将主动片和从动片压紧传递动力。将内接合鼓、主动片、从动片、压环、弹性片压紧在外接合鼓，可以传递大动力，如图 4-27b) 所示。当发动后驱动齿轮转速很高，驱动轴后端的螺旋槽使内接合鼓 6 克服弹簧力向右移动，压紧力减小，主动片和从动片分离，驱动齿轮空转，如图 4-27c) 所示。

图 4-27 摩擦片式离合器结构和原理

1-外接合鼓；2-弹性圈；3-压环；4-主动片；5-从动片；6-内接合鼓；7-小弹簧；8-减振弹簧；9-齿轮柄；10-驱动齿轮；11-反轮

### 4.3.3 控制装置

在现代汽车上，起动机的控制装置均采用电磁式控制装置（即电磁开关），其作用是控制驱动齿轮与飞轮齿圈的啮合与分离，并控制电动机电路的接通与切断，其外形，如图 4-28 所示。

图 4-28 电磁开关

电磁开关的内部结构，如图 4-29 所示。主要由吸引线圈 6、保持线圈 8、复位弹簧、活动铁芯、接触盘 3 等组成，其中，电磁开关上的 30 端子接至蓄电池正极；C 端子接起动机励磁绕组；吸接线圈一端接起动机主电路，与励磁绕组和电枢绕组串联，保位线圈的一端直接搭铁，两线圈的公共端接点火开关。其工作过程是：

1. 起动时

点火开关接至起动挡时,接通吸拉线圈和保位线圈,其电路为:蓄电池正极→熔断器→点火开关→接线柱7→分以下两路:

(1)吸拉线圈→主电路接线柱C→励磁绕组→电枢绕组→搭铁→蓄电池负极。

(2)保位线圈→搭铁→蓄电池负极。

此时,吸拉线圈与保位线圈产生的磁场方向相同,在两线圈电磁吸力的作用下,活动铁芯克服复位弹簧的弹力而被吸入。拨叉将起动小齿轮推出使其与飞轮齿圈啮合。同时,起动机缓慢旋转,由于电枢轴上的螺旋槽的作用,使起动小齿轮边转动、边移动与飞轮啮合。

2. 起动中

齿轮啮合后,接触盘将触头接通,蓄电池便向励磁绕组和电枢绕组供电,产生正常的转矩,带动起动机转动。

与此同时,吸拉线圈被短路,齿轮的啮合位置由保位线圈的吸力来保持。

3. 停止起动时

断开点火开关5,刚刚断开时接触盘仍然与30端子与C端子接通。这时,吸拉线圈与保位线圈产生的电流方向相反,磁场方向相反,使磁场迅速减小,使铁芯、接触盘、拨叉、小齿轮等迅速复位,切断30端子与C端子,起动机停止起动。

图4-29 起动机控制电路
1-励磁线圈;2-C端子;3-接触盘;4-30端子;5-点火开关;6-吸拉线圈;7-50端子;8-保持线圈;9-电刷

### 课堂讨论

1. 描述起动机结构和每一个零部件的作用。
2. 画出起动机内部电路和起动系电路。
3. 说明起动系主要零部件在汽车上位置。

### 相关技能一

## 4.4 起动机的使用

(1)起动机每次起动时间不应超过5s,再次起动时应间歇15s,使蓄电池得以恢复。如果连续三次无法起动,应在检查与排除故障的基础上停歇2min以后进行。

(2)在冬季或低温情况下起动时,应对蓄电池采取保温措施。

(3)发动机起动后,必须立即切断起动机控制电路,使起动机停止工作。

## 4.5 起动机检修步骤

起动机的检修步骤是:

(1)领取所需的工具,做好工作准备。

(2)起动机就车检查,确认起动机故障。
(3)从汽车上拆下起动机。
(4)起动机不解体检测、确认故障部位。
(5)起动机的分解。
(6)起动机的解体后零部件检测和修复。
(7)起动机的装复;装复后检验和性能检测。
(8)起动机装上汽车。
(9)检查、评价工作质量。
(10)整理工具,清洁工作场地。

**(实训项目5 起动机维护和检修)**

1. 每3~5名学生组成1个工作小组,确定1名小组长,接受工作任务,做好工作准备。
2. 阅读工作单,查阅维修手册或实训指导书,观察待修车辆的起动系和起动机。讨论起动机检修的方法和步骤,确定小组人员工作分工。向实训指导教师汇报讨论结果,经指导教师同意后,开始下一步的工作。
3. 按照工作单的引导,完成起动机的拆卸、分解、检查和安装等的工作。
4. 在完成工作任务的过程中,根据工作单的要求,完成起动机零部件认识、工作原理描述等学习任务。
5. 完成工作单要求的起动机主要零部件的检测任务,将检测结果记录在工作单的相应栏目,并对检测结果作出分析。
6. 回答指导教师的现场提问,接受指导教师的技能考核。
7. 完成工作任务后,对工作过程进行自我评价和小组互评,听取指导教师的点评。
8. 清洁工作场所,清点维护工具设备,完成任务交接。

**起动机不转故障诊断**

1. 工作对象

起动机不转故障的汽车一辆。

2. 工作内容

(1)领取所需的工具,做好工作准备。
(2)认识所修汽车起动系电路,找到起动系所有零部件(起动机、起动继电器、点火开关和熔断器等)位置。
(3)起动起动机,掌握故障现象和故障特征。
(4)检查蓄电池技术状态和连接状态。
(5)检查起动系各熔断器、起动继电器和点火开关。
(6)检查起动机50端子、30端子和C端子接触情况和供电情况后,将30端子和50端子短接,检查电磁开关。

(7)检查起动机内部电动机。将30端子和C端子短接,检查电动机。

(8)在每一检查过程中,及时分析检查现象、发现故障点并修复。

(9)检查、评价工作质量。

(10)整理工具,清洁工作场地。

3. 工作目标与要求

(1)学生应以小组工作的方式,完成本项工作任务。

(2)学生应当能在小组成员的配合下,利用汽车维修手册或实训指导书,制订工作计划,实施工作计划。

(3)能通过阅读资料和现场观察,口述所修汽车起动系电路和工作原理;起动系主要零部件在汽车上位置、作用和结构。

(4)能分析所修汽车起动机不转故障的可能原因,针对可能原因制订检查和判断方法。

(5)能根据故障情况,制订故障诊断步骤、诊断和判断方法。

(6)能向客户解释所修汽车起动机故障情况和修复方案;说明起动机使用注意事项。

(7)能按规范的步骤,完成起动机不转故障的排除,恢复汽车的起动性能。

(8)在工作过程中注意工作安全,做好废料的处理,保持工作环境整洁。

相关知识二

### 4.6 起动系电路与工作原理

起动系控制电路是指除起动机本身电路以外的起动电路。大体可以分为无起动继电器的控制电路、有起动继电器的控制电路和带有保护继电器的控制电路。无起动继电器的起动控制电路工作原理已经学习,下面学习带起动断电器的控制电路原理。

在电磁操纵式起动机的使用中,常通过起动继电器的触点接通或切断起动机电磁开关的电路控制起动机的工作,以保护起动开关。

这种控制电路的工作过程是:

起动开关未接通时,起动继电器触点张开,起动机开关断开,离合器驱动齿轮与飞轮处于分离状态。起动开关接通时,其控制电路工作原理如图4-30所示。

(1)起动继电器线圈电路接通:其电路为蓄电池正极→点火开关3→起动继电器→线圈2→搭铁回到蓄电池负极。

(2)电磁开关线圈电路接通:继电器触点闭合,同时接通吸引线圈和保持线圈电路,两线圈产生同方向的磁场,磁化铁芯,吸动活动铁芯前移,铁芯前端带动接触盘接通两个开关,后端带动拨叉移动使驱动齿轮与飞轮啮合。

A. 吸引线圈电路:蓄电池正极→起动机30端子→起动继电器电池接柱→支架→触点→起动机接柱→起动机50端子→吸引线圈11→起动机C端子→电动机磁场绕组→电枢绕组→搭铁→蓄电池负极。

B. 保持线圈电路:蓄电池正极→起动机30端子→起动继电器电池接柱→支架→触点→起动机接柱→起动机50端子→保持线圈14→搭铁→蓄电池负极。

（3）电动机电路接通。接触盘将起动机 30 端子盒和 C 端子接通后，电动机电路接通。此电路电阻极小，电流可达几百安培，电动机产生较大转矩，带动飞轮转动。电动机开关接通后，吸引线圈被短路。由保持线圈保持起动机高速转动，带动发动机起动。

图 4-30　QD124 型起动机控制电路

1-触点；2-继电器线圈；3-点火开关；4-30 端子；5-C 端子；6-吸引线圈接柱；7-50 端子；8-接触盘；9-接触盘推杆；10-电磁开关外壳；11-吸引线圈；12-保持线圈；13-活动铁芯；14-活动铁芯复位弹簧；15-拨叉连接杆；16-调整螺钉；17-拨叉；18-单向离合器；19-驱动小齿轮；20-止推卡簧

其电路为：蓄电池正极→30 端子→接触盘 8→C 端子→磁场绕组→电枢绕组→搭铁→蓄电池负极。

（4）停止起动。发动机起动后，点火开关断开，起动继电器停止工作，触点张开，切断起动机电磁开关。电磁开关切断电动机，驱动齿轮和飞轮分离。

起动继电器触点张开后，起动机断开瞬间，保持线圈电流通路为：蓄电池正极→30 端子→接触盘 8→C 端子→吸引线圈 11→保持线圈 12→搭铁→蓄电池负极。这时，吸引线圈和保持线圈电流方向相反，加速退磁，使起动机停止工作。

相关技能二

## 4.7　起动系常见故障诊断

起动系统的常见故障包括：起动机不转、起动机转动无力、起动机空转和起动机运转不停等。

下面以带起动继电器的起动控制电路为例分析起动系的故障，其他汽车起动系故障的诊断思路和方法大致相同。

### 4.7.1 起动机不转

**1. 故障现象**

将点火开关旋至起动挡,起动机驱动齿轮不向外伸出,起动机不转。

**2. 故障原因**

(1)电源故障。蓄电池严重亏电或极板硫化、短路等,蓄电池极桩与线夹接触不良,起动电路导线连接处松动而接触不良等。

(2)起动机故障。换向器与电刷接触不良,励磁绕组或电枢绕组有断路或短路,绝缘电刷搭铁,电磁开关线圈断路、短路、搭铁或其触点烧蚀等。

(3)点火开关故障。点火开关接线松动或内部接触不良。

(4)起动继电器故障。起动继电器线圈断路或触点接触不良。

(5)起动系线路故障。起动系线路中,有断路、导线接触不良或松脱等。

**3. 诊断思路**

起动机不起动故障原因分析和相应的判断方法,见表4-2。

起动机不起动故障原因分析和判断方法　　　　表4-2

| 项目 | 故障原因 | 判断方法1 | 判断方法2 | 说明 |
| --- | --- | --- | --- | --- |
| 1 | 蓄电池存电不足或正负极桩接触不良 | 打开前照灯,并按喇叭 | 用大功率的灯泡试灯检查 | 可能起动机会转,但运转无力 |
| 2 | 起动机30端子接触不良 | 人工检查接触情况,用大功率的灯泡试灯检查,在起动机30端子检查 | 在起动状态下,用万用表测量蓄电池电压,电压应大于8V,不起动时大于12V | |
| 3 | 起动机内部电动机故障 | 将30端子和C端子短接 | | 常见炭刷接触不良 |
| 4 | 起动机内部电磁开关故障 | 将30端子和50端子短接 | | 常见接触盘接触不良 |
| 5 | 熔断丝断 | 用试灯在熔断丝两端检查 | 拔出熔断丝检查 | 找出熔断丝断的原因后更换 |
| 6 | 起动继电器故障 | 拔出起动继电器测量 | | |
| 7 | 点火开关故障 | 将点火开关30端子和ST端子短接 | | |
| 8 | 空挡开关故障或不在P挡和N挡 | 打开点火开关挡,用试灯测量 | 关闭点火开关挡,用万用表测量电阻 | |
| 9 | 电路断路或接触不良 | 用试灯逐点测量,亮与不亮之间是故障点 | | |

**4. 诊断步骤**

按照汽车故障诊断原则,汽车电气系统故障诊断没有统一的步骤。对于不同的车型、不同的电路,诊断步骤有所不同。图4-31列出了起动机在发动机舱内容易测量到的车型故障诊断步骤;如果起动机在发动机舱内不容易测量到的地方,则可以优先诊断熔断器和起动继电器。

图 4-31 起动机运转无力故障诊断流程图

**5. 起动系线路故障**

起动系线路故障诊断,以图 4-32 为例说明。首先拔下熔断丝检查,也可不拔下熔断器,使用试灯进行测量。测量时,将试灯一端搭铁,另一端插入熔断器 1 测试点 A 和测试点 B。如在测试点 A 试灯不亮,说明蓄电池正极到测试点 A 线路断路。如测试点 A 试灯亮和测试点 B 试灯不亮,则为熔断器烧断。接着闭合点火开关到 ST 挡,用试灯对熔断器 2 的测试点 C 和测试点 D 进行。如在测试点 C 试灯不亮,说明蓄电池正极到测试点 C 线路断路。如测试点 C 试灯亮和测试点 D 试灯不亮,则为熔断器 2 烧断。

图 4-32 桑塔纳轿车起动线路简图

如熔断器 1 和熔断器 2 测量结果正常,可拔出起动继电器,通过起动继电器座的 30、87、86 和 85 端子对起动线路进行测量。测量时,将试灯一端搭铁,另一端插入继电器座 30 端子,如试灯不亮,说明熔断器 1 的 B 点到继电器 30 端子之间断路。接着转动点火开关到 ST 挡,将试灯一端搭铁,另一端插入继电器座 85 端子,如试灯不亮,说明熔断器 2 的 D 点到继电器 85 端子之间断路。最后用万用表的欧姆挡分别测量 87 端子和 86 端子与搭铁之间的电阻。87端子与搭铁之间的电阻一般不大于3Ω,86端子与搭铁之间的电阻应该为0Ω。

### 4.7.2 起动机转动无力

**1. 故障现象**

将点火开关旋至起动挡,起动齿轮发出"咔嗒"声,但是起动机不转动或转动缓慢无力。

**2. 故障原因**

(1)电源故障。蓄电池亏电或极板硫化短路,起动电源导线连接处接触不良等。

(2)起动机故障。换向器与电刷接触不良,电磁开关接触盘和触点接触不良,电动机励磁绕组或电枢绕组有局部短路等。

**3. 诊断步骤**

起动机转动无力故障的诊断步骤,如图4-33所示。

图4-33 起动机运转无力故障诊断流程图

### 4.7.3 起动机空转

**1. 故障现象**

接通起动开关后,只有起动机快速旋转而发动机曲轴不转。

**2. 故障原因**

此现象表明起动机电路畅通,故障在于起动机的传动装置和飞轮齿圈等处。

**3. 故障诊断**

(1)起动机空转时,有较轻的摩擦声音,起动机驱动齿轮不能与飞轮齿啮合而产生空转,即驱动齿轮还没有啮合到飞轮齿圈中,电磁开关就提前接通,说明主回路的接触行程过短,应拆下起动机,进行起动机接通时刻的调整。

(2)若在起动机空转的同时伴有齿轮的撞击声,则表明飞轮齿圈牙齿或起动机小齿轮牙齿磨损严重或已损坏,致使不能正确地啮合。

(3)起动机传动装置故障有:单向离合器弹簧损坏;单向离合器滚子磨损严重、单向离合器套管的花键槽锈蚀。这些故障会阻碍小齿轮的正常移动,造成不能与飞轮齿圈准确啮合等。

(4)有的起动机传动装置采用一级行星齿轮减速装置,其结构紧凑、传动比大、效率高。在使用中,常会出现载荷过大而烧毁卡死。有的采用摩擦片式离合器,若压紧弹簧损坏,花键锈蚀卡滞和摩擦离合器打滑,也会造成起动机空转。

### 小组工作二

## (实训项目6 起动系统电路故障检修)

1. 每3~5名学生组成1个工作小组,确定1名小组长,接受工作任务,做好工作准备。
2. 阅读工作单,查阅维修手册或实训指导书,观察待修车辆的起动系和起动机。讨论起动机不转故障检修的方法和步骤,确定小组人员工作分工。向实训指导教师汇报讨论结果,经指导教师同意后,开始下一步的工作。
3. 按照工作单的引导,完成起动机不转故障的诊断并排除故障。
4. 在完成工作任务的过程中,根据工作单的要求,在诊断过程中完成对起动系电路、零部件认识,并描述工作原理和诊断原理和依据。
5. 回答指导教师的现场提问,接受指导教师的技能考核;
6. 完成工作任务后,对工作过程进行自我评价和小组互评,听取指导教师的点评;
7. 清洁工作场所,清点维护工具设备,完成任务交接。

### 拓展知识与技能

## 4.8 减速起动机

减速起动机与常规起动机的主要区别是:在传动机构和电枢轴之间安装了一套齿轮减速装置,通过减速装置把力矩传递给单向离合器,可以增大电动机的转速,增大输出力矩,减小起动机的体积和质量。齿轮减速装置主要有平行轴外啮合减速齿轮装置和行星齿轮减速装置两种形式。

### 4.8.1 平行轴式减速起动机

平行轴式减速起动机的构造如图4-34所示,主要包括电动机、平行轴减速装置、传动机构和控制装置。

1. 电动机

该电动机四个磁场绕组相互并联后再与电枢绕组串联,仍为串励式电动机,基本与常规起动机相似,如图4-35所示。

图 4-34 平行轴式减速起动机的构造
1-电枢轴齿轮;2-励磁绕组;3-电枢;4-电刷弹簧;5-电刷;6-活动铁芯;7-电磁开关;8-滚柱式单向离合器;9-驱动齿轮;10-惰轮

图 4-35 磁场绕组的连接

### 2. 传动机构和减速装置

传动机构和减速装置的位置关系,如图 4-36 所示。滚柱式单向离合器设置在减速齿轮内毂,其内毂制成楔形空腔,传动导管装入时,将空腔分割成 5 个楔形腔室,腔室内放置滚柱和弹簧。平时在弹簧张力作用下,滚柱滚向楔形腔室窄端,传递动力时,由滚柱将传动导管和减速齿轮卡紧成一体。离合器的工作原理和常规起动机中的滚柱式单向离合器工作原理相同。

减速齿轮装置采用平行轴外啮合减速齿轮装置,该装置中设有三个齿轮,即电枢轴齿轮、惰轮(中间齿轮)以及减速齿轮。与常规起动机相比,该减速装置传动比较大,输出力矩也较大。

### 3. 控制装置和工作过程

下面以平行轴式减速起动机为例,结合电路图分析控制装置的工作原理。如图 4-37 所示,控制装置的结构与传统式电磁控制装置大致相同,不同之处在于活动铁芯的左端固装的挺杆,经钢球推动驱动齿轮轴,引铁右端绝缘地固装着接触片。起动机不工作时,触盘与触点分开,驱动齿轮与飞轮分离。

图 4-36 减速齿轮啮合关系和单向离合器
1-中间轴;2-尼龙骨架;3-电枢轴齿轮;4-中间齿轮;5-圆柱滚子轴承;6-减速齿轮;7-滚柱;8-弹簧;9-传动导管

其工作过程如下:接通起动开关,吸引线圈(P.C)和保持线圈(H.C)通电,此时的电流流向为:蓄电池→点火开关→端子50→保持线圈→搭铁,蓄电池→点火开关→端子50→吸引线圈→端子C→励磁线圈→电枢绕组→搭铁,此时电动机高速运转。

吸引线圈和保持线圈的电磁力吸引活动铁芯左移,推动驱动齿轮轴,迫使驱动齿轮与飞轮啮合,这种动作过程称为直动齿轮式。

图 4-37 平行轴式减速起动机结构及电路图

1-励磁线圈;2-电刷;3-端子 C;4-活动铁芯;5-端子 30;6-点火开关;7-端子 50;8-离合器齿轮;9-单向离合器; 10-飞轮齿圈;11-驱动齿轮;12-驱动齿轮复位弹簧;13-惰轮;14-电枢;15-活动铁芯复位弹簧

驱动齿轮与飞轮齿圈进入啮合后,接触片和触点接触,此时电流的方向为:蓄电池→点火开关→端子 50→保持线圈→搭铁,这样保持线圈产生的磁场使活动铁芯保持在原位。同时,电流还流经吸引线圈,电路为:蓄电池→点火开关→端子 50→吸引线圈→端子 C→励磁线圈→电枢绕组→搭铁。这时,活动铁芯左移,接触片将端子 30 和端子 C 接通,接通电动机。电动机电路:蓄电池→端子 30→接触片→端子 C→励磁线圈→电枢绕组→搭铁。这样,电枢电路接通并开始旋转。电枢轴产生的力矩经电枢轴齿轮→惰轮→减速齿轮→滚柱式单向离合器→驱动齿轮轴→驱动齿轮→飞轮齿圈,带动曲轴旋转,使发动机起动。

发动机起动后,放松起动开关,点火开关回到点火挡,吸引线圈和保持线圈断电,引铁在复位弹簧张力作用下复位,接触片与触点分离,电枢停止转动。同时,驱动齿轮轴在复位弹簧作用下复位,拖动驱动齿轮与飞轮分离,恢复到初始状态。

### 4.8.2 行星齿轮式减速起动机

行星齿轮式减速起动机的结构,如图 4-38 所示。

1. 电动机

该起动机的电动机有两类,一类与常规起动机类似,采用励磁线圈产生磁场。另一类采用永久磁铁磁场代替励磁绕组,减小了起动机的体积,提高了起动性能。

2. 传动机构及减速齿轮装置

该起动机的传动机构采用滚柱式单向离合器,用拨叉拨动驱动齿轮使之移动。其结构和工作过程与传统的起动机类似。

行星齿轮减速装置中设有三个行星轮、一个太阳轮(电枢轴齿轮)以及一个固定的内齿圈,其结构如图4-39所示。

图4-38 行星齿轮式减速起动机
1-电磁起动开关;2-起动机壳;3-驱动杆;4-活动铁芯罩;5-行星齿轮;6-行星齿轮架轴;7-内齿轮;8-减振器;9-板垫圈;10-止动套圈;11-弹簧卡环;12-起动机离合器;13-弹簧卡环;14-中间轴承;15-板垫圈;16-板垫圈;17-压板;18-换向器端框架;19-电刷座;20-O形环;21-电枢;22-O形环;23-励磁线圈;24-贯穿螺栓

内齿圈固定不动,行星齿轮支架是一个具有一定厚度的圆盘,圆盘和驱动齿轮轴制成一体。三个行星齿轮连同齿轮轴一起压装在圆盘上,行星齿轮在轴上可以边自转边公转。驱动齿轮轴一端制有螺旋键齿,与离合器传动导管内的螺旋键槽配合。如图4-40所示,为了防止起动机中过大的扭力对齿轮造成损坏,弹簧垫圈把离合器片压紧在内齿轮上,当内齿圈受到过大的扭力时,离合器片和弹簧垫圈可以吸收过大的扭力。

图4-39 行星齿轮减速装置结构
1-驱动齿轮;2-内齿轮;3-电枢轴;4-行星齿轮

图4-40 减速装置中内齿圈的结构
1-离合器片;2-弹簧垫圈;3-内齿轮

## 4.9 带有保护继电器的起动机电路

### 4.9.1 带有空挡继电器的起动机电路

在带有自动变速器的轿车上,要求起动系只能在 P 或 N 挡才能起动。有的将空挡开关直接串联在起动继电器线圈和点火开关之间,还有在起动继电器线圈和点火开关之间串联 P/N 挡位置继电器,如图 4-41 所示。当自动变速器在 P 挡或 N 挡时,P/N 挡开关闭合,给 P/N 挡继电器线圈供电,P/N 挡继电器的触点闭合。点火开关接通 ST 挡即可起动。起动时,如自动变速器操纵手柄不在 P 挡或 N 挡,则 P/N 挡继电器的触点打开。这时,即使点火开关接通 ST 挡也无法起动。

### 4.9.2 带有保护/防盗继电器的起动机电路

带有保护/防盗起动切断继电器的起动系电路,如图 4-42 所示。起动切断继电器是一个常闭触点的继电器,继电器线圈受发动机电脑或发动机防盗电脑控制。当发动机发动后,线圈通电常闭触点打开,自动切断起动电路。还有一个作用是,如果发动机已经起动,误操作接通点火开关 ST 挡,起动机也不会接通,保护起动机齿轮和飞轮环齿。此外,还可以在非法起动时起到防盗的作用。

图 4-41 带 P/N 挡继电器的起动系电路　　图 4-42 带起动切断继电器的起动系电路

图 4-43 是丰田花冠汽车起动系电路,实际上许多丰田中档汽车(如丰田威驰、卡罗拉等)使用这一起动电路。丰田花冠汽车起动系电路主要由起动机、起动继电器、空挡开关、防盗继电器以及点火开关等组成。

在点火开关到 ST 挡时,点火开关的 ST 端子通过 7.5A ST 熔断器和空挡开关,给起动继电器线圈供电。继电器线圈通过防盗继电器常闭构成回路。起动继电器触点闭合,通过起动机的 B 端子接通起动机的电磁开关。电磁开关将起动机 A 端子与起动机内部的直流电动机直接接通,电动机转动起动发动机。

图 4-43  丰田花冠汽车的起动系电路

起动后,松开点火开关,点火开关自动回到 IG 挡。点火开关的 ST2 端子断电,切断起动继电器线圈电流,起动继电器触点打开,切断起动机电磁开关电路,起动机电磁开关切断起动机内部电动机的电源,起动机停止起动。

汽车停车时,如有人盗车或有盗车意图,且触动门控开关,则防盗 ECU 将被触发工作。防盗 ECU 将防盗继电器线圈搭铁回路接通。这时,即使点火开关接通到 ST 挡,由于防盗继电器线圈电流接通,防盗继电器常闭触点打开,切断起动继电器线圈的搭铁回路,起动机无法起动。这时,需要按遥控器防盗按键,防盗 ECU 才会停止工作,起动机才能工作。

## 思考与练习

### 一、名词解释

1. 电磁开关。
2. 电磁操纵强制啮合式起动机。
3. 电磁操纵电磁啮合式起动机。
4. 电磁操纵移动齿轮式起动机。

5. 减速型起动机。

6. 永磁式起动机。

7. 50 端子。

8. 30 端子。

## 二、填空题

1. 起动机一般由_____、_____、_____三大部分组成。
2. 起动机操纵机构的作用是接通_____端子和_____端子,即接通起动机内部的电动机与蓄电池之间的主电路,同时驱动拨叉使_____与_____啮合。
3. 一般励磁式起动机励磁绕组与转子呈_____联,故称_____励式电动机。
4. 单向离合器常见有_____式、_____式和_____式三种。
5. 起动机工作时,应先让单向离合器小齿轮与_____啮合,再接通起动机主电路,以避免_____现象产生。
6. 起动系电路常见有_____控制式、_____控制式、_____控制式。
7. 起动系的作用是_____。
8. 按控制方式的不同,起动机可以分为、_____、_____两种形式。
9. 起动机"QDJ"表示_____。
10. 起动机每次起动时间不得超过_____s,再次起动时应间隔_____s。
11. 起动机的实验有_____、_____。
12. 在冬天或低温情况下起动时,应对蓄电池采取_____措施。
13. 单向离合器最常见的故障为_____。
14. "QDY"表示_____。
15. 减速型起动机按齿轮啮合方式可分为_____啮合式、_____啮合式以及_____啮合式三种,减速比一般为_____。
16. 普通起动机励磁绕组断路多发生在_____;电枢绕组断路多发生在_____。
17. 起动机的电刷磨损超过原长度的_____应更换电刷。电刷与换向片的接触面积应在_____以上。
18. 起动机电磁开关触点闭合后,活动铁芯应能继续移动_____mm 附加行程,使开关可靠闭合。
19. 起动机空载试验时,若电流和转速均低于标准值,说明起动机线路中有_____故障。制动试验时,若制动电流小于标准值,电动机空转,表明起动机_____。

## 三、选择题

1. 直流串励式起动机中的"串励"是指(　　)。

A. 吸引线圈和保持线圈串联连接

B. 励磁绕组和电枢绕组串联连接

C. 吸引线圈和电枢绕组串联连接

2. 下列不属于起动机控制装置作用的是(　　)。

　　A. 使活动铁芯移动,带动拨叉,使驱动齿轮和飞轮啮合或脱离

　　B. 使活动铁芯移动,带动接触盘使起动机的两个主接线柱接触或分开

　　C. 产生电磁力,使起动机旋转

3. 永磁式起动机中用永久磁铁代替常规起动机的(　　)。

　　A. 电枢绕组　　　B. 励磁绕组　　　C. 电磁开关中的两个线圈

4. 起动机空转的原因之一是(　　)。

　　A. 蓄电池亏电　　B. 单向离合器打滑　C. 电刷过短

5. 在以下引起动机运转无力的原因中,错误的一项是(　　)。

　　A. 吸引线圈断路　　B. 蓄电池亏电

　　C. 换向器脏污　　　D. 电磁开关中接触片烧蚀、变形

6. 在起动机零件检测过程中,属于电枢的不正常现象的是(　　)。

　　A. 换向器片和电枢轴之间绝缘

　　B. 换向器片和电枢铁心之间绝缘

　　C. 各换向器片之间绝缘

7. 在判断起动机不能运转的过程中,在车上短接电磁开关端子30和端子C时,起动机不运转,说明故障在(　　)。

　　A. 起动机的控制系统中

　　B. 起动机本身

　　C. 起动机内部的电动机

8. 采用直推的方式使驱动齿轮伸出和飞轮齿圈啮合的起动机是(　　)。

　　A. 常规起动机

　　B. 平行轴式减速起动机动

　　C. 行星齿轮式减速起动机

9. 减速起动机和常规起动机的主要区别在于(　　)。

　　A. 直流电动机不同　B. 控制装置不同　　C. 传动机构不同

10. 在行星齿轮式减速起动机中,行星齿轮(　　)。

　　A. 只是围绕各自的中心轴线转动

　　B. 沿着内齿圈公转

　　C. 边自转边公转

11. 起动机驱动轮的啮合位置,由电磁开关中的(　　)线圈的吸力保持。

　　A. 保持线圈　　　B. 吸引线圈　　　C. 励磁线圈

12. 电磁操纵式起动机主开关接通后,电磁开关中的铁芯被(　　)线圈电磁力保持在吸合位置。

　　A. 吸引　　　　　B. 保持　　　　　C. 吸引与保持

13. 最大传递转矩可以调整的单向离合器是（　　）。
    A. 滚柱式离合器　　B. 弹簧式离合器　　C. 摩擦片式离合器
14. 起动机空转试验的接通时间不得超过（　　）。
    A. 5s　　　　　　　B. 1min　　　　　　C. 5min
15. 起动机做全制动时间不得超过（　　）。
    A. 5s　　　　　　　B. 1min　　　　　　C. 5min
16. 为了减少电阻，起动机内导电开关及绕组均用（　　）制成。
    A. 紫铜　　　　　　B. 黄铜　　　　　　C. 青铜

## 四、判断题（对的画"√"，错的画"×"）

1. 起动系统主要包括起动机和控制电路两个部分。（　　）
2. 常规起动机中，吸引线圈、励磁绕组以及电枢绕组是串联连接。（　　）
3. 起动机的传动装置只能单向传递力矩。（　　）
4. 在永磁式起动机中，电枢是用永久磁铁制成的。（　　）
5. 平行轴式起动机的齿轮需要用拨叉使之伸出和退回。（　　）
6. 起动机励磁线圈和起动机外壳之间是导通的。（　　）
7. 用万用表检查电刷架时，两个正电刷架和外壳之间应该绝缘。（　　）
8. 起动机电枢装配过紧可能会造成起动机运转无力。（　　）
9. 减速起动机中的减速装置可以起到降速增矩的作用。（　　）
10. 减速起动机中直流电动机的检查方法和常规起动机完全不同。（　　）
11. 起动机一定有励磁绕组且与电枢绕组呈完全串联。（　　）
12. 电磁操纵起动机单向离合器与电枢轴普遍用螺旋花键连接。（　　）
13. 起动机有"嗒嗒"声响，但不能发动的原因一定是电磁开关中吸拉线圈已烧断。（　　）
14. 弹簧式离合器驱动弹簧内径与套筒是过盈配合。（　　）
15. 弹簧式离合器驱动弹簧内径与套筒之间属于间隙配合时才能空转。（　　）
16. 蓄电池搭铁极性接反，会造成普通电磁式起动机转子反转。（　　）
17. 普通起动机电枢绕组各线圈的两端分别焊在相隔大约180°的两个换向片上。（　　）

## 五、思考与简答题

1. 常规起动机由哪几个部分组成？各起什么作用？
2. 直流电动机由哪几个部分组成？各起什么作用？
3. 起动机的传动装置由哪些部件组成？其中滚柱式单向离合器是如何工作的？
4. 起动机的控制装置有哪些作用？简要说明其工作过程。
5. 减速式起动机有哪几类？说明它们的主要区别。
6. 一辆使用常规起动机的汽车出现不能起动的故障，故障现象是将点火开关旋至起动挡后，起动机一直发出"咔嗒"的声音且不动了。请你结合所学的起动系统相关知识判断哪些原因可能导致此种故障？

7. 起动系电路有哪些类型？如何工作？

8. 如图 4-44 所示，当起动机保持线圈断路时，按下起动按钮会出现什么现象？为什么？

图 4-44

9. 减速型起动机有何优点？

10. 使用起动机时，应注意哪些事项？

11. 连接图 4-45 起动机线路。

图 4-45

# 单元 5 汽车电动车窗不工作故障检修

一辆现代越野车驶入4S店,客户报修电动车窗不工作。经过检查,确认在打开点火开关后,从电动车窗开关上对各车窗进行玻璃上升和下降的操作时,各车窗均无反应。初步检查相关熔断器、继电器和蓄电池电压均正常,故障应在电动车窗的内部机构或其控制电路。填写报修单后,交汽车电气维修组进一步检查维修。

**检修电动车窗**

1. 工作对象

需检修电动车窗电路的车辆一部。

2. 工作内容

(1)领取所需的工具,做好工作准备;

(2)查阅维修手册或实训指导书,描述电动车窗系统电路,找出该系统各零部件在车上的位置;

(3)起动发动机,通过电动车窗开关对各车窗进行玻璃上升和下降的操作,确认故障现象;

(4)根据电路图和故障现象分析故障可能原因,提出检测方法和检测步骤;

(5)按提出的检测方法和检测步骤进行故障判断,并排除故障;

(6)检查、评价工作质量;

(7)整理工具,清洁工作场地。

3. 工作目标与要求

(1)学生应以小组工作的方式,完成本项工作任务;

(2)学生应当能在小组成员的配合下,利用汽车维修手册或实训指导书,制订工作计划,实施工作计划;

(3)能通过阅读资料和现场观察,分辨所修车辆电动系统的组成和类型,说明其作用和结构,能正确操作各电动系统;

(4)通过电动车窗不工作故障的检修,能认识汽车电动系统各部分的组成和工作原理,

口述电动系统的工作原理和各零部件的作用;

(5)能向客户解释所修电动车窗的故障原因、修复方案,说明电动车窗的使用注意事项;

(6)能按规范的步骤,完成电动车窗的检修,恢复汽车电动车窗的使用性能;

(7)在工作过程中注意工作安全,做好废料的处理,保持工作环境整洁。

### 相关知识

汽车电动系统主要由电动车窗、电动后视镜、中控门锁、电动座椅和刮水器等组成。

## 5.1 电动车窗

### 5.1.1 电动车窗的组成及分类

电动车窗是指以电为动力,使车窗玻璃自动升降的系统。它是由驾驶员或乘员操纵开关接通车窗升降电动机的电路,使电动机产生动力,通过一系列的机械传动,使车窗玻璃按要求进行升降的机构。其优点是操作简便,有利于行车安全。同时方便乘客对车窗玻璃升降的操作。

电动车窗主要由车窗玻璃升降器、电动机(含减速器)、控制开关等组成。电动车窗主要零部件在车上的位置,如图5-1所示。

图5-1 电动车窗主要零部件在车上位置

1-驾驶员侧车窗电动机;2-左后侧电动车窗控制开关;3-左后侧电动车窗电动机;4-右后侧电动车窗电动机;5-右后侧电动车窗控制开关;6-副驾驶员侧车窗电动机

采用电动车窗的车辆,驾驶员可以在驾驶座上控制所有车窗玻璃升降和位置,还可以限制乘客对车窗玻璃的操作。一般驾驶员座位的电动车窗还有自动功能,即驾驶员只需稍微重一点按一下控制开关,车窗玻璃就会一直上升到最高点后自动停止,或下降到最低点后自动停止。

乘客在驾驶员没有按下限制开关时,可以手动控制自己座位车窗玻璃的升降。

有的电动车窗还具有防夹功能:即当玻璃上升夹住手臂时,会自动下降。

有的电动车窗还具有延时功能:即当关闭点火开关后,电动车窗系统的电源电路会延迟几分钟关闭。其作用是方便驾驶员锁门前关闭车窗。

有的电动车窗还与门锁联动,当驾驶员用车钥匙锁门时,车窗系统电路会自动将玻璃升起关闭。

### 5.1.2 电动车窗的主要部件

电动车窗系统主要由直流双向永磁电动机、涡轮蜗杆减速器、车窗玻璃升降器、玻璃升降轨道、控制开关等组成。

1. 电动机

电动车窗的电动机用于将电转化成车窗玻璃升降的机械力。每个车门各采用一个直流双向永磁式电动机,通过开关控制电动机中的电流方向,从而控制电动机的正转或反转,通过减速器和车窗玻璃升降器即可使玻璃升降。

2. 控制开关

电动车窗系统在每个车门上都有一套(或一个)控制开关,用于控制电动机中电流的方向,从而控制车窗的升降。

控制开关一般有两种类型,一种为总开关,装在仪表板或驾驶员侧的车门上,驾驶员可以通过该控制开关控制每个车窗玻璃的升降,如图5-2所示。另一套为分开关,如图5-3所示。分别安装在每个车门上,以便乘客对自己座位的车窗进行升降控制。驾驶员和乘客可以通过拉起开关使车窗玻璃上升,压下开关使车窗玻璃下降。

图 5-2 驾驶员侧的车门上控制开关

1-驾驶员侧电动车窗控制开关(带有 AUTO 挡);2-前乘客电动车窗控制开关;3-右后电动车窗控制开关;4-左后电动车窗控制开关;5-乘客位置电动车窗锁死开关

图 5-3 乘客侧的车门上控制开关

3. 车窗玻璃升降器

不同车型的电动车窗,其玻璃升降器的结构往往有较大的不同,按其结构可分为三种类型:交臂式、绳轮式和软轴式。

(1)交臂式门窗玻璃升降器。交臂式门窗玻璃升降器结构,如图5-4所示。按照其结构特点也被称为齿扇式门窗玻璃升降器,主要由电动机、小齿轮、大齿扇、主动摆臂、从动摆臂、固定槽、滑动槽和玻璃导轨(图中没有画出)等组成。其中,大齿扇和主动摆臂是一个整体,活动槽上方安装着车窗玻璃。它的工作原理是:电动机经过减速器带动小齿轮转动,小齿轮带动大齿扇、主动摆臂和从动摆臂摆动,从而使活动槽上方的玻璃沿着玻璃导轨上下移动。

(2)绳轮式门窗玻璃升降器。绳轮式门窗玻璃升降器(又称滚筒式升降器)由电动机、绳轮、钢丝绳、夹持器、导轨、张力器、张力滑轮等(张力器、张力滑轮图中没有画出)组成,如图5-5所示。它通过电动机带动绳轮转动,绳轮上面缠绕着钢丝绳,通过绳轮的转动拉动钢丝绳,钢丝绳上装有滑块式的玻璃夹持器,玻璃夹持器沿着导轨运动,控制门窗玻璃的升降。

图5-4 交臂式车窗玻璃升降器结构
1-电动机;2-减速器;3-大齿扇;4-主动摆臂;5-固定槽;
6-从动摆臂;7-活动槽

(3)软轴式门窗玻璃升降器。软轴式门窗玻璃升降器(又称齿条式升降器)由软轴、小齿轮等组成,如图5-6所示。电动机的输出部分是一个小齿轮,通过与软轴上的齿(近似于齿条)相啮合,驱动软轴卷轴卷绕,带动玻璃沿导轨上下运动。

图5-5 绳轮式车窗玻璃升降器结构
1-绳轮;2-夹持器;3-玻璃升降导轨;4-绳索;5-减振弹簧;
6-涡轮机构和电动机

图5-6 软轴式车窗玻璃升降器结构

这三种玻璃升降器中,广泛使用的主要有:交臂式门窗玻璃升降器和软轴式门窗玻璃升降器两种。交臂式门窗玻璃升降器具有工作可靠的优点,软轴式门窗玻璃升降器具有结构简单价格低的优点。

### 5.1.3 电动车窗的控制电路

电动车窗有手动控制和自动控制两种功能。所谓手动控制是指轻轻拉起或按着按钮时,车窗可以上升或下降,若中途松开按钮,上升或下降的动作即停止。自动控制是指拉起或按着按钮时(与手动控制比较,拉起或按着按钮的行程较大),松开手后车窗会一直上升至最高点或下降至最低点。图5-7为四车门电动车窗的控制电路。控制电路由四个直流双向永磁式电动机(每个车门一个)、驾驶员座位主控制开关和三个乘客车门上的控制开关组成。大的虚线框表示驾驶员座位主控制开关,小的三个虚线框表示三个乘客车门上的控制开关。

### 1. 驾驶手动控制玻璃升降电路

当驾驶员向上拉起手动旋钮后,触点 A 与开关的 UP 接点相连,触点 B 处于原来状态,电动机按 UP 箭头方向通过电流,车窗玻璃上升直至关闭。当手离开旋钮时,开关在自身回复力的作用下回到中间位置,电动机停转。

若将向下压下手动旋钮,触点 A 保持原位不动,而触点 B 则与 DOWN 侧相连,电动机按 DOWN 箭头所示的方向通过电流,电动机反转,车窗玻璃向下移动,直至下降到底。同理,驾驶员可以通过主开关上的乘客位置电动车窗开关控制乘客座位玻璃的升降。当玻璃向上运动时,电流由蓄电池正极→点火开关→主开关向上触点→分开关的常闭触点→电动机→分开关的常闭触点→主开关的常闭触点→锁止开关→蓄电池负极。这时,主开关、分开关和锁止开关互相串联。

图 5-7 电动车窗控制电路图 1

### 2. 乘客座手动控制玻璃升降电路

在主开关内部锁止开关闭合(没有锁止)时,乘客可以通过自己座位车门上控制开关,控制车窗玻璃的升降。如前排乘客拉起车门上的控制开关时,电流通过乘客电动车窗独立的电源线、乘客车门上的开关(接正极)、电动机、乘客车门上的开关(接负极)、主开关、锁止开关,控制玻璃上升。具体电流如下:蓄电池正极→点火开关→乘客电动车窗独立的电源线→分开关的向上触点→电动机→分开关的常闭触点→主开关的常闭触点→锁止开关→蓄电池负极。如前排乘客压下车门上控制开关时,其工作原理基本相同。当主开关内部锁止开关断开(锁止)时,驾驶员和乘客都无法控制乘客位置车窗玻璃的升降。有些汽车将主开关内部锁止开关安装在乘客电动车窗独立的电源线上面,当主开关内部锁止开关断开(锁止)时,驾驶员可以控制乘客位置车窗玻璃的升降,而乘客无法控制自己座位车窗玻璃的升降。具体电路如图5-8所示。

图5-8 电动车窗控制电路图2

### 3. 电动车窗自动升降功能、防夹功能和延时功能

为减轻驾驶员的工作强度,保证行车安全,驾驶员侧的电动车窗经常有自动挡。电动车窗的自动挡电路不同厂家和不同车型有所不同。

丰田花冠电动车窗的自动挡电路,如图5-9所示。其电动机上带有两个常闭的限位开关,分别在齿扇处于最高点和最低点时切断电动机。现以玻璃向上运动,说明工作原理。当驾驶员稍微用力向上拉起控制开关并松开后,控制开关内部的机械结构使触点A与开关的UP接点仍然接通,触点B处于原来状态,电动机电流由蓄电池正极→点火开关→熔断器→UP触点→触点A→按UP方向流过电动机→触点B→电机内部常闭触点UP→搭铁回到负极,车窗玻璃上升。当车窗玻璃上升到最高点时,常闭触点UP打开,切断电流,使电动机停止转动。这时,主开关内部的触点A与开关的UP触点仍然接通,要在下次向下按下控制开关时回到初始状态。

图5-9 丰田花冠带有自动挡的电动车窗控制电路图

丰田凯美瑞左前电动车窗的电路,如图 5-10 所示,具有手动控制、自动控制和防夹功能。控制电路由蓄电池、点火开关、电动窗主继电器、电动车窗总开关和电动车窗马达总成组成,其电动车窗总开关里面有控制开关、IC 集成电路模块和组合继电器等组成。电动车窗马达总成里面有限位开关、速度传感器和直流永磁双向电动机。限位开关的作用是提供上升到最高点或下降到最低点的信号,速度传感器提供电动机转速的信号,该信号主要用于防卡功能使用。电动机串联有用于保护电动机的 PTC 半导体热敏电阻。不工作时,电动机两端通过组合继电器的常闭触点搭铁。

图 5-10 丰田凯美瑞带有自动挡的电动车窗控制电路图

丰田凯美瑞电动车窗玻璃手动上升工作过程如下:当驾驶员轻拉起控制开关时,开关 A 点与开关 UP 点接触,给 IC 集成电路 B 点提供一个 12V 的电压信号,IC 集成电路控制三极管 Tr 和三极管 Tr1 导通,组合继电器里面 UP 继电器线圈接通,UP 继电器线圈的常闭触点打开,常开触点闭合。电动机上端通过 UP 继电器闭合的常开触点连接蓄电池正极,电动机下端通过 DOWN 继电器的常闭的触点连接的蓄电池负极。电流从上到下通过电动机,电动车窗玻璃上升。当驾驶员松开控制开关时,开关 A 点和 UP 点脱开接触,IC 集成电路模块 B 点的信号被切断,IC 集成电路模块通过三极管和组合继电器切断电动机电路,电动车窗玻璃停止上升。

丰田凯美瑞电动车窗玻璃自动上升工作过程如下:当驾驶员稍微用力拉起控制开关时,开关 A 点、开关 UP 点和开关 AUTO 三点接触,给 IC 集成电路 B 点和 AUTO 点提供一个 12V 的电压信号,电动车窗玻璃上升。当驾驶员松开控制开关时,开关 A 点、UP 点和 AUTO 点脱开接触,IC 集成电路模块 B 点和 AUTO 点的信号被切断。但是 AUTO 点提供信号后,IC 集成电路模块会保持三极管 Tr 和三极管 Tr1 导通,电流从上到下通过电动机,电动车窗玻璃保持上升。上升到最高点时,电动机内部的限位开关打开,给 IC 集成电路模块一个信号,IC 集成电路模块切断电动机的电流,电动车窗玻璃停止上升。

丰田凯美瑞电动车窗玻璃手动下降和自动下降工作过程与上升工作过程基本相同。

丰田凯美瑞左前电动车窗玻璃上升过程中如有异物(如手臂)夹在玻璃和车窗之间时,

电动机无法转动,速度传感器没有脉冲信号,这时IC集成电路模块将三极管Tr1截止,三极管Tr2导通控制车窗玻璃向下运动。当异物(如手臂)取出后,同时由于玻璃下降速度传感器又有脉冲信号,IC集成电路模块又继续控制车窗玻璃向上运动。

丰田凯美瑞电动车窗的电动机卡死无法转动时,电动机串联PTC半导体热敏电阻的电流增大、温度升高,导致阻值突然增大,从原来的几欧姆突然上升的10MΩ以上,切断电动机的电流,防止电动机过热烧坏。

桑塔纳2000轿车左前位置(驾驶员位置)电动车窗具有自动下降的功能。其电路如图5-11所示。具体各工作过程如下:

图5-11 桑塔纳2000左前电动车窗控制电路图

桑塔纳2000电动车窗玻璃手动上升工作过程如下:首先接通点火开关,给延时继电器供电,延时继电器的常开触点闭合,接通电动车窗的负极搭铁回路。当驾驶员拉起控制开关时,开关1号端子与3号端子断开,同时1号端子与4号端子接通,这时电动机电流由蓄电池正极→控制开关4号端子→控制开关1号端子→电动机→自动下降继电器的常闭触点→延时继电器的常闭触点→蓄电池负极。电动机电流从电动机的1号端子流入、2号端子流出,使电动车窗玻璃上升。驾驶员手指离开控制开关,控制开关回复到1号端子与3号端子接通的初始状态。切断电动机电流,电动车窗玻璃停止上升。

桑塔纳2000电动车窗玻璃手动下降工作过程如下:当驾驶员按下控制开关时,开关2号端子与5号端子断开,同时2号端子与4号端子接通。这时,控制开关的2号端子给自动下降继电器的6/S1端子提供电源信号(5/S2端子提供电源信号的回路),自动下降继电器内部的线圈通电,使自动下降继电器的常闭触点打开,常开触点闭合。电动机电流由蓄电池正极→自动下降继电器的常开触点→电动机→控制开关1号端子→控制开关3号端子→延时继电器的触点→蓄电池负极。电动机电流从2号端子流入、1号端子流出,使电动车窗玻璃下降。驾驶员手指离开控制开关时,控制开关回复到2号端子与5号端子接通的初始状态。自动下降继电器切断电动机电流,电动车窗玻璃停止下降。

桑塔纳2000电动车窗玻璃自动下降工作过程如下:如果驾驶员按下控制开关时间超过3s后手指离开控制开关,控制开关回复到初始状态。但是自动下降继电器会保持内部的线圈处于通电状态(即延迟切断继电器内部的线圈),保持自动下降继电器的常闭触点打开、常开触点闭合。保持电动机接通,保持电动车窗玻璃下降,直到下降到最低点后,自动下降继电器才切断电动机电流。

桑塔纳2000电动车窗电路的延时关闭功能如下:当驾驶员关闭点火开关后,延时继电器内部电子电路通过6/30端子提供的电源,延时关闭继电器内部的线圈,使延时继电器内部的触点延时打开,保持电动车窗系统电源处于接通状态。这时,驾驶员和乘客都可以控制车窗玻璃升降(乘客部分的电动车窗电路图中没有画出)。实际使用中,桑塔纳2000电动车窗电路的延时关闭功能的主要用途是方便驾驶员锁门时关闭车窗玻璃,而不必再插入点火开关钥匙接通点火开关。

（实训项目7　电动车窗电路连接和故障判断）

1. 每3~5名学生组成1个工作小组,确定1名小组长,接受工作任务,做好工作准备。
2. 阅读工作单,查阅维修手册或实训指导书和桑塔纳2000整车的电路图,按照工单要求画出电动车窗电路。
3. 根据工作单的引导,完成电动车窗系统零部件认识、工作原理描述等学习任务。
4. 按照工作单的引导,在示教板上连接电动车窗电路。
5. 完成工作单要求的电动车窗主要零部件及其控制电路的检测,将检测结果记录在工作单的相应栏目,并对检测结果作出分析。
6. 在示教板上设置车辆电动车窗的故障现象。
7. 按照工作单的引导,根据待修车辆电动车窗的故障现象,讨论故障原因、检测方法和步骤。
8. 确定小组人员工作分工,向实训指导教师汇报讨论结果,经指导教师同意后,开始下一步的工作。
9. 按照工作单的引导,完成电动车窗不工作故障的诊断和检修工作。
10. 回答指导教师的现场提问,接受指导教师的技能考核。
11. 完成工作任务后,对工作过程进行自我评价和小组互评,听取指导教师的点评。
12. 清洁工作场所,清点维护工具设备,完成任务交接。

## 5.2　电动后视镜

汽车后视镜俗称倒车镜,通常分为车外和车内两种。外后视镜布置在汽车左右两侧,其功用主要是让驾驶员观察汽车左右两侧的行人、车辆以及其他障碍物的情况,确保行车或倒车安全。车内后视镜主要供驾驶员观察和注视车内乘员、物品以及车后的情况。

电动外后视镜的作用是方便驾驶员调整后视镜的角度,减小驾驶员工作强度,保证行车安全。

### 5.2.1　电动后视镜的组成及结构

电动后视镜一般由镜片、驱动电机、减速装置、控制电路以及操纵开关等组成。在每个后视镜镜片的背后均有两个直流双向永磁电动机,可操纵其上下及左右运动。通常,垂直方向的倾斜运动由一个电动机控制,水平方向的倾斜运动由一个电动机控制。通过操纵开关改变电动机的电流方向,就可完成对后视镜的上下左右方向的调整,如图 5-11 所示。

5.2.2　电动后视镜的控制电路及工作原理

图 5-12 所示的桑塔纳 2000GSi 电动后视镜控制电路图是一种典型的电动后视镜控制电路图。

桑塔纳 2000GSi 电动后视镜控制电路图主要由蓄电池、点火开关、控制开关和左右后视镜总成组成。电动后视镜开关总成由三组开关组成。一组用于从左右后视镜中选择要调整的后视镜,称为左右后视镜选择开关,简称选择开关、一组控制后视镜上下摆动的开关,称为上下开关;一组控制后视镜左右摆动的开关,称为左右开关。所有开关初始状态都不接通,电动机两端初始状态为开路。工作时,通过开关分别接到蓄电池正负极,改变后视镜摆动方向。下面以调节左侧后视镜垂直方向的倾斜程度为例,介绍工作情况:

左侧后视镜垂直向上摆动的调整过程是:按选择开关选择左侧,三个开关臂联动,同时接到左边,再按下"上/下"按钮的上方向,"上/下"开关中的箭头开关均和"上"接通,此时电流的方向(图 5-13)为:蓄电池→点火开关→开关端子 1→开关端子 2→开关端子 3→开关端子 4→电动机端子 5→电动机端子 6→开关端子 7→开关端子 8→开关端子 9→开关端子 10→开关端子 11→搭铁。左侧后视镜"上/下"电动机运转,后视镜向上倾斜。

图 5-12　电动后视镜组成和操纵开关
1-驱动电机;2-后视镜镜片固定架;3-后视镜开关;
4-左右调整开关

图 5-13　桑塔纳 2000GSi 电动后视镜控制电路图

同理,左侧后视镜垂直向下摆动的过程:按下"上/下"按钮的下方向,改变电动机的电流方向,使后视镜向下倾斜。

如图 5-14 所示,它与桑塔纳 2000GSi 电动后视镜控制电路和工作原理基本相同。不同的有两点:一是它的左右后视镜选择开关是由两个开关联动,两个电动机并联的公用线路(R12-控制开关 6 号端子)没有开关。二是按下"上/下"按钮或"左/右"按钮时,它与公用的一个"上左/下右"按钮开关联动,降低制造成本。

有的电动后视镜还有除霜电路,有的电动后视镜还有一个电动机,用于整个后视镜的伸展和收缩。

图 5-14　丰田威驰电动后视镜控制电路图

## 5.3　中控门锁

为方便驾驶员和乘客开关车门,现代大部分轿车均安装了中央控制门锁系统。中央控制门锁可实现以下功能:

(1) 驾驶员可以用钥匙方式和门锁开关方式,在锁门或解锁一个车门的同时,锁门或解锁其他车门。

(2) 在车内个别车门需锁门或解锁时,可分别拉开各自机械装置的锁扣进行操作。

(3) 配合防盗系统,实现防盗。

(4) 配合遥控系统,实现遥控锁门或解锁。

高档汽车的中央控制门锁还可实现以下功能:

(1) 与电动车窗联动实现用钥匙方式锁门时同时升起关闭所有车窗。

(2) 车门没有关闭或没有关紧时,汽车无法行驶。

(3) 汽车行驶到一定速度自动锁门。

### 5.3.1　中控门锁的组成

中控门锁系统主要由门锁控制开关、钥匙控制开关、门锁总成、门控开关、门锁开关、门锁电动机以及门锁控制器等组成。中控门锁的组成和主要部件位置,如图 5-15 所示。高档轿车还有在点火开关内部设置钥匙未锁警告开关和在车门锁钥匙孔内设置钥匙开锁报警开关。

图 5-15 中控门锁的组成和位置

1-2号接线盒;2-右前门锁控制开关;3-右前门锁电动机及位置开关;4-右前门锁触开关;5-右后门锁电动机及位置开关;
6-行李舱门锁;7-左后门锁电动机及位置开关;8-左前车门钥匙开关;9-左前门锁电动机及开关;10-左前门锁控制开关;
11-1号接线盒;12-门锁ECU及门锁继电器

### 1. 门锁控制开关

门锁控制开关装在驾驶员前门内侧的扶手上,通过门锁控制开关可以同时锁门和解锁所有的车门。驾驶员侧车门内的扶手上还有门锁按钮和开门手柄,而乘客侧车门内的扶手上只有门锁按钮和开门手柄,如图5-16所示。

### 2. 钥匙操纵开关

钥匙操纵开关(图5-17)装在前门的门锁上,当从外面用钥匙锁门或解锁时,钥匙操纵开关便发出锁门或解锁的信号给门锁控制ECU或门锁控制继电器,进行锁门和解锁操作。

图 5-16 门锁控制开关
1-门锁按钮;2-开门手柄;3-锁门开关

图 5-17 钥匙操纵开关
1-钥匙操纵的开关;2-门锁电动机

### 3. 门锁总成

门锁总成如图5-18所示,主要由门锁传动机构、门锁位置开关、钥匙控制开关、门锁电

图 5-18 门锁机构示意图
1-连接杆;2-门键筒体;3-键(钥匙);4-门锁开关;
5-锁杆;6-门锁总成;7-门锁电动机;8-位置开关;
9-门锁按钮(车厢内)

动机和门锁壳体等组成(也有的门锁总成不包含钥匙控制开关、门锁电动机)。

门锁传动机构由电动机、蜗轮蜗杆减速器等组成,如图 5-19 所示。当门锁电机转动时,蜗杆带动蜗轮转动,蜗轮推动锁杆,车门被锁门和解锁,同时推动门锁位置开关闭合和打开,然后蜗轮在复位弹簧的作用下返回原位置,以防止操纵门锁按钮时电动机工作。

**4. 门锁位置开关**

门锁位置开关位于门锁总成内,用于检测车门的锁死情况。它由一个触点片和一个开关底座组成。当车门锁死时,门锁位置开关断开;车门没有锁死时,门锁位置开关接通。通过门锁位置开关,通断给门锁控制器车门的锁死情况的信号。

图 5-19 门锁传动机构
1-位置开关;2-锁杆;3-蜗轮;4-复位弹簧;5-蜗杆;6-门锁电动机

**5. 门控开关**

门控开关用来检测车门的开闭情况。车门打开时,门控开关接通;车门关闭时,门控开关断开。门控开关的作用是:

(1)门控开关连接至仪表,用于控制仪表板上车门没有关闭警告灯的亮暗信号。

(2)门控开关还可给门锁控制器和门锁遥控接收器发送车门开/关的信号。

(3)门控开关控制车门上迎宾灯的亮暗。有的高档轿车用遥控器锁门时,如果有一扇车门没有关或没有关紧。门锁遥控接收器会发出信号,警告遥控器。有的高档轿车还具有车门没有关紧时,轿车无法高速行驶的功能。

**6. 执行元件**

执行元件一般为电动机或电磁阀。电磁阀工作噪声大且频繁地开关振动,易使其在车门内部支架上变松甚至脱落,而不能工作。为降低噪声、提高可靠性,现代轿车一般采用电动机作为执行器。电动机基本为直流永磁双向电动机。

### 5.3.2 门锁控制器及中控门锁的工作原理

门锁控制器的形式较多,常见的有继电器式、集成电路(IC)—继电器式、电脑(ECU)控制式。

**1. 继电器控制的中控门锁控制系统**

采用门锁继电器和电磁阀的中控门锁控制电路,如图5-20所示。

图 5-20 门锁继电器和电磁阀的中控门锁控制电路

当用钥匙转动锁芯时,若门锁开关中的开启触点闭合,则电流经过蓄电池的正极、熔断器、开锁继电器线圈、门锁开关、搭铁,开锁继电器开关闭合,门锁解锁电磁阀通电,四个车门同时解锁。若门锁开关中的锁止触点闭合,则锁止继电器通电使其开关闭合,四个车门同时锁住。车速开关可以在高速时,通过控制三极管导通实现自动闭锁。

**2. 集成电路(IC)—继电器控制的中控门锁系统**

图 5-21 为集成电路(IC)—继电器控制的中控门锁系统电路。

图 5-21 集成电路(IC)—继电器控制的中控门锁电路

门锁控制继电器由一块集成电路(IC)和两个继电器组成,IC 电路可以根据各种开关发出的信号来控制两个继电器的工作。此电路中的 D 和 P 代表驾驶员侧和副驾驶员侧。初始状态下左右门锁电动机两端通过 A 点和 B 点搭铁,可以使用左右钥匙开关和门锁控制开关进行锁门和开门。

当用门锁控制开关锁门时,门锁控制开关被推向锁门(L)一侧,门锁继电器的端子 10 通过门锁控制开关搭铁,给门锁控制继电器锁门的信号。门锁控制继电器将三极管 Tr1 导通,电流流至 1 号继电器线圈,1 号继电器常闭触点打开,常开触点闭合。使 A 点由原来的搭铁变成接电源正极,电流经过 A 点流至门锁电动机,经过 B 点搭铁,所有车门均被锁住。门锁电动机转动的同时,还将电动机内部的门锁位置开关打开,给 IC 集成电路车门锁紧的信号。IC 集成电路使三极管 Tr1 截止,切断 1 号继电器线圈,切断电动机电流,完成锁门动作。同时,电动机在弹簧力作用下复位。

用门锁控制开关解锁时,门锁控制开关被推向解锁(UL)一侧,门锁控制继电器的端子 11 通过门锁控制开关搭铁,三极管 Tr2 导通,电流流至 2 号继电器线圈,2 号继电器常闭触点打开,常开触点闭合。使 B 点由原来的搭铁,变成接电源正极,电流经过 B 点流至门锁电动机,经过 A 点搭铁,所有车门均被解锁。门锁电动机转动的同时,还将电动机内部的门锁位置开关闭合,给 IC 集成电路车门打开的已经解锁的信号。IC 集成电路使三极管 Tr2 截止,切断 2 号继电器线圈,切断电动机电流,完成解锁动作。同时,电动机在弹簧力作用下复位。

用钥匙操纵开关锁门和开锁的工作原理与用门锁控制开关工作过程完全相同。但用钥匙操纵开关锁门时,IC 集成电路还会使 Tr3 和 Tr4 导通,由 IC 集成电路的 15 端子接通电源主继电器线圈,使其触点闭合,给电动车窗电路供电。这时,驾驶员可以不将钥匙插入点火开关,直接操纵车门上的电动车窗控制开关,将车窗玻璃升起关闭。

3. 电脑控制的中控门锁系统

图 5-22 为 ECU 控制的防盗和中控门锁电路。由于使用了 ECU 控制,这种中控门锁系统可以实现一些较为复杂的功能。

(1)用钥匙锁门和开锁。

①锁门:当把钥匙插入驾驶员侧或副驾驶员侧门锁的锁芯并向锁门方向转动时,钥匙控制开关将锁门侧(L)接通,则 ECU 端子 13 和搭铁相通,相当于开关向 ECU 输入锁门信号。此信号经过反相器 C、或门 A、锁门定时器,使晶体管 VT1 导通,继电器 NO.1 通电。电流通过继电器线圈的电路为:蓄电池→易熔线→断路器→ECU 的 25 号端子→继电器 NO.1 的电磁线圈→晶体管→VT1→搭铁。

继电器 NO.1 通电使其触点闭合,接通了门锁电动机电路。电流通路为:蓄电池→易熔线→断路器→ECU 的 8 号端子→继电器 NO.1 接通的触点→ECU 的 5 号端子→门锁电动机→ECU 的 3 号端子→继电器 NO.2 搭铁触点→搭铁→蓄电池负极。

②开锁:当把钥匙插入驾驶员侧或副驾驶员侧门锁的锁芯并向开锁方向转动时,钥匙控制开关将开门侧(UL)接通,则 ECU 端子 9 号端子与搭铁之间相通,相当于开关向 ECU 输入一个开锁请求信号。此信号经过反相器 D、或门 B、开锁定时器,使晶体管 VT2 导通,则继电器 NO.2 电磁线圈通电,触点闭合,接通了门锁电动机电路。电流通路为:蓄电池→易熔线→断路器→ECU 的 8 号端子→继电器 NO.2 接通的触点→ECU 的 3 号端子→门锁电动

图 5-22 电脑控制的中控门锁控制电路

1-蓄电池;2-易熔线(ALT);3-易熔线(MAIN);4-易熔线(AMI);5-断路器;6-DOME 保险;7-点火开关;8-CIG(点烟器);9-ECU-LG 保险;10-左前门锁开关;11-右前门锁开关;12-左前位置开关;13-右前位置开关;14-钥匙开锁报警开关;15-门锁控制开关(双投);16-左前钥匙控制开关;17-右前钥匙控制开关;18-行李舱门开启器开关;19-主开关;20-防盗和门锁控制 ECU;21-左前门锁电动机;22-右前门锁电动机;23-左后门锁电动机;24-右后门锁电动机;25-行李舱门开启器电磁阀

机→ECU 的 5 号端子→继电器 NO.1 搭铁触点→搭铁→蓄电池负极。

(2)用门锁控制开关锁门和开锁。

①锁门:将驾驶员侧或副驾驶员侧门锁控制开关推向锁门(L)位置时,防盗和门锁 ECU 的 16 号端子与搭铁接通,即开关向 ECU 输入一个锁门请求信号。此信号经过反相器 A、或门 A、锁门定时器,使晶体管 VT1 导通,则继电器 NO.1 电磁线圈通电,电流通路为:蓄电池→易熔线→断路器→ECU 的 25 号端子→继电器 NO.1 的电磁线圈→晶体管→VT1→搭铁。

继电器触点闭合,接通门锁电动机电路。电流通路为:蓄电池→易熔线→断路器→ECU 的 8 号端子→继电器 NO.1 接通的触点→ECU 的 5 号端子→门锁电动机→ECU 的 3 号端子→继电器 NO.2 搭铁触点→搭铁→蓄电池负极。门锁电动机转动,将四个门锁全部锁上。

②开锁:当将驾驶员侧或副驾驶员侧门锁控制开关推向开锁(UL)位置时,防盗和门锁电脑的 17 号端子与搭铁接通,相当于向 ECU 输入一个开锁请求信号。此信号经过反相器 B、或门 A、开锁定时器,使晶体管 VT2 导通,则继电器 NO.2 电磁线圈通电,电流通过继电器线圈的电路为:蓄电池→易熔线→断路器→ECU 的 25 号端子→继电器 NO.2→晶体管 VT2→搭铁。

继电器 NO.2 触点闭合,接通门锁电动机电路。电流通路为:蓄电池→易熔线→断路器

→ECU 的 8 号端子→继电器 NO.2 接通的触点→ECU 的 3 号端子→门锁电动机→ECU 的 5 号端子→继电器 NO.1 搭铁触点→搭铁→蓄电池负极。

(3) 行李舱门锁的控制。

当主开关和行李舱门锁开关接通时,防盗门锁电脑的 18 号端子与搭铁接通,即向电脑输入一个行李舱开锁请求信号。此信号经过反相器 F 和行李舱开锁定时器,使晶体管 VT3 导通,则继电器 NO.3 电磁线圈通电。电流通过继电器线圈的电路为:蓄电池→易熔线→断路器→ECU 的 25 号端子→继电器 NO.3→晶体管 VT3→搭铁。

继电器 NO.3 线圈通电使其触点闭合,接通行李舱门锁电磁线圈的电路。电流通路为:蓄电池→易熔线→断路器→ECU 的 8 号端子→继电器 NO.3 接通的触点→ECU 的 5 号端子→行李舱门锁电磁线圈→搭铁→蓄电池负极,从而使行李舱门锁打开。

(4) 防止点火钥匙锁入车内。

若驾驶员未从点火开关中拔出点火钥匙便打开前车门,准备离开,由于前车门打开而点火开关未拔出,门锁开关和钥匙警告开关均保持接通状态,并将信号送给电脑的防止钥匙遗忘电路。此时,当按下门锁按钮(或门锁控制开关)锁门时,门立即被锁上,但位置开关(或门锁控制开关)经电脑的 10 号(或 16 号)端子,将一信号送给防止钥匙遗忘电路,再经反向器 D、或门 B、开锁定时器到晶体管 VT2,晶体管 VT2 导通,继电器 NO.2 电磁线圈通电,因而使所有门锁打开。

## 5.4 电动座椅

为向驾驶员和乘员提供便于操作、舒适而安全的驾驶位置,现在所有轿车都安装有座椅调节装置。座椅调节装置按调节方式的不同,分为手动调节式和动力调节式;按动力源的不同,分为真空式、液压式和电动式;按座椅电机的数目和调节方向数目的不同,分为两向、四向、六向、八向和多向可调等,如图 5-23 所示。

图 5-23 电动座椅功能

①-头枕上下和角度调节;②-靠背角度调节;③-靠背躺下开关;④-座椅上下位置调节;⑤-座椅前后位置调节;⑥-腰部调节

### 5.4.1 普通电动座椅的基本组成

电动座椅一般由双向电动机、传动装置和控制电路等组成,如图 5-24 所示。双向电动机产生动力,传动装置可以将动力传至座椅,通过控制开关实现座椅不同位置的调节。

图 5-24 电动座椅结构示意图

1-头枕;2-侧面支撑气垫;3-腰部支撑气垫;4-后仰装置;5-座椅调节开关;6-升降电动机总成;7-滑移电动机和杆件总成;8-大腿支撑;9-气泵;10-座椅开关

电动机一般为直流永磁式双向电动机,通过控制开关来改变流经电动机内部的电流方向,从而实现转动方向的改变。

传动装置主要包括变速器、联轴器、软轴以及齿轮传动机构等。变速器的作用是降速增矩。电动机分别与不同的软轴相连,软轴再与变速器的输入轴相连,动力经过变速器降速增矩后,从变速器的输出轴输出,变速器的输出轴与蜗杆轴或齿轮轴相连,最终蜗轮蜗杆或齿轮、齿条带动座椅支架产生位移。

### 5.4.2 普通电动座椅的控制电路

普通电动座椅的控制电路,如图 5-25 所示,该电动座椅包括滑动电机、前垂直电机、倾斜电机和后垂直电机,可以实现座椅的前后移动、前部高度调节、靠背倾斜程度调节以及后部高度调节。下面以座椅靠背的倾斜调节为例,介绍电路的控制过程。

当电动座椅的开关处于倾斜位置时,如果要调整靠背向前倾斜,则闭合倾斜电动机的前进方向开关,即端子 4 置于左位,此时的电流通路为:蓄电池正极→FLALT→FLAM1→DOOR CB→端子 14→(倾斜开关"向前")→端子 4→1(2)端子→倾斜电动机→2(1)端子→端子 3→端子 13→搭铁,倾斜电动机转动,使座椅靠背前移。

当端子 3 置于右位时,倾斜电动机反转,座椅靠背后移。此时的电流通路为:蓄电池正极→PLALT→FLAM1→DOOR CB→端子 14→(倾斜开关"向后")→端子 3→2(1)端子→倾斜电动机→1(2)端子→端子 4→端子 13→搭铁。

图 5-25 电动座椅控制电路

**课堂讨论**

1. 说明电动车窗电路的组成和电路特点。
2. 描述电动车窗电路的自动功能、防卡功能的原理。
3. 说明各种类型电动车窗的结构和电路的优缺点。
4. 电脑控制的中控门锁系统能实现哪些功能?
5. 分析说明电动座椅控制电路的工作原理。

**相关技能**

## 5.5 汽车电动装置的检修

### 5.5.1 电动车窗的维护和故障诊断

电动车窗的维护主要是机械装置维护,润滑是维护的主要工作。但是由于机械装置位于车门内部,需要把内饰板取下。固定内饰板的螺钉隐蔽在车门把手的凹部内侧,使用齿轮、钢索的升降装置,以摇臂支点和滑块部分为加油中心。内盖下面盖有防水用塑料膜,修理后应将其恢复原状,以防止雨水进入,损坏电动机等。

风窗玻璃的污损不仅影响外观,还会影响视野,过分脏污更影响到电动开关车窗的动作。为防止雨水流入车内,窗框上端附有橡胶带,这也是与玻璃经常接触的地方。玻璃污损后与橡胶带的摩擦增大,升降也会受到影响,因此玻璃须经常保持干净。

电动车窗常见故障主要有:某个车窗只能向一个方向运动、某个车窗两个方向都不能运动、所有车窗均不能升降或偶尔不升降以及两个后车窗分开关不起作用。其故障原因和诊断思路,见表5-1。

电动车窗常见故障故障原因和诊断　　　　　　表5-1

| 常见故障 | 故障原因 | 诊断思路 |
| --- | --- | --- |
| 某个车窗只能向一个方向运动 | 分开关故障或分开关至主开关断路 | 检查分开关导通情况与分开关至主开关控制导线导通情况 |
| 某个车窗两个方向都不能运动 | 传动机构卡住<br>车窗电动机损坏<br>分开关至电动机断路 | 检查传动机构是否卡住<br>测试电动机工作情况<br>检查分开关至电机电路导通情况 |
| 所有车窗均不能升降或偶尔不升降 | 熔断丝被烧断<br>搭铁不牢 | 检查熔断丝<br>检查、清洁、紧固搭铁点 |
| 两个后车窗分开关不起作用 | 总开关故障 | 检查总开关导通情况 |

### 5.5.2　电动后视镜的检修

电动后视镜常见的故障有:两侧电动后视镜均不能工作、一侧电动后视镜不能动、一侧电动后视镜上下方向不能动、一侧电动后视镜左右方向不能动。检查时,应首先检查熔断丝、电路连接和搭铁情况是否良好,再检查开关和电动机是否良好。其故障原因和排除方法,见表5-2。

电动后视镜故障诊断表　　　　　　表5-2

| 故障现象 | 故障原因 | 故障排除方法 |
| --- | --- | --- |
| 两侧电动后视镜均不能工作 | 熔断丝熔断<br>搭铁不良<br>后视镜开关损坏<br>后视镜电动机损坏 | 检查确认熔断丝后更换<br>修理<br>更换<br>更换 |
| 一侧电动后视镜上下左右不能动 | 后视镜开关损坏<br>电动机损坏<br>搭铁不良 | 更换<br>更换<br>修理 |
| 一侧电动后视镜上下方向不能动 | 上下调整电动机损坏<br>搭铁不良 | 更换<br>修理 |
| 一侧电动后视镜左右方向不能动 | 左右调整电动机损坏<br>搭铁不良 | 更换<br>修理 |

### 5.5.3　中控门锁的检修

各个车型的中控门锁电路区别较大,因此在检修时要结合具体的维修手册进行,但检修的方法和检修的部位基本相似。现以图5-26所示的丰田威驰轿车中控门锁系统电路图为例,说明检修过程。

(1)门锁控制开关的检查。拆下主开关,结合表5-3检查门锁控制开关各端子的导通性,如不符合标准,应更换门锁控制开关。

图 5-26 威驰轿车中控门锁电路

(2)左前门门锁总成的检查。用蓄电池的正负极直接连接端子 5 和端子 1,检查门锁电动机的工作情况,如果与标准不符,说明电动机或其电路有故障,见表 5-4。

门锁控制开关的测量标准　　　　　　表 5-3

| 端　子　号 | 开关位置 | 标准状态 |
| --- | --- | --- |
| 1－5 | LOCK | 导通 |
| — | OFF | 不导通 |
| 1－8 | UNLOCK | 导通 |

左前门锁总成的测量标准　　　　　　　　　　　表 5-4

| 测 量 条 件 | 标准状态 |
|---|---|
| 蓄电池"+"接端子 5<br>蓄电池"-"接端子 1 | 上锁 |
| 蓄电池"+"接端子 1<br>蓄电池"-"接端子 5 | 开锁 |

**拓展知识与技能**

## 5.6 遥控门锁系统

遥控门锁控制系统也叫无钥匙进入系统(Remote keyless Entry)。它为驾驶员提供了一个打开门锁的方便手段,如进行远距离遥控操作,夜间或黑暗中开、锁门。同时,此系统还可以提供除中央控制门锁功能以外的其他相关功能,如行李舱、灯光和喇叭控制等功能。遥控门锁系统能将正常开启和非法侵入的操作途径予以区分,合法使用者可通过射频遥控进行操作,享受它的便捷和舒适;而非法侵入者却只能面对坚固的机构束手无策。

### 5.6.1 遥控门锁的基本原理

遥控门锁的基本原理,如图 5-27 所示,遥控器发出微弱电波,由车辆天线接收,接收机 ECU 识别代码,使上锁、解锁的执行元件工作,完成上锁或解锁的操作。

图 5-27 遥控锁基本工作原理简图

### 5.6.2 遥控器

遥控门锁的遥控器有一体式和分体式两种。一体式遥控器,如图 5-28 所示。遥控器与车钥匙制成一体,在键板上与送信电路组成一体。从识别代码存储回路到 FSK 调制回路,采用了单芯片集成电路而使体积小型化,在电路板的相反一侧装有一般市场上出售的钮形 3V 锂电池(其使用寿命一般为 2 年)。

使用时,应注意发射开关每按 1 次,就进行发送,在接收机一侧就接收一次上锁或解锁指令。

分体式遥控器,如图5-29所示。它将信号送给位于仪表板上的遥控车门锁接收器,经其判断后,再将该信号送入车身控制模块(BCM)。其操作范围是1~9m。它具有闭锁、开锁、打开行李舱的功能,有些还有使喇叭鸣响、车内灯启亮、车辆前照灯启亮的功能。

图5-28　一体式遥控器　　　　　图5-29　分体式遥控器
1-集成电路;2-水晶振子;3-键板(天线);4-发射开关

## 5.7　防盗报警系统

### 5.7.1　防盗报警系统概述

汽车防盗报警系统是指防止汽车本身或车上的物品被盗所设的系统。按照其结构和工作原理可以分成机械式、芯片式、电子式和网络式。机械式主要有转向盘锁、变速器换挡手柄锁、车轮锁等。芯片式是钥匙或遥控器带有芯片,没有钥匙或遥控器无法起动车辆。电子防盗就是直接利用微波/红外线发射密码的一种汽车防盗方式,电子式防盗器有如下四大功能:

(1) 防盗报警功能。这个功能是指在车主遥控锁门后,报警器即进入警戒状态,此时如有人撬门或用钥匙开门,会立即引发防盗器鸣叫报警,吓阻窃贼行窃,这也是电子防盗器最大的优点和争议之处,因为它发出的"哇、哇"声在震慑盗贼的同时,也存在着扰民的弊端。

(2) 车门未关安全提示功能。行车前车门未关妥,警示灯会连续闪烁数秒。汽车熄火遥控锁门后,若车门未关妥,车灯会不停闪烁,喇叭鸣叫,直至车门关好为止。

(3) 寻车功能。车主用遥控器寻车时,喇叭断续鸣叫,同时伴有车灯闪烁提示。

(4) 遥控中央门锁。当遥控器发射正确信号时,中央门锁自动开锁或上锁。电子遥控防盗装置的遥控器、电子钥匙都有相对应的密码。遥控器发射部分采用微波/红外线系统。利用手持遥控器将密码信号发向停车位置,门锁系统接收后开锁,驾驶员进车后再将电子钥匙插入点火开关钥匙孔内,电子钥匙将内置密码发至控制电路中的接收线圈,产生电感耦合使电路和油路起动,使汽车得以运行。电子防盗装置的两个最大卖点就在于它的密码解锁和报警声,其中密码解锁根据密码发射方式的不同分为定码式和跳码式两种。定码式防盗器的特点是密码量少。工作原理主要是利用密码扫描器或解截码器,通过它们接收到的空间无线电信号截取主机密码,从而通过比较辨别解除防盗系统。

网络式主要由 GPS 和车载网络。车载网络主要是城市出租车上使用。GPS 的工作原理是利用接收卫星发射信号与地面监控设备和 GPS 信号接收机组成全球定位系统,卫星连续不断发送动态目标的三维位置、速度和时间信息。保证车辆在地球上的任何地点、任何时刻都至少能收到卫星发出的信号。GPS 防盗系统主要是靠锁定点火或起动来达到防盗的目的,同时还可通过 GPS 卫星定位系统,将报警车辆所在位置无声地传送到报警中心。因此,只要每辆移动车辆上安装的 GPS 车载机能正常的工作,再配上相应的信号传输链路(如 GSM 移动通信网络和电子地图),建一个专门接收和处理各个移动目标发出的报警和位置信号的监控室,就可形成一个卫星定位的移动目标监控系统。GPS 卫星定位汽车防盗系统有如下五大功能:

(1)定位功能。监控中心在全国范围内可随时监控某辆车的运营状况,可以 24h 不间断地检测目标车辆当前的运行位置、行驶速度和前行方向等数据。

(2)通信功能。GPS 适应信息时代的需求,在行车中可以为车主提供 GSM 网络上的全国漫游服务。车主可以随时随地与外界和服务中心保持联络。在实际使用过程中,对劫车者也具有震慑作用。另外,它的话费优惠和免提功能也更方便更舒心。

(3)监控功能。如果万一不幸遇上劫匪,可以通过 GPS 系统配备的脚踏/手动报警、防盗报警等报警设施与监控中心联系。

(4)停驶功能。假若爱车不幸丢失,可通过监控中心对它实行"远程控制"。监控中心在对失主所提供的信息和警情核实无误后,可以遥控该车辆,对其实行断油断电,再配合附近警方将困在车里的窃贼绳之以法。

(5)调度功能。在车辆日渐增多的大城市遇上塞车时,监控服务中心可以将当前的道路堵塞和交通信息进行广播,发布中文调度指令,提高客货运效率。

由于 GPS 卫星定位汽车防盗系统具有上述优点,现在运输企业广泛使用,并正在成为小轿车的标准配置。

不同厂家、不同车型和不同的生产年份的汽车,其防盗报警系统有所不同,下面主要叙述近十年广泛使用的两种汽车防盗报警系统。

### 5.7.2 丰田花冠轿车 TVSS 电子防盗报警系统

丰田花冠轿车 TVSS 电子防盗报警系统,如图 5-30 所示。TVSS 是"丰田车辆防盗系统"的英文缩写,其功能是:防止非法进入、恐吓,切断起动机来阻止发动机正常起动,另外此系统还涵盖了无线遥控门锁的功能。

丰田花冠轿车 TVSS 电子防盗报警系统由防盗/遥控 ECU(又称 TVSS – ECU)、发射器、门锁机构、防盗/报警触发开关、防盗喇叭、内置天线、防盗继电器等组成。防盗/报警触发开关主要有四个门的门控开关、行李舱开关和发动机舱盖开关组成。

系统运行:每一个发射器都有一个 ID 识别代码,当发射器发射出无线电信号时,内置天线的 TVSS – ECU 通过天线接收到此信号后,与已经注册过的钥匙代码相比较,比较结果如果是注册过的合法钥匙,TVSS – ECU 将发出指令给门锁控制 ECU,进行相应的动作。按下发射器上的"LOCK"按键,车辆进入设防状态。当有人非法闯入车辆,防盗电脑通过门控开关,振动传感器等监测到异常,防盗系统执行以下操作:

图 5-30　丰田花冠轿车 TVSS 电子防盗报警系统

（1）TVSS-ECU 通过将内部端子 VLT 和端子 GND 导通，接通防盗继电器线圈，防盗继电器的常闭触点分开，切断起动机的控制电路，起动机无法起动。

（2）TVSS-ECU 通过将内部端子 SLIN 给防盗报警器喇叭供电，防盗喇叭报警。同时，将内部端子 HAZ 和端子 GND 导通，给转向灯闪光器一个搭铁的低电压信号。转向灯闪光器车上所有转向灯闪烁进行报警。

（3）同时，TVSS-ECU 通过将内部端子 L1 和端子 GND 导通，给门锁继电器一个锁门信号，将门锁设定在锁止状态（该电路图中没有画出）。

报警起动后，可以通过钥匙插入门锁转动，端子 UL1 搭铁，给 TVSS-ECU 一个信号，使 TVSS-ECU 停止报警。同时，给门锁继电器一个解锁信号，车门解锁。也可以接通点火开关给 TVSS-ECU 端子 IG 一个信号，TVSS-ECU 停止报警。

门控遥控器识别码登记。如果汽车使用中更换了门控遥控器、丢失了一个遥控器、更换 TVSS ECU 和更换发动机 ECU，就需要登记识别码。登记门控遥控器识别码操作步骤如下：

①在汽车处于非警戒状态时，进行以下工作。

A. 打开驾驶员侧车门，把钥匙插入点火开关钥匙孔。

B. 在 10s 内把点火开关从 ON 位置转到 OFF 位置 5 次。

C. 使安全指示器 LED 灯亮（转到第五次时安全指示器 LED 灯亮）。

②安全指示器 LED 灯亮时，于 16s 内按压任意遥控器的开关一次，这样会使 LED 灯熄灭。再次按压同样的开关一次会使 LED 灯闪烁一次，然后保持常亮，遥控器识别码的登记就完成了。

③为了登记其他的遥控器（识别码），在先前的登记工作完成后 16s 内重复步骤②。

**注意**：一次能登记 4 个识别码。如果试图登记 5 个遥控器（识别码），最早登记在 **TVSSECU** 中的识别码将被清除。

④当任何一扇车门关上,点火开关转到 ON 位置或者遥控在登记后的 16s 内没有信号发出,则 LED 灯全熄灭,识别码的登记就结束了。

**注意**:识别码的登记即将结束时,点火开关转到 ON 位置。16s 内不要按压遥控器任何按键。

### 5.7.3 桑塔纳 2000GSi 型轿车(时代超人)芯片式防盗系统

桑塔纳 2000GSi 型轿车(时代超人)电子防盗系统,如图 5-31 所示。该系统是一种在点火开关接通后开始工作的防盗控制系统。该系统主要由脉冲转发器、识读线圈、防盗系统 ECU、有可变代码功能的发动机 ECU 和防盗报警灯等零部件组成。

脉冲转发器安装在汽车钥匙手柄内。内部没有供给 IC 集成电路工作的电源。该器件在汽车出厂时,防盗器 ECU 给车钥匙配备好该车的防盗识别代码,故每辆汽车的防盗控制代码是不同的。当用车钥匙打开点火开关时,来自于防盗器 ECU 的电源能量通过识读线圈,以感应方式传递给脉冲转发器。被激励的脉冲转发器立即发射出该车钥匙的识别代码,再通过识读线圈返回到防盗 ECU。防盗 ECU 判别该钥匙是否为该车的合法钥匙,如合法,将汽车点火和供油系统接通,否则不予接通。较早的防盗系统还可发出盗劫报警声光信号,有效防止汽车被盗。汽车钥匙丢失重配或增配汽车钥匙,都必须与防盗器 ECU 的识别代码进行匹配处理。

图 5-31 桑塔纳 2000GSi 型轿车(时代超人)电子防盗系统
1-汽车钥匙;2-脉冲发生器;3-点火开关;4-识读线圈;5-防盗 ECU;6-发动机 ECU

识读线圈起能源传递和防盗识别代码的转发作用。当用汽车钥匙打开车门时,它把防盗器 ECU 电源能量传送到汽车钥匙内的脉冲转发器,然后把汽车钥匙的识别代码传送回防盗器 ECU。识读线圈一般安装在点火开关外面。

防盗系统 ECU 安装在转向柱左边的中央线路板上方,它能通过识读线圈向汽车钥匙的脉冲转发器供给能量,同时接收车钥匙发回的防盗识别代码。如钥匙识别代码与防盗器 ECU 存储的代码一致,则汽车钥匙起动发动机后,汽车发动机正常运转。否则,在 2s 内断开发动机油路和电路,令发动机熄火。

发动机 ECU 具有可变代码功能。发动机 ECU 修理更换后,防盗系统 ECU 内的原车钥匙识别代码不会更改,车钥匙和防盗器 ECU 不用再匹配。但防盗器 ECU 必须与更换的发动机 ECU 进行匹配,才能互相识别,否则,发动机不能起动。发动机 ECU 一般安装在位于驾驶员腿部上方的地方。

防盗报警灯起到警示插入点火开关内的车钥匙是否为该车合法汽车钥匙的作用。若使用合法的本车钥匙打开汽车油路和电路,则仪表板上的防盗报警灯点亮 3s 内自动熄灭。否则防盗报警灯会不停闪烁,有的车还会向外发出声光报警。

## 5.8 汽车自动座椅

自动座椅是带存储功能的电动座椅,它是人体工程与电子技术相结合的产物,它能自动适应不同体型的乘员乘坐舒适性的要求。

自动座椅的调整装置除能改变座椅的前后、高低、靠背倾斜以及头枕等的位置外,还能存储座椅位置的若干个数据(或信息),只要乘员一按按钮,就能自动调出座椅的各个位置。

自动座椅的基本结构及驱动方式与普通电动座椅相似,不同之处是附加了一套电子控制系统。电子控制系统有两套控制装置,一套是手动的,它包括电动座椅开关、腰垫开关、腰垫电机以及一组座椅位置调整电动机等,各人根据其需要,通过相应的座椅开关和腰垫开关来调整,此套控制方式与普通电动座椅完全相同。另一套是自动的,它包括一组位置传感器、储存和复位开关、ECU以及与手动系统共用的一组座椅位置调整电动机,各零部件结构位置如图5-32所示,各零部件功能如表5-5所示。

图5-32 自动座椅基本组成和安装位置示意图

1-头枕电动机;2-倾斜电动机;3-自动座椅开关;4-滑动电动机;5*-后垂直电动机;6*-前垂直电动机;7*-滑动电动机;8-自动座椅ECU;9-位置传感器(滑动);10-位置传感器(前垂直);11-自动座椅开关;12-腰垫开关;13-位置传感器(后垂直);14*-倾斜电动机和位置传感器;15*-头枕电动机;16-位置传感器(头枕);17-腰垫电动机

注:*根据存储和复位功能动作。

**自动座椅各零部件功能表**　　　　　　　　　　　　　　　　　　　　表5-5

| 装置名称 | 功　能 |
| --- | --- |
| ECU | 座椅ECU控制自动座椅的电流通断、存储执行和复位动作。当收到来自自动座椅开关的输入信号后,在ECU内部的断电器动作,控制自动座椅运动。座椅的存储和复位由电驱动的倾斜和伸缩ECU和座椅ECU之间的相互联系进行控制 |

续上表

| 装置名称 | 功  能 |
|---|---|
| 自动座椅开关 | 该开关接通时向ECU输入滑动、前垂直、后垂直、倾斜或头枕位置信号 |
| 位置储存和复位开关 | 通过倾斜和伸缩ECU将记忆和复位输送给座椅ECU |
| 腰垫开关 | 该开关接受来自DOOR CB的电源,直接控制腰垫电动机的转向和电流的接通与关断。该开关不接至ECU,而且调整位置不能储存在复位用的存储器中 |
| 位置传感器 | 该传感器将每个电动机(滑动、前垂直、后垂直、倾斜和头枕)位置信号送至ECU,用作存储和复位 |
| 电动机 | 这些电动机由来自自动座椅ECU或腰垫开关的电流驱动,用来直接驱动座椅的各部分。每个电动机具有内设电路断路器 |

此套装置可以根据位置传感器的信号将座椅位置储存起来,以备下次恢复座椅位置时使用。驾驶员可以根据不同需要,通过操纵储存与复位开关选择两套装置中的一套来使用。

自动座椅的控制电路如图5-33所示,其动作方式有座椅前后滑动调节、座椅前部的上下调节、座椅后部的上下调节、靠背的倾斜调节、头枕的上下调节以及腰垫的前后调节等。其中腰垫的前后调节是通过腰垫开关和腰垫电动机直接控制的,并无存储功能。驾驶员通过操纵电动座椅开关可以控制其余的五种调整。当座椅位置调好后,按下储存和复位开关,电控装置就把各位置传感器的信号储存起来,以备下次恢复座椅位置时再用。当下次使用时,只要一按位置储存和复位开关,ECU便驱动座椅电动机,将座椅调整到原来位置。

图5-33　自动座椅控制电路

## 5.9 风窗刮水器与洗涤装置

风窗刮水器的作用是用来清除风窗玻璃上的雨水、雪或尘土,以保证驾驶员良好的能见度。

### 5.9.1 风窗刮水器的组成和工作原理

风窗刮水器有前风窗刮水器和后风窗刮水器之分。按驱动装置不同,刮水器有真空式、气动式和电动式三种。目前,车辆上广泛使用的是电动刮水器。

电动刮水器主要由直流电动机、蜗轮蜗杆减速器、曲柄摇杆机构(曲柄、连杆、摆杆和机架)、刮水器臂、刮水片架和刮水片等组成,如图5-34所示。

通常,电动机和蜗轮箱结合成一体组成刮水器电动机总成,曲柄、曲柄摇杆机构将蜗轮的旋转运动转变为摆臂的往复摆动,使摆臂上的刮水片实现刮水动作。

### 5.9.2 刮水电动机的结构

刮水电动机有绕线式和永磁式两种。永磁式刮水电动机体积小、重量轻、结构简单、使用广泛。

永磁式刮水电动机主要由外壳、永久磁铁、电枢、电刷安装板、复位开关(铜环和触点)、蜗杆以及蜗轮等组成,如图5-35所示。

图5-34 刮水器的组成
1-摇杆;2-连杆;3-曲柄;4-蜗轮蜗杆减速器;
5-电动机;6-刮水器臂;7-刮水片架;8-刮水片

图5-35 永磁式刮水电动机的结构
1-电枢;2-永久磁铁;3-触点;4-蜗轮;5-铜环;6-电刷

电动机电枢通电即开始转动,以蜗杆驱动蜗轮,蜗轮带动曲柄旋转,曲柄通过连杆带动刮水片左右摆动。

### 5.9.3 刮水电动机的变速原理

为满足实际使用的要求,刮水电动机有低速、高速和间歇三个挡位且在任意时刻关闭刮水器时,刮水片均能回到风窗玻璃最下端,即自动复位。

永磁式刮水电动机是利用3个电刷来改变正负电刷之间串联线圈的个数实现变速的,其工作原理如图5-36所示。

当开关K与低速挡L接通时,刮水电动机工作,此时在电枢内所有8个小线圈中同时产生反电动势,每个小线圈都产生相等的反电动势,电动势的方向与电枢电流的方向相反。电枢绕组产生的反电动势的方向,如图5-36a)所示。蓄电池电压加在电刷B1和B3之间,在电刷B1和B3之间的两条并联支路中,每条支路中各有四个线圈串联。若要电枢转动,外加电压必须克服4个线圈反电动势的作用。设每一个线圈反电动势为$E_f$,其与转速和磁通量成正比,蓄电池电压为$E$,则$E = 4E_f = 4C_e\phi n$。

图5-36 永磁式电动机变速原理

当将刮水器开关拨向H高速时,则蓄电池电压加在电刷B2和B3之间(图5-36b)。线圈1、2、3、4、8同在一条支路中,其中线圈8与线圈1、2、3、4的反电动势方向相反,相互抵消后,使每条支路变为3个线圈。蓄电池电压为$E$,则$E = 3E_f$。由于电动机内部的磁场方向和电枢的旋转方向没有变化,所以各线圈内反动势的方向与低速时相同。但是,外加电压只需平衡3个线圈所产生的反电势,因此电动机的转速升高。

### 5.9.4 风窗刮水器与洗涤装置电路和工作原理

下面以图5-37所示的桑塔纳轿车风窗刮水器与洗涤装置电路为例,说明工作原理。

桑塔纳轿车风窗刮水器与洗涤装置电路主要由蓄电池、点火开关、X继电器、刮水器开关、刮水器继电器、刮水器电动机和风窗洗涤电动机组成。桑塔纳轿车刮水器控制开关有5个挡位,2挡为高速挡、1挡为低速挡、f挡为点动挡、0挡为停止复位挡、j挡为间歇挡。

其工作原理如下:

将点火开关置于"ON",接通蓄电池向X继电器磁化线圈的电路,其电流通路为:蓄电池"+"→点火开关30接线柱→点火开关X接线柱→X继电器磁化线圈→搭铁→蓄电池"−"。在电磁吸力的作用下,X继电器触点闭合,为风窗刮水器与洗涤装置电路提供电源。

将刮水器控制开关拨到2挡时,刮水电动机以高速运转。其电流路径为蓄电池"+"→X继电器触点→刮水器开关53a端子→刮水器开关→刮水器开关53b端子→电动机高速炭刷53b端子→电动机→电动机搭铁炭刷→回到负极。带动电动机高速转动,刮水器高速摆动。

将刮水器控制开关拨到1挡时,刮水电动机以低速运转。其电流路径为:蓄电池"+"→X继电器触点→刮水器开关53a接线柱→刮水器开关53接线柱→刮水器继电器常闭触点→电动机低速炭刷53端子→电动机→电动机搭铁炭刷→负极。

图 5-37 桑塔纳汽车风窗玻璃刮水器控制电路

将刮水器控制开关拨到 f 挡时,蓄电池将通过刮水器开关、间歇继电器常闭触点向刮水电动机供电,其电流通路与低速挡完全相同。不同的是,当手离开刮水器开关时,开关将自动回到 0 位。

将刮水器控制开关拨到 0 挡时,如果此时刮水片不在最低点的初始位置,将影响驾驶员视线。这时自动复位装置的常闭触点 A 打开,常开触点 B 闭合,刮水电动机电枢内继续有电流通过。其电流通路为:蓄电池"+"→X 继电器触点→电动机 53a 端子→复位装置的触点 B→刮水器开关 53e 端子→刮水器开关 53 端子→间歇继电器常闭触点→电动机低速炭刷 53 端子→电动机→电动机搭铁炭刷→负极。故电动机仍以低速运转,直至刮水片最低点的初始位置时(触点 A 闭合、触点 B 打开)切断刮水器电动机的电流。同时,触点 A 闭合,将刮水器电动机短路。这时,如刮水器电动机在惯性力作用下继续传动,刮水器电动机将变成发电机的工作状态,触点 A 闭合将产生很大的电流和很大的制动力阻碍电动机转动,刮水片停在最低点的初始位置。

将刮水器开关拨至 j 位置时,刮水器开关给刮水器继电器(电子式间歇继电器)中间的电子电路一个信号,电子电路产生脉冲信号,脉冲信号的高电压信号通过三极管导通继电器线圈,继电器线圈将常闭触点打开、常开触点闭合。当间歇继电器的常闭触点打开,常开触点闭合时,蓄电池向电动机的放电回路为:蓄电池"+"→X 继电器触点→间歇继电器的常开触点→电动机低速炭刷 53 端子→电动机→电动机搭铁炭刷→负极。其脉冲信号为低电压信号时触点复位(常闭触点闭合、常开触点打开),刮水器与 0 挡工作状态相同自动停在初始位置。

当将洗涤开关接通时(将刮水器开关向上扳动),洗涤泵控制电路接通,其电流通路为:蓄电池"+"→X继电器触点→洗涤开关→洗涤泵→搭铁→蓄电池"-"。位于发动机舱盖上的两个喷嘴同时向风窗玻璃喷射清洗液。与此同时,也接通刮水器间歇继电器的控制电路,其电流通路为:蓄电池"+"→X继电器触点→洗涤开关T端子→刮水器继电器→搭铁→蓄电池"-",于是刮水电动机工作,驱动刮水片刮掉已经湿润的尘土和污物。当驾驶员松开手柄时,开关将自动复位,切断洗涤泵的控制电路,喷嘴停止喷射清洗液,刮水电动机在自动复位开关起作用后,将刮水片停靠在风窗玻璃的下方。

### 5.9.5 风窗玻璃刮水器/洗涤装置的故障检修

在对风窗玻璃刮水器系统的故障进行检修之前,首先要确定是电路故障还是机械故障。其检查方法是从电动机上拆下连接刮水片的机械臂,接通刮水器系统,观察电动机的运行。如果电动机运行正常,则是机械问题。

风窗玻璃刮水器系统常见故障有:刮水器不工作、间歇性工作、持续操作不停以及刮水片不能复位等。下面以桑塔纳轿车风窗玻璃刮水器系统为例,介绍其常见故障的诊断方法。

**1. 刮水器不工作**

(1)故障现象:刮水器在所有挡位均不能工作。

(2)故障原因:电路方面的原因可能是刮水电动机绕组断路,熔断丝断路,线路连接松动、断路或搭铁不良,刮水器控制开关接触不良或继电器触点接触不良。

机械方面的原因可能是蜗轮蜗杆脱离啮合或损坏,杆件连接松脱或损坏,刮水片、传动机构等卡住。故障诊断步骤,如图5-38所示。

图5-38 刮水器不工作故障诊断流程图

### 2. 刮水器速度比正常慢或转动无力

若刮水器各挡位的速度均比正常慢,应首先检查刮水电动机电源线路上的电压是否正常,若电压偏低或过低,则应检查刮水器电路中的中间继电器、熔断丝、控制开关等部件上的接线端子插接是否牢固,部件工作是否正常。若电压正常,则应检查刮水电动机上的电刷与换向器间接触是否良好,电动机轴承以及蜗轮润滑是否良好。

### 小组工作二

## （实训项目8  刮水器电路连接和故障判断）

1. 每3~5名学生组成1个工作小组,确定1名小组长,接受工作任务,做好工作准备。
2. 阅读工作单,查阅维修手册或实训指导书和桑塔纳2000整车的电路图,按照工单要求画出刮水器电路。
3. 根据工作单的引导,完成刮水器系统零部件认识、工作原理描述等学习任务。
4. 按照工作单的引导,在示教板上面连接刮水器电路。
5. 按照工作单要求完成刮水器主要零部件及其控制电路的检测,将检测结果记录在工作单的相应栏目,并对检测结果作出分析。
6. 在示教板上设置刮水器电路的故障。
7. 按照工作单的引导,根据待修刮水器的故障现象,讨论故障原因、检测方法和步骤。
8. 确定小组人员工作分工,向实训指导教师汇报讨论结果,经指导教师同意后,开始下一步的工作。
9. 按照工作单的引导,完成刮水器不工作故障的诊断和检修工作。
10. 回答指导教师的现场提问,接受指导教师的技能考核。
11. 完成工作任务后,对工作过程进行自我评价和小组互评,听取指导教师的点评。
12. 清洁工作场所,清点维护工具设备,完成任务交接。

## 5.10  喇叭

1. 喇叭的作用与类型

汽车上都装有喇叭,用喇叭声音来提示行人和其他车辆,引起注意,以保证行车安全。

喇叭按发音动力有气喇叭和电喇叭之分;按外形有螺旋形、筒形、盆形之分;按声频有高音和低音之分;按接线方式有单线制和双线制之分。

气喇叭是利用气流使金属膜片振动产生音响,外形一般为筒形。由于声音太强已被禁止使用。

电喇叭是利用电磁力使金属膜片振动产生音响,其声音悦耳,广泛使用于各种类型的汽车上。

电喇叭按有无触点可分为普通电喇叭和电子电喇叭。普通电喇叭主要是靠触点的闭合和断开,控制电磁线圈激励膜片振动而产生音响的;电子电喇叭中无触点,它是利用晶体管电路激励膜片振动产生音响的。

在中小型汽车上,由于安装位置限制,多采用螺旋形和盆形电喇叭。盆形电喇叭具有体积小、质量轻、噪声小等优点。

2. 喇叭的控制电路和工作原理

为了得到更加悦耳的声音,在汽车上常装有两个不同音调(高、低音)的喇叭,其中高音喇叭膜片厚,扬声筒短,低音喇叭则相反。有时甚至用3个(高、中、低)不同音调的喇叭,以使喇叭声更加悦耳。

喇叭电路主要有喇叭、喇叭继电器和喇叭按钮等组成,如图5-39所示。其喇叭继电器安装在发动机舱盖下的接线盒内,通过一个15A的熔断器与电源30端子连接,另外两端分别连接喇叭按钮和喇叭。喇叭继电器作用是减小通过喇叭按钮的电流,防止喇叭按钮烧蚀。

当按下喇叭按钮时,蓄电池电流从30端子→熔断器→喇叭继电器线圈→转向灯开关(仅起通路作用)→转向盘上滑环→转向盘上喇叭按钮→蓄电池负极。在喇叭继电器线圈磁力作用下,喇叭继电器触点闭合,接通高低音喇叭。当松开喇叭按钮时,喇叭继电器线圈内电流被切断,磁力消失,触点在弹簧力作用下打开,即可切断喇叭电路,使喇叭停止发音。

喇叭继电器线圈还与防盗电脑连接,在非法使用和移动汽车时防盗电脑接通继电器线圈,使喇叭响起。

图5-39 别克汽车喇叭电路

3. 普通电喇叭的构造与工作原理

(1)筒形、螺旋形电喇叭。筒形、螺旋形电喇叭的构造如图5-40所示,其主要机件由山形铁芯5、线圈11、衔铁10、膜片3、共鸣板2、喇叭筒1、触点16以及电容器17等组成。膜片3和共鸣板2借中心杆15与衔铁10、调整螺母13、锁紧螺母14联成一体。

当按下喇叭按钮时,电流由蓄电池正极→正极接线柱→线圈11→触点16→负极接线柱→蓄电池负极。当电流通过线圈11时,产生电磁吸力,吸下衔铁10,中心杆上的调整螺母13压下活动触点臂,使触点16分开而切断电路。此时,线圈11电流中断,电磁吸力消失,在弹簧片9和膜片3的弹力作用下,衔铁又返回原位,触点闭合,电路重又接通。此后,上述过程反复进行,膜片不断振动,从而发出一定音调的音波,由喇叭筒1加强后传出。

共鸣板与膜片刚性连接,在振动时发出谐音,使声音更加悦耳。

为了减小触点火花,保护触点,在触点16间并联了一个电容器(或消弧电阻)。

(2)盆形电喇叭。盆形电喇叭工作原理与上述相同,其结构特点如图5-41所示。电磁铁采用螺管式结构,铁芯9上绕有线圈2,上、下铁芯间的气隙在线圈2中间,所以能产生较大的吸力。它无喇叭筒,而是将上铁芯3、膜片4和共鸣板5固装在中心轴上。当电路接通时,线圈2产生吸力,上铁芯3被吸下与铁芯1碰撞,产生较低的基本频率,并激励与膜片一体的共鸣板5产生共鸣,从而发出比基本频率强得多且分布又比较集中的谐音。为了保护触点,在触点7之间同样也并联了一只电容器(或消弧电阻)。

图 5-40 筒形、螺旋形电喇叭

1-喇叭筒；2-共鸣板；3-膜片；4-底板；5-山形铁芯；6-接线螺柱；7、13-调整螺钉；8、12、14-锁紧螺母；9-弹簧片；10-衔铁；11-线圈；15-中心杆；16-触点；17-电容器；18-导线；19-负极接线柱；20-正极接线柱

图 5-41 盆形电喇叭

1-下铁芯；2-线圈；3-上铁芯；4-膜片；5-共鸣板；6-衔铁；7-触点；8-调整螺钉；9-铁芯；10-负极端子；11-正极端子；12-锁紧螺母；13-调整螺钉

### 4. 喇叭的调整

不同形式的电喇叭,其构造不完全相同,所以调整方法也不一样,但其原理是基本相同的。喇叭的调整包括音调和音量的调整。

(1) 音调的调整。减小衔铁与铁芯间的间隙,可以提高音调。为此,可先拧松锁紧螺母 8 和 12(图 5-40),再拧松调整螺钉 7,并转动衔铁 10,减小衔铁与铁芯间的间隙;反之,增大间隙,则音调降低。衔铁与铁芯的间隙一般为 0.5～1.5mm。间隙太小会发生碰撞,间隙太大会吸不动衔铁。

调整时铁芯要平整,铁芯与衔铁四周的间隙要均匀,否则会产生杂音。

(2) 喇叭音量的调整。电喇叭音量的大小与通过喇叭线圈中的电流大小有关。需增大音量时,可先松开锁紧螺母 14(图 5-40),再拧松调整螺钉 13,使触点的压力增大。由于触点闭合的时间增长,通过线圈的电流增大,所以音量也相应增大;反之,喇叭音量就减小。

额定电压为 12V 时,通过触点的电流一般为 7.5A(双音喇叭为 15A)。

图 5-42 为喇叭音量的调整方法,通过旋转调整螺钉来改变触点的接触压力,即可改变音量的大小。

此外,喇叭触点应保持清洁,其接触面积不应低于 80%。如果有严重烧蚀,应及时进行检修。

盆形喇叭的音调和音量的调整,如图 5-42 所示。

图 5-42 盆型喇叭调整

1-锁紧螺母；2-音调调整螺钉；3-音量调整螺钉

### 5. 电喇叭常见故障及排除

(1) 喇叭不响。喇叭不响的原因和检查方法如下：

① 喇叭按钮、滑环或转向灯开关接触不良：可用跨接线将继电器"按钮"接线柱搭铁。如声音正常,则为喇叭按钮、滑环或转向灯开关接触不良。

② 喇叭搭铁不良：可用跨接线将喇叭壳体或喇叭负极线搭铁,按下按钮,如声音正常,则为喇叭搭铁不良。

③喇叭故障:可用跨接线将喇叭正负极直接与蓄电池连接,如声音不正常,则为喇叭故障。

④喇叭继电器故障:拔出继电器检查继电器电源,若电源正常,则检查继电器。

⑤喇叭"嗒"一声后不响:原因为喇叭触点烧蚀,不能打开,灭弧电阻或触点间短路。

(2)喇叭声响不正常。当按下喇叭按钮时,喇叭音响沙哑、发闷或刺耳,应从引起故障的外部原因着手。首先检查蓄电池存电是否充足,如蓄电池电量充足,则为喇叭及其电路有故障,主要原因有喇叭搭铁不良、喇叭膜片损坏、喇叭触点烧蚀或接触不良、衔铁与铁芯的间隙和触点间隙不正常。

6.电喇叭的维护

经常保持喇叭外表清洁,各接线要牢固。

经常检查、紧固喇叭和支架的固定螺钉,保证其搭铁可靠。

喇叭的固定方法对其发音影响较大。为了使喇叭的声音正常,喇叭不能刚性安装在车架上,而应固定在缓冲支架上,即在喇叭与固定支架之间要装有片状弹簧或橡皮垫。

经常检查发电机输出电压。电压过高会烧坏喇叭触点,电压过低(低于喇叭的额定电压),会使喇叭发出异常声音。

洗车时,不能用水直接冲洗喇叭筒,以免水进入喇叭筒而使喇叭不响。

在检修喇叭时,应注意各金属垫和绝缘垫的位置,不可装错。

喇叭连接发音不得超过10s,以免损坏喇叭。

## 5.11 安全气囊

1.汽车安全气囊的作用

当汽车遭受碰撞导致车速急剧变化时,气囊迅速膨胀,在驾驶员、乘员与车内构件之间迅速铺垫一个气垫,使驾驶员、乘员头部与胸部压在充满气体的气囊上,利用气囊的阻尼作用和气囊排气节流的阻尼作用来吸收入体惯性力产生的动能,从而减轻人体遭受伤害的程度。据统计,气囊在汽车相撞时,保护头部受伤率减少25%,面部受伤率减少80%左右。这里特别强调说明:汽车安全气囊要通过绑定安全带才能起作用。即上面所说的汽车安全气囊作用是在驾驶员或乘客绑定安全带情况下的统计。如果没有绑定安全带,仅汽车安全气囊基本不起保护作用。

2.汽车安全气囊系统的组成

汽车安全气囊系统主要由碰撞传感器、安全气囊控制组件(安全气囊ECU)、安全气囊组件,安全气囊系统指示灯(SRS)和故障诊断座主要部件组成,如图5-43所示。

(1)碰撞传感器:碰撞传感器的作用是检测出车辆发生碰撞时的冲击或减速度值,当减速度值达到一定值时,其内部触点闭合。该触点闭合信号即为安全气囊的起爆信号。将触点闭合信号传递给安全气囊ECU,用于判断是否需要引爆安全气囊。

(2)安全气囊ECU:安全气囊ECU内部具有电源电路、信号识别判断电路、点火电路和安全传感器、中央传感器。其功用是接收碰撞传感器及其他各传感器输入的信号,判断是否点火引爆气囊,然后通过点火电路安全气囊ECU内部具有电源电路、信号识别判断电路给安全气囊点火器供电引爆安全气囊,并对系统故障进行自诊断。内部安全传感器的作用是防止误引爆,安全气囊ECU内部的信号识别判断电路需同时接收到安全传感器和碰撞传感器的信号时通过点火电路引爆安全气囊。中央传感器的作用是,碰撞时万一碰撞传感器损坏和碰撞传感器线路故障,安全气囊ECU无法接收到碰撞传感器传来的引爆信号,安全气囊ECU还可根据安全气囊ECU内部的安全传感器和中央传感器信号引爆安全气囊,提高安全气囊系统的可靠性。

图5-43 丰田威驰安全气囊系统电路图

(3)安全气囊组件主要由气囊、螺旋连接器、点火器、气体发生器组成。驾驶员位置的安全气囊下方螺旋连接器的作用是连接安全气囊和安全气囊ECU并保证转动转向盘时电路可靠连接。点火器的作用是,接收安全气囊ECU传来的点火信号,点燃气体发生器。气体发生器作用依靠点火器的热量,点燃固态燃料并产生气体向气囊充气,使气囊迅速膨胀。气囊表面还具有2～4个排气孔。当驾驶员在惯性力作用下压到气囊上时,气囊受压便从排气孔排气,持续时间不到1s,从而吸收驾驶员与气囊碰撞的动能,使人体不致受到伤害,并防止驾驶员和乘客憋气导致暂时昏迷。

(4)SRS指示灯:用于指示安全气囊的工作状态,当系统发生异常时,指示灯自动点亮报警。

(5)故障诊断座的作用:SRS指示灯点亮,汽车安全气囊系统有故障时,可以通过解码器读故障码,还可通过短接故障诊断座4号端子CG和13号端子TC人工读故障码。

3.汽车安全气囊系统工作过程

起动前接通点火开关IG挡,蓄电池通过点火开关给安全气囊ECU和组合仪表供电。安全气囊ECU通电后开始自检,自检过程通过LA端子控制组合仪表内部的SRS指示灯点亮。大约6s后,如果安全气囊系统所有的传感器、执行元件和相关电路没有故障,SRS指示灯熄灭,如有故障SRS指示灯一直点亮,同时给安全气囊ECU内部的一个大电容器充电。

汽车发生碰撞时,安全气囊ECU内部的安全传感器首先产生引爆信号,该安全传感器产生引爆信号接通点火电路的工作电源,紧接着前爆震传感器也产生引爆信号,任意一个爆震传感器产生引爆信号通过信号识别判断电路给点火电路,点火电路给安全气囊内部的点火器供电引爆安全气囊。

汽车发生碰撞时,即是蓄电池脱落、电源电路短路等,安全气囊ECU内部的电容器还可以保证给安全气囊ECU供电3s以上,保证引爆安全气囊。有的安全气囊ECU内部还安装有12V的23A充电电池,以提高汽车安全气囊系统工作的可靠性。

汽车发生碰撞时,即是碰撞的第一时间将前爆震传感器的电路全部碰断,安全气囊ECU内部的中央传感器还可以产生引爆信号,通过点火电路给安全气囊内部的点火器供电引爆安全气囊,进一步提高可靠性。只不过中央传感器产生引爆信号需要的减速度比较大,安全气囊引爆的时间会有所推迟。

### 思考与练习

**一、填空题**

1. 刮水器的作用是刮除风窗玻璃上的＿＿＿＿＿、＿＿＿＿＿或＿＿＿＿＿,确保驾驶员有良好的视野。
2. 电动刮水器由＿＿＿＿＿、＿＿＿＿＿、＿＿＿＿＿三大部分组成。
3. 刮水电动机基本上都是＿＿＿＿＿式直流电动机。
4. 刮水器一般具有＿＿＿＿＿挡、＿＿＿＿＿挡、＿＿＿＿＿挡、＿＿＿＿＿挡、＿＿＿＿＿挡功能。有的刮水器还有＿＿＿＿＿挡。
5. 刮水电动机是采用改变两刷间＿＿＿＿＿方法进行调速的。
6. 汽车刮水器的间歇工作挡,是在＿＿＿＿＿或＿＿＿＿＿天气行驶时使用的。
7. 刮水器分＿＿＿＿＿和＿＿＿＿＿两部分。
8. 刮水器的传动机构一般由＿＿＿＿＿机构和＿＿＿＿＿机构组成。
9. 电动车窗由＿＿＿＿＿、＿＿＿＿＿、＿＿＿＿＿、＿＿＿＿＿等装置组成。
10. 电动车窗电动机为＿＿＿＿＿电动机。
11. 各电动车窗电路中,一般设有＿＿＿＿＿或＿＿＿＿＿,以免电动机因超载＿＿＿＿＿而烧坏。
12. 电动玻璃升降器传动机构常见有＿＿＿＿＿和＿＿＿＿＿两种。
13. 有些高级轿车的电动座椅由＿＿＿＿＿驱动。
14. 改变电喇叭铁芯气隙可以改变电喇叭的＿＿＿＿＿,改变电喇叭触点预压力可改变电喇叭的＿＿＿＿＿。

**二、选择题**

1. 电动车窗中的电动机一般为( )。
   A. 单向直流电动机
   B. 双向交流电动机
   C. 永磁双向直流电动机
2. 检查电动车窗左后电动机时,用蓄电池的正负极分别接电动机连接器端子后,电动机转动,互换正负极和端子的连接后,电动机反转,说明( )。
   A. 电动机状况良好

B. 不能判断电动机的好坏

C. 电动机损坏

3. 在电动座椅中,一般一个电动机可完成座椅的( )。

  A. 1 个方向的调整

  B. 2 个方向的调整

  C. 3 个方向的调整

4. 每个电动后视镜的后面都有( )电动机驱动。

  A. 1 个    B. 2 个    C. 4 个

5. 中控门锁系统中的门锁控制开关用于控制所有门锁的上锁和解锁状态,其安装在( )。

  A. 驾驶员侧门的内侧扶手上

  B. 每个门上

  C. 门锁总成中

6. 中控门锁系统中的门锁按钮用于一个门锁的上锁和解锁状态,其安装在( )。

  A. 驾驶员侧门的内侧扶手上

  B. 每个门上

  C. 门锁总成中

  D. 每个门的内侧扶手上

7. 门锁位置开关位于( )。

  A. 驾驶员侧门的内侧扶手上

  B. 每个门上

  C. 门锁总成中

8. 门控开关位于( )。

  A. 每个门门框上面

  B. 每个门上

  C. 门锁总成中

9. 门锁控制开关的作用是( )。

  A. 在任意一车门内侧实现一个门开锁和锁门动作

  B. 在任意一车门内侧实现所有门开锁和锁门动作

  C. 在驾驶员侧车门内侧实现开锁和锁门动作

10. 桑塔纳轿车玻璃升降器属( )式。

  A. 交臂    B. 绳轮    C. 软轴

11. 安全气囊系统具有的传感器有( )。

  A. 前碰撞传感器    B. 中央传感器

  C. 安全传感器    D. 前碰撞传感器、中央传感器和安全传感器

12. 汽车发生交通事故导致安全气囊起爆。正常情况下是( )的信号引起。

  A. 前碰撞传感器    B. 中央传感器

  C. 前碰撞传感器和安全传感器    D. 中央传感器和安全传感器

三、判断题(对的画"√",错的画"×")

1. 电动车窗一般装有两套开关,分别为总开关和分开关,这两个开关之间是互相独立的。　　　　　　　　　　　　　　　　　　　　　　　　　　　　(　　)
2. 每个电动后视镜的镜片后面都有4个电动机来实现后视镜的调整。　(　　)
3. 永磁式刮水电动机是通过改变正负电刷之间串联线圈的个数实现变速的。(　　)
4. 电动车窗的电动机在初始状态下两端接蓄电池负极。　　　　　　　(　　)
5. 电动后视镜的电动机在初始状态下两端接蓄电池负极。　　　　　　(　　)
6. 使刮水器摆动的传动机构是曲柄摇杆机构。　　　　　　　　　　　(　　)
7. 双速永磁式风窗刮水电动机用了两只电刷。　　　　　　　　　　　(　　)
8. 喇叭的音调调整是调整膜片的振动频率。　　　　　　　　　　　　(　　)
9. 喇叭的音量调整是调整经过喇叭触点的平均电流。　　　　　　　　(　　)
10. 安全气囊系统的中央传感器作用是防止误触发引爆安全气囊。　　(　　)

四、思考与简答题

1. 电动车窗主要由哪些部件组成？其中升降机构有哪几种？
2. 何谓电动车窗手动升降？何谓自动升降？
3. 根据桑塔纳轿车的电动车窗电路图,分析驾驶员侧电动机是如何自动下降的？
4. 分析门锁的工作过程。
5. 防盗系统报警的触发开关有哪些？如何触发？
6. 简述两速永磁式刮水电动机的工作原理。
7. 结合电动车窗、电动座椅、电动后视镜和中控门锁的相关知识,分析双向电动机的检查思路。

# 单元 6 前照灯不亮故障检修

## 学习情境

某4S店接到施救电话,桑塔纳汽车在夜间行驶时,前照灯突然不亮了,只能把汽车停在路边。因为如果还继续强行驾车行驶,很容易造成交通事故。经过施救维修人员更换熔断器后,前照灯还是不亮。接着用蓄电池高率放电计对蓄电池进行检测,确认蓄电池正常,因此怀疑是器件本身的故障或线路存在故障,故将汽车拖回,交由汽车电气维修组进一步检查维修。

## 生产任务一

**前照灯不亮故障检修**

1. 工作对象

需进行汽车灯系维修的汽车一辆。

2. 工作内容

(1)确认故障现象,对故障现象进行描述;
(2)进行资料收集,学习相应的理论知识;
(3)分析故障原因;
(4)讨论确定故障诊断流程(故障树),填写决策表;
(5)分析确定任务实施步骤,进行人员分工,填写计划表;
(6)进行故障检修:
①准备工作,借工具设备等;
②按实施步骤进行操作;
③记录相应数据;
④分析查找故障原因;
⑤进行故障修复;
⑥确认故障已修复。
(7)进行自检、互检,讨论诊断流程优化,填写检查表;
(8)配合教师进行教学评价。

3. 工作目标与要求

(1)认识前照灯的功用、类型、结构;

(2)认识前照灯电路;
(3)熟悉前照灯的使用;
(4)能进行前照灯的检测与调整;
(5)能进行前照灯的拆装与更换;
(6)能进行前照灯的故障分析与诊断;
(7)能进行团队成员的有效沟通与协作。

相关知识一

## 6.1 汽车照明和灯光信号系统的组成

为保证汽车行驶的安全性、提高车辆的利用率、减少交通事故和机械事故的发生,汽车上都装有多种照明设备和灯光信号系统,俗称灯系。

汽车照明系统主要用于汽车在夜间行车时,照明道路、标示车宽度、车内照明、查看仪表和夜间检修等。照明系由电源、照明装置和控制部分组成。控制部分包括各种灯光开关和继电器等。照明装置包括外部灯、内部灯和工作照明灯。

### 6.1.1 外部灯

外部灯包括车辆前面的前照灯、前示宽灯、前转向信号灯、前雾灯等。现在汽车基本都是使用组合式灯,如图6-1所示。车辆后面的有倒车灯、牌照灯、后示宽灯、制动信号灯、前转向信号灯和后雾灯等,如图6-2所示。

图6-1 轿车组合灯

图6-2 轿车后面灯位置图

**1. 前照灯**

由于它是汽车上面最大的灯故又称大灯,前照灯装在汽车头部的两侧,用于夜间或光线昏暗路面上汽车行驶时的照明。前照灯有两灯制和四灯制之分。两灯制的左右各有一盏前照灯,每个灯里面有近光灯丝和远光灯丝,开近光时仅近光灯丝亮,开远光时仅远光灯丝亮。四灯制的左右两边各有一盏近光灯和远光灯,开近光时仅近光灯亮,开远光时近光灯和远光灯同时亮。

**2. 超车灯**

超车灯没有专用的灯泡,基本所有的汽车是在前照灯电路的变光开关里面设置了超车灯开关,当手拉变光开关到最高位置时,超车灯开关接通远光灯亮,手一松开,远光灯暗。超车灯的使用按照《中华人民共和国道路交通安全法实施条例》第四十七条规定:机动车超车时,应当提前开启左转向灯,变换使用远、近光灯或者鸣喇叭。在没有道路中心线或者同方向只有1条机动车道的道路上,前车遇后车发出超车信号时,在条件许可的情况下,应当降低速度,靠右让路。后车应当在确认有充足的安全距离后,从前车的左侧超越,在与被超车辆拉开必要的安全距离后,开启右转向灯,驶回原车道。

### 3. 前示宽灯

前示宽灯又称小灯,灯光颜色为白色。用于夜间给其他车辆提示车辆位置与宽度。同时,可以照亮车轮周围的路面。

### 4. 后示宽灯

后示宽灯又称尾灯,灯光颜色为红色。用于夜间给其他车辆提示车辆位置与宽度。对于一些大型客车,还有高位示宽灯和侧面示宽灯。这些灯与前后示宽灯一起又被称为示廓灯或轮廓灯。

### 5. 前雾灯

前雾灯安装在车头,位置比前照照灯稍低。过去雾灯光色为黄色或橙色,主要因为黄色和橙色穿透性能好。现在前雾灯广泛使用光线集中的白光。前雾灯用于在有雾、下雪、暴雨或尘埃等恶劣条件下改善道路照明情况。

### 6. 后雾灯

后雾灯是安装在车后,发光强度比尾灯更大的红色信号灯。其作用是在雾、雪、雨或尘埃弥漫等能见度较低的环境中,为车辆后方其他道路交通参与者指示车辆的宽度和位置。从1999年1月1日起,公安部要求机动车必须安装符合国家标准的雾灯,未按规定安装后雾灯的机动车不准进入高速公路。

### 7. 转向信号灯

转向信号灯可分为前/后转向信号灯和左/右转向信号灯。其分别安装在车辆两端及前翼子板上,灯光颜色为黄色。点亮转向信号灯时,向前后左右车辆表明驾驶员正在转向或将要改换车道的方向。要求转向信号灯每分钟闪烁60~120次,最好每分钟闪烁80~90次。转向灯的开启时间要掌握好,应在距转弯路口30~100m时打开,转弯后及时关闭。有些车型的转向信号灯还可作为停车灯使用。按照《中华人民共和国道路交通安全法实施条例》第五十七条的规定:机动车应当按照下列规定使用转向灯:向左转弯、向左变更车道、准备超车、驶离停车地点或者掉头时,应当提前开启左转向灯;向右转弯、向右变更车道、超车完毕驶回原车道、靠路边停车时,应当提前开启右转向灯。

### 8. 危险警告灯

车辆上面没有专用的危险警告灯,而是在车辆灯光电路里面设置了危险警报灯开关。在开关接通时,控制所有的转向指示灯闪亮。车辆紧急停车、驻车和本车发生故障或有特殊情况时,点亮危险警告灯,告知其他车辆与行人注意本车发生故障或特殊情况,提醒过往车辆和行人注意。

### 9. 制动灯

制动灯安装在车辆尾部,颜色为红色,很多车辆制动灯与后示宽灯是同一灯泡。一个灯泡里面有两个灯丝,制动灯的灯丝比后示宽灯亮。制动时点亮制动灯通知后面的车辆本车正在制动,以免后面的车辆与其后部碰撞。

10. 牌照灯

牌照灯位于牌照的上方,用于照亮尾部车牌。当后示宽灯亮时,牌照灯也亮。

11. 倒车灯

倒车灯安装于车辆尾部,当点火开关接通,变速杆换至倒车挡时,倒车灯亮。给驾驶员提供额外照明,使其能在夜间倒车时看清车辆后面,也警告后面的车辆,本车驾驶员想要倒车或正在倒车。

### 6.1.2 内部灯

1. 仪表灯

用于夜间照亮仪表板,使驾驶员能迅速看清仪表。示宽灯亮时,仪表灯同时亮。有些车辆还加装了灯光控制变阻器,使驾驶员能调整仪表灯的亮度。

2. 顶灯

用于车内乘客照明,但必须不致使驾驶员炫目。通常,客车车内灯均位于驾驶室中部,使车内灯光分布均匀。

### 6.1.3 工作照明灯

工作照明灯包括:行李舱灯、发动机舱盖灯等,还有仪表板上的各种指示灯和警告灯。具体在仪表部分叙述。

常用照明与信号装置灯的一般规格,见表6-1。

**常用照明与信号装置灯的规格** 表6-1

| 名　　称 | 规　　格 | 名　　称 | 规　　格 |
|---|---|---|---|
| 前照灯 | 12V　60/50W | 牌照灯 | 12V　4W |
| 前雾灯 | 12V　55W | 内照灯 | 12V　10W |
| 后雾灯 | 12V　21W | 行李舱灯 | 灯管 |
| 倒车灯 | 12V　21W | 转向信号灯 | 12V　21W |
| 停车灯 | 12V　21W | 仪表照明灯 | 12V　1.2W |
| 制动灯 | 12V　21W | 各开关、空调板、点烟器照明灯 | 12V　1.2W |

现代汽车上的灯光系统电路,若以一盏灯的电路来说是非常简单的,但是由于灯光很多,因此造成灯光系统电路非常复杂。虽然主灯光系统大致相同,但是具体到各车型,区别还是很大的,所以,维修某车型的灯光系统时,要参考该车型的维修手册。

## 6.2 前照灯

### 6.2.1 前照灯的基本要求

按照《机动车运行安全技术条件》(GB 7258—2012)对前照灯主要有照明距离和位置、防炫目装置和发光强度的要求。

**1. 前照灯照明距离的要求**

为保证行车安全,要使驾驶员能辨明车前 100m 以内路面上的任何障碍物。要求汽车远光灯的照明距离大于 100m。这个数据是依据汽车的行驶速度而定的。随着现代汽车行驶速度的提高,照明距离的要求会有所增大。现在有些汽车的前照灯照明距离已达到 200~250m。汽车近光灯的照明距离在 50m 左右。位置的要求主要是照亮照明距离内的整段路面和不得偏离路面两点。

**2. 前照灯防炫目要求**

前照灯应具有防炫目装置,以免夜间两车交会时使对面汽车的驾驶员炫目而导致交通事故。夜间两车交会时使用,光束向下倾斜,照亮车前 50m 内路面,从而避免迎面来车的驾驶员炫目。

**3. 前照灯发光强度的要求**

在用车远光发光强度为:二灯制不小于 15000cd(坎德拉),四灯制不小于 12000cd(坎德拉);新注册车远光发光强度为:二灯制不小于 18000cd(坎德拉),四灯制不小于 15000cd(坎德拉)。

随着车辆高速化的发展,有些国家开始试行三光束系统。三光束系统是高速远光、高速近光、近光。在高速公路上行驶时,用高速远光;在无迎面来车的道路上行驶或在高速公路会车时用高速近光,在有迎面来车和市区运行时,使用近光。

### 6.2.2 前照灯的结构

汽车前照灯一般由灯泡、反射镜、配光镜(散光镜)三部分组成,如图 6-3 所示。

**1. 灯泡**

汽车前照灯使用的灯泡有白炽灯泡、卤钨灯泡、新型高亮度弧光灯等。

(1)白炽灯泡:其灯丝用钨丝制成(钨的熔点高、发光强)。制造时,为了增加灯泡的使用寿命,灯泡内充入惰性气体(氮及其混合惰性气体)。这样可减少钨丝蒸发,提高灯丝的温度,增强发光效率。白炽灯泡的结构如图 6-4a)所示。白炽灯泡发出的光线带有淡黄色。

(2)卤钨灯泡:卤钨灯泡是在充入的惰性气体中渗入某种卤族元素(如碘、氯、氟、溴等),利用卤钨再生循环反应的原理,即从灯丝上蒸发出来的气态钨与卤素反应生成了一种挥发性的卤化钨,它扩散到灯丝附近的高温区,又受热分解,使钨重新回到灯丝上,被释放出来的卤素继续扩散参与下一次循环反应,如此周而复始地循环下去,从而防止了钨的蒸发和灯泡的发黑现象,其结构如图 6-4b)所示。卤钨灯泡尺寸小,灯泡壳用耐高温、机械强度较高的石英玻璃制成,在相同功率下,卤钨灯的亮度为白炽灯的 1.5 倍,寿命长 2~3 倍。由于卤钨灯泡的灯丝温度高,故卤钨灯泡发出白色的光线。

图 6-3 前照灯的组成图
1-配光镜;2-反射镜;3-灯泡

目前,汽车前照灯用灯泡的额定电压有 12V 和 24V 两种。灯泡的灯丝由功率大的远光灯丝和功率较小的近光灯丝组成,由钨丝制作成螺旋状,以缩小灯丝的尺寸,有利于光束的聚合。

图6-4 前照灯的灯泡
a) 普通灯泡；b) 卤钨灯泡
1-配光屏；2-近光灯丝；3-远光灯丝；4-灯壳；5-定焦盘；6-灯头；7-插片

为了保证安装时,使远光灯丝位于反射镜的焦点上、使近光灯丝位于焦点的上方,故将灯泡的插头制成插片式。插头的凸缘上有半圆形开口,与灯头上的半圆形凸起配合定位。三个插片插入灯头距离不等的三个插孔中,保证其可靠连接,如图6-5所示。

(3) 新型高亮度弧光灯：这种灯的灯泡里没有传统的灯丝,取而代之的是装在石英管内的两个电极。管内充有氙及微量金属(或金属卤化物),当在电极上有足够的引弧电压时(5000～12000V),气体开始电离而导电,气体原子处于激发状态,由于电子发生能级跃迁而开始发光。0.1s后,电极间蒸发了少量水银蒸气,电源立即转入水银蒸气弧光放电,待温度上升后再转入卤化物弧光灯工作。点燃达到灯泡正常工作温度后,维持电弧放电的功率很低(约35W),故可节约40%的电能。

图6-5 前照灯双丝灯泡插脚和定位凹槽
1-半圆形定位缺口；2-近光灯插脚；3-搭铁插脚；4-远光灯插脚

新型高压放电氙灯的组件系统由弧光灯组件、电子控制器和升压器三大部件组成,外形及原理,如图6-6所示。灯泡发出的光色和日光灯非常相似,亮度是目前卤素灯泡的3倍左右,寿命可达卤素气体灯泡的5倍,克服了传统钨灯的缺陷,几万伏的高压使得其光亮强度增加,完全满足汽车夜间高速行驶的需要。

**2. 反射镜**

反射镜的作用是最大限度地将灯泡发出的光线聚合成强光束,以增加照射距离。

图 6-6 高亮度弧光灯
1-透镜；2-弧光灯；3-遮光板；4-引燃及稳弧部件

反射镜的表面形状呈旋转抛物面，如图 6-7 所示，一般由 0.6～0.8mm 的薄钢板冲压而成或由玻璃、塑料制成。其内表面镀银、铝或镀铬，然后抛光处理；目前，反射镜内面采用真空镀铝的较多。灯丝位于反射镜的焦点处，其大部分光线经反射后，成为平行光束射向远方。无反射镜的灯泡，其光度只能照清周围 6m 左右的距离，而经反射镜反射后的平行光束可照清远方 100m 以上的距离。经反射镜后，尚有少量的散射光线，其中向上的完全无用，向侧方和下方的光线则有助于照明 5～10m 的路面和路缘，如图 6-7 所示。

**3. 配光镜**

配光镜又称散光玻璃，由透光玻璃压制而成，是多块特殊棱镜和透镜的组合，外形一般为圆形和矩形，如图 6-8 所示。

图 6-7 反射镜聚光示意图

图 6-8 配光镜

配光镜的作用是将反射镜反射出的平行光束进行折射，使车前的路面有良好而均匀的照明，如图 6-9 所示。

### 6.2.3 前照灯分类

前照灯光学系统是灯泡、反射镜和配光镜的组合体。按前照灯光学系统结构不同，前照灯可分为半封闭式、封闭式和投射式三种。

**1. 半封闭式前照灯**

半封闭式前照灯的配光镜与反射镜粘在一起不可拆开，灯泡可以从反射镜后端装入，结构如图6-10所示。半封闭式前照灯的优点是灯丝烧断后只需更换灯泡,缺点是密封性不良。现代的汽车广泛使用半封闭式组合前照灯装置,如图6-11所示。组合式前照灯将前转向灯、前示宽灯、远光灯和近光灯组合成一个整体,同时将反射镜和配光镜使用有机材料制作成一个整体,灯泡可以方便地从后面装入。使用组合式前照灯,汽车制造厂才能按需要生产任何式样的前照灯配光镜,以便改进汽车空气动力特性、燃料经济性和汽车造型。

图6-9 配光镜的光线分布

实线图-无配光镜的光线分布;虚线图-有配光镜的光线分布

许多制造厂给半封闭式前照灯灯壳开通风口,因为使用卤钨灯泡后发热量增加,开通风口利于散热。由于灯壳通风,配光镜内表面有时会凝结水珠。凝结的水珠对灯泡无害,亦不影响前照灯的照明,因为当前照灯点亮时卤钨灯泡产生的热量很快便驱散凝结的水珠。有些汽车采用整体式无通风的半封闭式前照灯,对于装用此种前照灯的汽车,如果出现冷凝水珠是不正常的,应当更换总成。

图6-10 可换卤钨灯泡的半封闭式前照灯

1-灯泡卡盘;2-可换的双丝卤钨灯泡;3-反射镜;4-玻璃球面;5-反射镜与配光镜密封不可拆

由于前照灯的灯泡工作温度很高,如果玻璃外壳受热不均会造成玻璃外壳破裂。因此更换前照灯灯泡的时候,切勿用手指触及灯泡玻璃壳部分,受皮肤脂肪沾污过的玻璃壳,其寿命会大大缩短,即拿灯泡时应只拿基座,如图6-12所示。

2. 封闭式前照灯

封闭式前照灯还分为标准封闭式前照灯和卤钨封闭式前照灯。

标准封闭式前照灯的光学系统,是将反射镜和配光镜熔焊为一个整体,形成灯泡外壳,灯丝焊在反射镜底座上，结构如图 6-13 所示。反射镜的反射面经真空镀铝，灯内充以惰性气体与卤素。这种结构的优点是密封性能好，反射镜不会受到大气的污染，反射效率高，使用寿命长。但灯丝烧坏后，需更换整个灯光组，成本较高。

图 6-11　半封闭组合式前照灯　　　　　图 6-12　更换半封闭式前照灯灯泡时的正确操作方法

卤钨封闭式前照灯的光学系统，是将反射镜和配光镜熔焊为一个整体，形成灯泡外壳，一个内装式卤钨灯泡焊在反射镜底座上，结构如图 6-14 所示。这种由充碘蒸气小灯泡构成的卤钨灯芯在汽车上应用最为广泛。

灯芯里面的卤钨灯泡由耐高温的玻璃壳和钨丝制成，灯泡装入封闭的反射镜和配光镜组成的壳内。由于灯泡内充了卤素气体，钨丝比一般封闭式前照灯内的钨丝能耐更高温度，因此卤钨灯泡能点得更亮。

图 6-13　标准封闭式前照灯　　　　　　图 6-14　用充碘蒸气灯泡的封闭式卤钨前照灯
1-配光镜；2-反射镜；3-插头　　　　　1-充碘蒸气的内装灯泡；2-灯丝；3-封闭的灯芯壳；4-配光镜

在一般封闭式前照灯里，灯丝发热便从表面释放出钨原子，这些释放出的钨原子沉积在灯泡内表面，形成影响透光的黑色污斑。而在卤钨灯泡里，碘蒸气能使释放出的钨原子再沉积回到灯丝，这便从实质上消除了黑斑，因而它的发光亮度能比一般灯泡增加 25%，同时延长了灯丝的寿命。

**3. 投射式前照灯**

投射式前照灯的光学系统主要由灯泡、反射镜、遮光镜、凸型配光镜组成。使用很厚的无刻纹的凸型配光镜,反射镜为椭圆形,所以其外径很小。投射式前照灯具有两个焦点,第一个焦点为灯泡,第二个焦点在灯光中形成。经过凸型配光镜聚集光线投向远方,结构如图 6-15 所示。其优点是焦点性能好,其光线投射途径是:

(1)灯泡射向上部的光线经过反射镜投向第二焦点后,经过凸型配光镜聚焦投向远方。

(2)同时灯泡射向下部的光线经过遮光镜反射,反射回反射镜再投向第二焦点,经过凸型配光镜聚焦投向远方。

图 6-15　投射式前照灯的结构

1-屏幕;2-凸型配光镜;3-遮光镜;4-椭圆反射镜;5-第二焦点($F_2$);6-第一焦点($F_1$)

## 6.3　灯光开关

现今的汽车广泛使用安装在转向柱上,位于转向盘左边的拨杆式灯光组合开关,如图 6-16 所示。拨杆式灯光组合开关组合了灯光总开关、雾灯开关、变光开关、超车灯开关和转向灯开关,有的还有停车灯开关。灯光总开关有 4 个挡位,分别是灯光关闭、自动挡、示宽灯挡和远光灯挡,通过转动手柄 A 实现挡位变化。雾灯开关有 3 个挡位,分别是关闭、前雾灯挡和后雾灯挡,通过转动手柄 B 实现挡位变化。前雾灯挡时前雾灯亮,后雾灯挡时前/后雾灯同时亮。变光开关和超车灯开关通过上拉和下压(以转向盘为基准)实现远光/近光/超车灯的变化。转向灯开关操作是前推为打开右转向灯,后拉为打开左转向灯,许多车的转向灯开关还具有转向后自动复位切断转向灯电路的功能。

图 6-16　拨杆式灯光组合开关

## 6.4 灯光的控制和检测系统

### 6.4.1 灯光控制系统的分类

灯光控制系统按供电方式可分控制电源与控制搭铁两种。按控制元件可分为灯光开关直接控制、继电器控制、带灯光故障传感器控制等。

按灯光功能可分为以下几类:灯光照射角度调整、灯光自动开启、灯光关闭延时、前灯清洗等。

### 6.4.2 前照灯控制系统

**1. 灯光开关直接控制(控制电源)**

灯光开关直接控制式(控制电源)的典型电路,如图6-17所示。图中有前照灯(远光灯/近光灯/前示宽灯)、尾灯和前/后雾灯等。控制开关由点火开关、灯光总开关、变光/超车灯开关、转向/停车灯开关和雾灯开关组成。继电器由X继电器和雾灯继电器组成。

(1)前照灯电路:前照灯电路有近光灯电路、远光灯电路和超车灯电路。当点火开关接通到X挡、灯光总开关接通到2挡时。

图6-17 桑塔纳2000灯光电路简图

(2)近光灯电路是:蓄电池正极→点火开关30端子→点火开关X端子→灯光总开关X端子→灯光总开关56端子→变光开关56端子→变光开关56b端子→左右近光灯→搭铁→蓄电池负极。

(3)远光灯电路是:蓄电池正极→点火开关30端子→点火开关X端子→灯光总开关X端子→灯光总开关56端子→变光开关56端子→变光开关56a端子→左右远光灯→搭铁→

蓄电池负极。

(4) 超车灯电路与点火开关和灯光总开关无关。超车灯电路是：蓄电池正极→变光开关30端子→变光开关56a端子→左右远光灯→搭铁→蓄电池负极。

(5) 示宽灯电路：灯光总开关接通到1挡或2挡时，左示宽灯电路是：蓄电池正极→灯光总开关30端子→灯光总开关58L端子→左边的前后示宽灯→搭铁→蓄电池负极。右示宽灯电路是：蓄电池正极→灯光总开关30端子→灯光总开关58R端子→右边的前后示宽灯→搭铁→蓄电池负极。

(6) 停车灯电路：当汽车靠左边停车，将停车灯开关拨向前，接通停车灯开关P端子和PR端子。这时，右边停车灯亮。右边停车灯电路是：蓄电池正极→点火开关30端子→点火开关P端子→停车灯开关P端子→停车灯开关PR端子→右边的前后示宽灯→搭铁→蓄电池负极。这是将示宽灯泡作为停车灯使用。左边停车灯电路也基本相同不再叙述。

(7) 雾灯电路：雾灯电路是灯光电路里面最复杂的电路。从电路看，雾灯电源受雾灯开关控制，雾灯开关电源受雾灯继电器控制，雾灯继电器电源受X继电器控制，X继电器线圈受点火开关控制。当汽车行驶中，点火开关接通X继电器线圈，X继电器触点闭合给雾灯继电器30端子提供X电源。正常行驶中发现有雾，先接通灯光开关1挡或2挡，通过灯光开关58端子给雾灯继电器线圈供电，雾灯继电器触点闭合给雾灯开关提供电源。接着将雾灯开关拨到1挡。这时前雾灯电路是：蓄电池正极→X继电器30端子→X继电器87端子→雾灯继电器30端子→雾灯继电器87端子→雾灯开关X端子→雾灯开关83a端子→左右雾灯→搭铁→蓄电池负极。后雾灯电路与前雾灯电路基本相同不再叙述。

2. 灯光开关直接控制（控制搭铁）

灯光开关直接控制式（控制搭铁）的典型电路，如图6-18所示。

汽车行驶中，先将灯光控制开关拨到前照灯挡（HEAD挡），同时将变光开关拨到近光灯挡（LOW挡）。这时近光灯电流是：蓄电池正极→熔断线FL MAIN→15A右边前照灯熔断器和15A左边前照灯熔断器→H14右近光灯和H12左近光灯→C8组合开关8端子→变光开关HL端子→变光开关ED端子→灯光开关H端子→灯光开关EL端子→C8组合开关11端子→搭铁→蓄电池负极。

图6-18 丰田花冠大灯和示宽灯电路简图

如将变光开关拨到远光灯挡(HIGH 挡),这时远光灯电流是:蓄电池正极→熔断线 FL MAIN→15A 右边前照灯熔断器和 15A 左边前照灯熔断器→H13 右远光灯和 H11 左远光灯→C8 组合开关 9 端子→变光开关 HU 端子→变光开关 ED 端子→灯光开关 H 端子→灯光开关 EL 端子→C8 组合开关 11 端子→搭铁→蓄电池负极。

如将变光开关拨到超车挡(FLASH 挡)。这时超车灯电流是:蓄电池正极→熔断线 FL MAIN→15A 右边前照灯熔断器和 15A 左边前照灯熔断器→H13 右远光灯和 H11 左远光灯→C8 组合开关 9 端子→变光开关 HU 端子→变光开关 EL 端子→C8 组合开关 11 端子→搭铁→蓄电池负极。近光灯、远光灯和超车灯的控制都是使用开关在搭铁端直接控制。

当灯光控制开关拨到尾灯挡(TAIL 挡)和前照灯挡(HEAD 挡)时,前后示宽灯电流是:蓄电池正极→熔断线 FL MAIN→15A 熔断器→C8 组合开关 13 端子→C8 组合开关 2 端子→前后左右的示宽灯和左右牌照灯→搭铁→蓄电池负极。这些灯的控制是电源控制。

3. 继电器控制

有些车型的灯光控制系统增加了前照灯控制继电器、前照灯变光继电器和综合继电器,灯光控制开关及变光器开关控制的均为信号线,降低了开关触点及控制回路的电流,如图 6-19 所示。

当灯控制开关置于 HEAD 挡时,综合继电器接收到搭铁信号,综合继电器控制前照灯控制继电器 3 号、4 号端子闭合,则电源经前照灯变光继电器内部常闭触点,再经两个熔断丝分别加至左右近光灯形成回路,近光灯点亮。当变光器开关置于远光位置(H1)时,前变光继电器常开触点闭合,则蓄电池电压经前照灯变光继电器 3 号端子,再经两熔断丝,分两路加至 4 个远光灯及远光指示灯形成回路,远光灯及远光指示灯同时点亮。

当变光开关拉到最高位置超车挡时(FLASH 挡)时,通过 B11 使前照灯控制继电器触点闭合,同时通过 B10 使前照灯变光继电器常开触点闭合。通过 HEAD LH-UPR 熔断丝和 HEAD RH-UPR 熔断丝给车前 4 盏远光灯供电,远光灯亮。这时只要手一松开,变光开关立即复位,远光灯灭。

4. 带灯光故障传感器的控制

有一些车型的灯光控制系统增加了灯故障传感器,如图 6-20 所示。它可监测尾灯的工作状态。当任何一尾灯出现短路或断路以及所用灯泡不符合标准时,灯光故障传感器通过端子 3 和端子 5 监测尾灯的异常工作电压并将故障指示灯点亮,来提示驾驶员需要维修。有些车型的灯光故障传感器还可监测示宽灯、远近光灯、制动车灯、雾灯等,如奔驰、宝马等。故障信息有的通过故障指示灯提示,有的通过仪表信息中心提示。

### 6.4.3 前照灯控制装置

1. 前照灯昏暗自动发光器

这种昏暗自动发光器的作用是在汽车行驶过程中(并非夜间行驶),当汽车前方自然光的强度降低到一定程度时(如汽车通过高架桥、林荫小道、树林竹林、突然乌云密布等),发光器便自动将前照灯电路接通,开灯行驶以确保行车安全。

图 6-21 为前照灯昏暗自动发光器的电路图。该装置一般都装在汽车仪表板上,主要由光电传感器和晶体管放大器两大部分组成。光电传感器由光敏元件、延时电路、控制开关等

组成。在向汽车上安装光电传感器时,应注意将其感光面朝上,用以接收从汽车风窗玻璃射进来的自然光。其光通量的大小可由传感器前面的光阀进行调整,以适应各种情况(包括季节)的变化。晶体管放大器主要由晶体三极管 $T_1$ 和 $T_2$、二极管 $D_1$ 和 $D_2$、电阻 $R_1 \sim R_9$、电容 $C_1$ 和 $C_2$ 以及灵敏继电器 $J_1$ 和功率继电器 $J_2$ 等组成。这种自动发光器的工作原理如下:

图 6-19 继电器控制系统电路图

图 6-20 带灯光故障传感器的控制系统

(1)汽车行驶时,当自然光的强度降低至某一程度而被光电传感器接收时,传感器中光敏电阻 $R_2$ 的阻值减小到一定数值,它便将需要发光的电压(信号)输出,送往晶体管放大器。

(2)当晶体管放大器接收到光电传感器的输出信号后,晶体三极管 $T_1$ 的基极电位迅速下降,灵敏继电器 $J_1$ 线圈电路被接通。

(3)当继电器 $J_1$ 电路接通后,它便产生电磁吸力使其触点 $K_1$ 闭合;当 $K_1$ 闭合后,功率继电器 $J_2$ 的电路也被接通,故开关 $K_2$ 也被吸合,将接至前照灯的电路接通,前照灯即被点亮。

电路中晶体三极管 $T_2$ 的主要作用是延时,即当点火开关切断时,$T_2$ 使 $T_1$ 管保持导通,直到电容器 $C_2$ 上的电压减小到不足使 $T_2$ 导通时为止。$T_2$ 截止后,$T_1$ 亦截止,由于继电器 $J_2$

和 $J_2$ 的作用,使触点 $K_1$ 和开关 $K_2$ 均打开,前照灯自动熄灭。其延时时间的长短可由电位器 $R_{10}$ 进行调节。

图 6-21 前照灯昏暗自动发光器电路

## 2. 前照灯自动变光器

汽车前照灯自动变光器是一种根据对方车辆灯光亮度自动变光为远光或近光的自动控制装置。在夜间,两车相对行驶到相距 150~200m 时,对方的灯光照到自动变光器上,就立即自动变远光为近光,从而避免远光给对方驾驶员带来炫目,两车相会后,变光器又自动变近光为远光。

图 6-22 为具有光敏电阻的自动变光器电路,主要由电子电路、光敏电阻和继电器组成。为防止电子电路出故障后影响夜间行驶,还保留了脚踏变光开关,在一些新型的汽车上,变光开关多安装在转向柱上。

自动变光器的工作工程:

在对面没有车辆驶来时,继电器 J 的线圈内没有电流通过,触点 K 和远光灯的接线柱接触,远光灯亮。当对面驶来的车辆相距 150~200m 时,灯光照射在光敏电阻 R 上,使光敏电阻的阻值突然减小,于是晶体三极管 $T_1$ 获得较大的正偏压而导通,使 $T_2$ 获得正向偏压也导通,$T_3$ 的基极电流被短路,$T_3$ 截止,使 $T_4$ 的基极电位升高,$T_4$ 导通。$T_4$ 的导通接通了 $T_5$ 的基极电流,$T_5$ 导通使继电器 $K_1$ 的线圈内有电流通过,产生电磁力使触点与远光灯接线柱 1 断开,而和近光灯接线柱 2 接通,灯光由远光变为近光。

两车相会之后,作用到光敏电阻上的强光消失,电阻的阻值迅速增大,使三极管 $T_1$ 的正向偏压迅速降低,$T_1$ 截止,$T_2$ 的基极电流被断路,$T_2$ 也被截止。结果切断了 $T_5$ 的基极电流,$T_5$ 截止,继电器 J 线圈中的电流被切断,触点 K 和近光接线柱 2 断开,又和远光接线柱 1 接触,恢复远光灯的工作。

图 6-22　具有光敏电阻的自动变光器电路

在近光状态时，$T_6$ 的基极电位为零，所以 $T_6$ 截止，并联电阻 $R_3$ 被断路，因而使支路的电阻增大，灵敏度改变，使电路转换出现滞后现象，这样可以有效防止杂散光的干扰。

如果电子控制部分出现故障或损坏，可以使用脚踏变光器变光。当踩下脚踏变光开关 S 时，S 就由"1"位置变到"0"位置，使继电器 J 的线圈获得电流，产生电磁力，使触点 K 和接线柱 1 断开，与接线柱 2 接通，使前照灯由远光变为近光。松开脚踏变光时，S 由"0"位返回到"1"位。切断继电器线圈中的电流，触点 K 又和接线柱"1"接触，变近光为远光。

### 6.4.4　前照灯自动调整系统

当汽车的负荷发生变化时，车身高度会改变，前照灯的光束角度和照明范围也会随着而变化。当汽车负荷较大时，前照灯距地面变近，使照明范围变小。反之，虽然照明范围变大，但是会使来车产生炫目，这样都会造成安全事故。为了克服负荷对照明的影响，一些先进的汽车上设置了前照灯自动调整系统。该系统根据汽车负荷的不同自动调整前照灯光束前倾的角度，使照明范围不变。图 6-23 为博世公司生产的前照灯自动调整系统的工作原理图。

图 6-23　前照灯自动调整系统

电感传感器一接收前后桥与车身的相对位移，并把该位移转变成表征车身实际高度的电信号，然后输送到信号合成器，与标准信号合成器传送的标准信号进行比较，得到差值信号，经放大器放大后，输送给双金属片执行机构，双金属片随差值信号的变化，得到不同的热量，产生相应的变形，作用于转动杠杆，使前照灯围绕支点转动到适当位置。

**课堂讨论一**

1. 前照灯由哪几部分组成？各组成部件的作用是什么？

2. 前照灯为什么要分近光和远光？各有什么作用？
3. 前照灯的防炫目措施有哪些？
4. 前照灯的电路由哪几部分组成？
5. 根据前照灯电路图,分析灯光不亮的原因和排除方法。

**相关技能一**

### 6.5 前照灯的使用

汽车使用中,对前照灯的要求是:既要有良好的照明,又要避免使迎面来车驾驶员产生炫目,因此使用前照灯时应注意以下几点:

(1)保持前照灯配光镜清洁,尤其在雨雪天气行驶时,泥尘等污垢会使前照灯的照明性能降低50%。有的车型装有前照灯刮水器和喷水器。

(2)夜间两车会车时,两车在相距150m之外要关闭前照灯远光,换用近光,以保证行车安全。

(3)为保证前照灯的各项性能,在更换前照灯后或汽车每行驶10000km后,应对前照灯光束进行检查调整。

(4)定期检查灯泡和线路插座以及搭铁有无氧化和松动现象,保证插接件接触性能良好,搭铁可靠。如果接点松动,在接通前照灯时,会因电路的通断产生电流冲击,从而烧坏灯丝,如果接点氧化,则会因接点压降增大而使灯泡亮度降低。

### 6.6 照明系统电路连接和故障判断实训步骤

(1)学习与实训有关的知识,查询相关技术标准。
(2)领取实训有关的工具、设备、器材。
(3)根据平时对轿车的认识,对照整车电路图、描述灯光电路组成、位置和各零部件作用。
(4)观察整车电路示教板和灯光仪表电路示教板,对照整车电路图,描述灯光电路组成、原理和各零部件作用。
(5)在桑塔纳2000电路连接实训台上,进行灯光电路主要零部件认识和电路连接。
(6)在桑塔纳2000电路连接实训台进行灯光电路故障判断。
(7)完成实训任务后,接受指导老师的技能考核。
(8)整理清洁工作场所,清点收拾借出的工具、设备、资料,交回实训室。

**小组工作一**

### (实训项目9 照明系统电路连接和故障判断)

1. 每3~5名学生组成1个工作小组,确定1名小组长,接受工作任务,做好工作准备。
2. 阅读工作单,查阅维修手册或实训指导书以及桑塔纳2000全车电路图,观察待修车辆的灯系电路。小组成员共同画出灯系电路(前照灯、示宽灯、超车灯、停车灯和雾灯)原理图。

3．按照工作单的引导,完成上述灯光电路的主要零部件认识和检测。

4．将小组成员共同画出灯系原理图交指导教师,经指导教师同意后,开始连接灯光电路。

5．设置前照灯不亮的故障。

6．小组成员共同讨论前照灯不亮的原因、检修的方法和步骤。向实训指导教师汇报讨论结果,经指导教师同意后,开始排除故障。

7．回答指导教师的现场提问,接受指导教师的技能考核。

8．完成工作任务后,对工作过程进行自我评价和小组互评,听取指导教师的点评。

9．清洁工作场所,清点维护工具设备,完成任务交接。

### 生产任务二

**转向灯不亮故障检修**

1．工作对象

转向灯不亮故障轿车一辆。

2．工作内容

(1)领取所需的工具,做好工作准备;

(2)认识所修汽车照明系统电路:找到转向灯电路所有零部件(组合开关、闪光器、点火开关和熔断器等)位置;

(3)打转向灯开关,查明故障现象和故障特征;

(4)检查蓄电池技术状态和连接状态;

(5)检查转向灯电路各熔断器、闪光器和点火开关;

(6)在每一检查过程中,及时分析检查现象、发现故障点并修复;

(7)检查、评价工作质量;

(8)整理工具,清洁工作场地。

3．工作目标与要求

(1)学生应以小组工作的方式,完成本项工作任务;

(2)学生应当能在小组成员的配合下,利用汽车维修手册或实训指导书,制订工作计划,实施工作计划;

(3)能通过阅读资料和现场观察,口述所修汽车照明系统电路和工作原理;说明照明系统主要零部件在汽车上位置、作用和结构;

(4)能分析所修汽车转向灯不亮故障的可能原因,针对可能原因制订检查和判断方法;

(5)能根据具体所修汽车转向灯不亮故障情况,制订故障诊断步骤、诊断和判断方法;

(6)能向客户解释所修汽车转向灯电路情况和修复方案;

(7)能按规范的步骤,完成转向灯不亮的排除,恢复汽车的转向灯的使用功能;

(8)在工作过程中注意工作安全,做好废料的处理,保持工作环境整洁。

## 相关知识二

### 6.7 转向信号灯及闪光器

汽车转向灯主要是用来指示车辆的转弯方向,以引起交通警察、行人和其他驾驶员的注意,提高车辆行驶的安全性。另外,汽车转向灯同时闪烁还用作危险警报的指示。汽车转向灯的闪烁是通过闪光器来实现的,闪光器通常按结构和工作原理的不同分为电热丝式、电容式、晶体管式、集成电路式等。

过去汽车转向灯闪光器多采用电热式结构,由于它们工作稳定性差、寿命短、信号灯的亮暗不够明显,因而目前多采用结构简单、体积小、工作稳定、使用寿命长的电子式闪光器,即晶体管式和集成电路式两大类。

#### 6.7.1 晶体管式闪光器

晶体管闪光器分有触点式和无触点式两种。图 6-24 为有触点晶体管式闪光器,其工作原理如下:

当汽车向左转弯时,转向开关 S 接通左转向灯,电流便从蓄电池正极、熔断器、电阻 $R_0$、触点 P、转向开关 S、左转向灯、搭铁、蓄电池负极构成回路,左转向信号灯和指示灯点亮。同时,$R_0$ 上的电压降使三极管 V 导通产生集电极电流。集电极电流经继电器 K 搭铁,继电器 K 的线圈产生电磁吸力使触点 P 打开。于是,蓄电池向电容器 C 充电,使左转向灯的灯光变暗。随着充电时间的延长,充电电流减小,三极管 V 的基极电位提高,偏流减小。当基极电位接近发射极电位时,三极管 V 截止,集电极电流消失,触点 P 又闭合,转向灯又被点亮,同时,电容 C 经 $R_2$、触点 P、$R_1$ 放电。电容器 C 放完电后,三极管 V 的基极上又恢复低电位,三极管 V 重新导通,集电极电流又经继电器 K 的线圈产生电磁吸力使触点 P 打开,重复上述动作,使转向灯闪烁。

图 6-25 所示为无触点闪光器,其工作原理如下:

图 6-24 有触点晶体管式闪光器的电路

图 6-25 国产 SG131 型无触点闪光器
1-闪光器;2-转向灯;3-转向开关

接通转向灯开关,$V_1$ 因有正向偏压而导通,$V_2$、$V_3$ 则截止。由于 $V_1$ 的集电极电流很小,故转向灯是暗的。此时,电源通过 $R_1$ 对电容 C 充电,使得 $V_1$ 的基极电位下降,当低于其导通电压时,$V_1$ 截止,$V_2$ 通过 $R_3$ 得到正向偏压而导通,$V_3$ 也随之导通,转向灯变亮。此时,电容 C 经 $R_1$、$R_2$ 放电,使 $V_1$ 的截止保持一段时间,转向灯也保持亮的状态。随着电容 C 放电电流的逐渐减小，$V_1$ 基极电位开始升高，当达到其正向导通电压时，$V_1$ 又导通，$V_2$、$V_3$ 又截止，转向灯又变暗。如此循环，使转向灯闪烁。

### 6.7.2 集成电路闪光器

集成电路闪光器与晶体管闪光器的不同之处就是用集成电路 IC 取代了晶体管振荡器，这类闪光器也分有触点式和无触点式两种。桑塔纳 2000 汽车使用集成电路闪光器，其转向灯电路如图 6-26 所示。

当点火开关接通时，通过闪光器 49 端子给集成电路供电。这时如果转向灯开关闭合，通过连接 49a 端子的 AB 线路给集成电路一个搭铁信号，使集成电路通电开始工作。集成电路工作后产生 80~90 次/min 的脉冲信号，该正脉冲信号可以控制集成电路内部的一个三极管导通。三极管导通时可以接通继电器线圈，继电器线圈通电产生电磁力将常开触点闭合，接通转向灯电路。当负脉冲时，三极管截止、线圈断电，触点打开切断转向灯电路，使转向灯在闪光器控制下以 80~90 次/min 闪烁。

## 6.8 转向灯和危险警报灯电路实例

汽车的危险警报灯电路使用了转向灯电路的灯泡和闪光器，使转向灯电路和危险警报灯电路实际结合成为电路。下面叙述桑塔纳 2000 汽车转向灯和危险警报灯电路以及丰田花冠汽车转向灯和危险警报灯电路。

### 6.8.1 桑塔纳 2000 汽车转向灯和危险警报灯电路

桑塔纳 2000 汽车转向灯和危险警报灯电路，如图 6-27 所示。电路由蓄电池、点火开关、危险警报灯开关、闪光器、转向灯开关和左右转向灯组成。危险警报灯开关上面 15 端子和 30 端子，分别是来自点火开关的电源 15 和蓄电池正极的电源 30。来自点火开关的电源 15 在危险警报灯开关处于 0 挡不工作时，电流经过危险警报灯开关内部常闭的开关和端子 49、闪光器、转向灯开关给转向灯供电。来自蓄电池正极的电源 30 在危险警报灯开关处于 1 挡工作时，电流经过危险警报灯开关内部开关和端子 49、闪光器、闪光器的 49a 端子和危险警报灯开关的 49a 端子回到危险警报灯开关。通过转危险警报灯开关内部开关 L 和开关 R 同时给左右转向灯供电，左右转向灯同时闪烁。

### 6.8.2 丰田花冠汽车转向灯和危险警报灯电路

丰田花冠汽车转向灯和危险警报灯电路，如图 6-28 所示。电路主要由蓄电池、点火开关、IG1 继电器、转向信号闪光器、转向灯开关、危险警报灯开关、防盗 ECU 和左右转向灯等组成。转向信号闪光器有 1 号端子 IG、2 号端子 LR、3 号端子 LL、4 号端子 +B、5 号端子 EL、6 号端子 ER、7 号端子 GND 和 8 号端子 EHW。当打开点火开关时，蓄电池正极通过 IG1 继电器的触点和转向信号闪光器 1 号端子 IG 给转向信号闪光器的内部电子元件供电、通过 7 号端子 GND 搭铁回到蓄电池负极。这时，如果转向灯开关拨到左转向位置，给转向信号闪光器 5 号端子 EL 一个搭铁的低电压信号。转向信号闪光器接到信号后，通过内部的电子元件将 1 号端子 IG 和 3 号端子 LL 接通。左转向灯和左转向信号指示灯的电流由蓄电池正极→熔断线 FL MAIN→IG1 继电器触点→转向灯闪光器的 1 号端子 IG→转向灯闪光器的 3 号端子 LL→左前、左后和左侧三个转向灯和仪表板上左转向灯信号灯共 4 个灯→搭铁→蓄电池负极。右转向灯工作过程基本相同。

图 6-26 桑塔纳 2000 汽车转向灯电路简图　　图 6-27 桑塔纳 2000 汽车转向灯和危险警报灯电路原理图

图 6-28 丰田花冠汽车转向灯和危险警报灯电路原理图

危险警报灯工作原理如下：不管点火开关是否接通，只要闭合危险警报灯开关就会给转向信号闪光器 8 号端子 EHW 一个搭铁的低电压信号。转向信号闪光器接到信号后通过内部的电子元件将 4 号端子 +B 分别与 2 号端子 LR 和 3 号端子 LL 接通。这时危险警报灯的电流由蓄电池正极→110A HAZARD 熔断器→转向灯闪光器的 4 号端子 +B→转向灯闪光器的 3 号端子 LL 和转向灯闪光器的 2 号端子 LR→前/后、左/右和侧面转向灯和仪表板上左/右转向灯信号灯共 8 个灯→搭铁→蓄电池负极。前/后、左/右和侧面转向灯的 6 个转向灯闪烁、利用全部转向灯闪烁起到危险警报灯的作用。同时,仪表板上面的左/右转向灯信号灯也同步闪烁,给驾驶员危险警报灯打开的信息。

防盗报警电路工作原理如下:当有人试图不用钥匙进入车内或强行移动车辆等行为时,车内防盗系统由监控状态转为报警状态,这时防盗 ECU 给转向信号闪光器 8 号端子 EHW 一个搭铁的低电压信号。前/后、左/右和侧面转向灯的 6 个转向灯闪烁和车内的喇叭响起,起到防盗报警和阻吓的作用。具体工作过程与危险警报灯相同,不再叙述。

### 6.9 制动信号装置

制动信号装置由制动信号灯、制动灯开关以及连接线路组成。

制动开关有液压式、气压式和机械式等。图 6-29 为气压式制动灯开关,适用于气压制动系统。制动灯开关还有液压式(安装在液压管路中),由液压闭合开关。制动灯开关还有机械式(安装在制动踏板的杠杆附近),踩下自动踏板时开关闭合。

还有车型利用简单的干簧管和线圈组成的电流型继电器监测制动灯电路,如图 6-30 所示。当踩下制动踏板时,制动灯开关闭合,蓄电池通过熔断器、制动灯开关、干簧管上的线圈给制动灯供电,制动灯点亮提醒后车。同时,干簧管里面触点闭合,接通仪表板上面的制动信号灯,制动信号灯点亮告知驾驶员制动灯工作正常。如熔断器烧断、制动灯开关接触不良、线路断路/短路和制动灯灯丝烧断,这时干簧管上的线圈电流被切断,仪表板上面的制动信号灯熄灭,告知驾驶员制动灯电路有故障。

图 6-29 气压式制动灯开关
1-壳体;2-膜片;3-胶木盖;4、5-接线柱;6-触点;7-弹簧

图 6-30 制动灯工作状态监测电路

### 6.10 倒车灯

当倒车时,变速器操纵杆将倒车灯开关闭合,一方面倒车灯亮,另一方面倒车报警器也通电,倒车灯电路如图 6-31 所示。由于继电器线圈 $L_1$ 和 $L_2$ 中的电流大小相等方向相反,线

圈电磁力抵消,继电器触点 4 保持闭合,所以倒车报警器喇叭 5 有声响。随着电容器 6 被 $L_2$ 中的电流充电,两端电压逐渐升高,$L_2$ 中的电流逐渐减小,当电流减小到一定程度时,两线圈电磁力差值就能克服触点的弹簧力吸开触点 4,使电路断开,喇叭便停止发声。触点打开后电容器向两线圈放电,使触点继续断开,随着电容器的放电,其电压下降,两线圈电磁力差值变小,触点又闭合。

图 6-31 倒车警告信号电路
1-熔断丝;2-倒车灯开关;3-倒车灯;4-继电器触点;5-蜂鸣器;6-电容器;7-倒车信号间歇发声控制器

### 课堂讨论二

1. 简述电子式闪光器的作用与工作原理。
2. 两侧转向灯闪烁频率不同,通常是由什么故障引起?
3. 普通电喇叭和电子电喇叭各有什么特点?
4. 我国的交通法规中对制动信号装置有什么规定?
5. 汽车上有哪些报警装置?各有什么作用?

### 相关技能二

#### 6.11 转向灯电路和危险警报灯电路连接和故障判断

(1)描述转向指示灯电路组成、主要零部件作用和工作原理。
(2)描述危险警报灯电路组成、主要零部件作用和工作原理。
(3)在桑塔纳 2000 汽车电路连接实训台上,进行灯光电路主要零部件认识和电路连接。
①危险警报灯开关认识。
②转向灯/停车灯开关认识。
③闪光继电器认识。
(4)按图连接转向指示灯和危险警报灯电路(先使用直尺和铅笔连接,指导教师检查正确后,用彩笔连接)。
(5)在桑塔纳 2000 汽车电路连接实训台上,连接转向指示灯和危险警报灯电路并演示。
(6)在桑塔纳 2000 汽车电路连接实训台使用故障线设置转向指示灯灯光不亮故障,进行故障判断与排除。
(7)在桑塔纳 2000 汽车电路连接实训台使用故障线设置危险警报灯灯光不亮故障,进行故障判断与排除。
(8)完成实训任务后,接受指导老师技能考核。
(9)整理清洁工作场所,清点收拾借出的工具、设备、资料,交回实训室。

### 小组工作二

**（实训项目 10　转向灯和危险警报灯电路连接和故障判断）**

1. 每 3~5 名学生组成 1 个工作小组，确定 1 名小组长，接受工作任务，做好工作准备。
2. 阅读工作单，查阅维修手册或实训指导书以及桑塔纳 2000 汽车全车电路图，观察待修车辆的灯系电路。小组成员共同画出灯系电路（转向灯、危险警报灯）原理图。
3. 按照工作单的引导，完成（转向灯、危险警报灯）灯光电路的主要零部件认识和检测。
4. 将小组成员共同画出的灯系原理图交指导教师，经指导教师同意后，开始连接电路。
5. 设置转向灯或危险警报灯不亮的故障。
6. 小组成员共同讨论转向灯、危险警报灯不亮的原因、检修的方法和步骤。向实训指导教师汇报讨论结果，经指导教师同意后，开始排除故障。
7. 回答指导教师的现场提问，接受指导教师的技能考核。
8. 完成工作任务后，对工作过程进行自我评价和小组互评，听取指导教师的点评。
9. 清洁工作场所，清点维护工具设备，完成任务交接。

### 拓展知识与技能

#### 6.12　汽车局域网控制的多功能灯光电路

雪铁龙 C5 汽车采用汽车局域网控制的多功能灯光电路，该电路主要由蓄电池（BB00）、发动机舱熔断丝盒控制器（PSF1）、智能控制盒（BSⅡ）、点火开关（CA00）、仪表总成（0004）、转换开关模块（CV00）、转向盘转角传感器（7130）、雨水/亮度传感器（5008）、前照灯水平调节开关（6600）和左前照灯总成（2610）以及右前照灯总成（2615）等组成（图 6-32）。

电源蓄电池（BB00）通过线路 BB02 传给发动机舱熔断丝盒控制器，供给各用电设备使用。需要控制灯光点亮时，点火开关（CA00）的信号通过 BE 和 1065 两根线路传给智能控制盒（BSⅡ），同时组合灯光开关的信号由转换开关模块（CV00）通过网络线 9024C 和 9025C 将所有的灯光信号传给智能控制盒（BSⅡ）。智能控制盒（BSⅡ）又通过网络线 9017 和 9018 将信号传给发动机舱熔断丝盒控制器（PSF1）。由发动机舱熔断丝盒控制器（PSF1）控制灯光的亮暗变化。其中，通过线路 2701 和 2702 分别控制左右近光灯，通过线路 2801A 和 2802A 控制左右远光灯，通过线路 2705 和 2706 控制前示宽灯亮暗变化。在发动机舱熔断丝盒控制器（PSF1）控制近光灯、远光灯和示宽灯亮的同时，还可以通过网络线传递信号给仪表总成（0004），仪表总成（0004）控制内部相应的指示灯亮暗变化。当雪铁龙 C5 汽车灯光开关位于自动挡时，位于前风窗玻璃上面的雨水/亮度传感器（5008）的亮度信号通过网络线传给智能控制盒（BSⅡ），再通过发动机舱熔断丝盒控制器（PSF1）控制前照灯自动点亮。

雪铁龙 C5 汽车还具有前照灯光束上下（即远近）手动调节和左右光束自动调节的功能。当需要改变前照灯上下（即远近）时，由人工调节前照灯水平调节开关（6600）通过线路 276G 和 276D 传给左前照灯总成（2610）及右前照灯总成（2615）通过内部的电动机进行调节。人工调节前照灯水平调节开关（6600）有远、中、近三个挡位。当车辆转弯时，转向盘转角传感器（7130）通过网络线 9000 和 9001 传给智能控制盒（BSⅡ），再通过发动机舱熔断丝盒控制器（PSF1）控制灯光总成内部的电动机，使光束的照射角度随转向盘改变。

图 6-32 雪铁龙 C5 汽车局域网控制的多功能灯光电路图

## 6.13 前照灯检测

### 6.13.1 前照灯检测要求

前照灯是汽车在夜间或在能见度较低的条件下,为驾驶员提供行车道路照明的重要设备,而且也是驾驶员发出警示,进行联络的灯光信号装置。所以前照灯必须有足够的发光强度和正确的照射方向。发光强度、照射方向发生变化,都会使驾驶员对前方道路情况辨认不清,或在与对面来车交会时造成对方驾驶员炫目等,从而导致事故的发生。因此,前照灯的发光强度和光束的照射方向被列为机动车运行安全检测的必检项目。

根据国家标准《机动车运行安全技术条件》(GB 7258—2012)的规定,前照灯光束照射位置和发光强度有以下要求。

(1)检验前照灯近光光束照射位置时,前照灯照射在距离10m的屏幕上,乘用车前照灯近光光束明暗截止线转角或中点的高度应为$0.7H \sim 0.9H$($H$为前照灯基准中心高度),其他机动车(拖拉机运输机组除外)应为$0.6H \sim 0.8H$。前照灯近光光束水平方向位置向左偏应小于等于170mm,向右偏应小于等于350mm。

(2)检验前照灯远光照射位置时,对于能单独调整远光光束的前照灯,前照灯照射在距离10m的屏幕上时,要求在屏幕光束中心离地高度,乘用车为$0.85H \sim 0.95H$(但不得低于前照灯近光光束明暗截止线转角或中点的高度),其他机动车为$0.8H \sim 0.95H$;机动车(装用一只前照灯的机动车除外)前照灯远光光束水平位置要求,左灯向左偏应小于等于170mm,向右偏应小于等于350mm,右灯向左或向右偏均应小于等于350mm。

(3)远光光束发光强度要求。机动车每只前照灯的远光光束发光强度应达到表6-2的要求。并且同时打开所有前照灯(远光)时,其总的远光光束发光强度应符合《汽车及挂车外部照明和光信号装置的安装规定》(GB 4785—2007)的规定。测试时,电源系统应处于充电状态。

前照灯远光光束发光强度最小值要求(单位:坎德拉)　　　表6-2

| 机动车类型 | | 检查项目 | | | | | |
| --- | --- | --- | --- | --- | --- | --- | --- |
| | | 新注册车 | | | 在用车 | | |
| | | 一灯制 | 二灯制 | 四灯制① | 一灯制 | 二灯制 | 四灯制① |
| 三轮汽车 | | 8000 | 6000 | — | 6000 | 5000 | — |
| 最大设计车速小于70km/h的汽车 | | — | 10000 | 8000 | — | 8000 | 6000 |
| 其他汽车 | | — | 18000 | 15000 | — | 15000 | 12000 |
| 普通摩托车 | | 10000 | 8000 | — | 8000 | 6000 | — |
| 轻便摩托车 | | 4000 | 3000 | — | 3000 | 2500 | — |
| 拖拉机运输机组 | 标定功率>18kW | — | 8000 | — | — | 6000 | — |
| | 标定功率≤18kW | 6000② | 6000 | — | 5000② | 5000 | — |

注:①四灯制是指前照灯具有四个远光光束;采用四灯制的机动车其中两只对称的灯达到两灯制的要求时视为合格。
②允许手扶拖拉机运输机组只装用一只前照灯。

(4)机动车装用远光和近光双光束灯时,以调整近光光束为主。对于只能调整远光单光束的灯,调整远光单光束。

### 6.13.2 用屏幕检测前照灯的光束照射位置

在车的正前方 10m 树立一个屏幕,屏幕中 $V$ 是车辆中心线、$H$ 是前照灯中心的高度。要求光束明暗截止线转角或中点的高度应在 $H_1$ 和 $H_2$ 之间。具体 $H_1$ 和 $H_2$ 的标准见国家标准《机动车运行安全技术条件》(GB 7258—2012)。左右偏离也要符合标准规定,如图 6-33 所示。

图 6-33 大灯屏幕检测

### 6.13.3 用前照灯检测仪检测发光强度和光轴偏移量

**1. 检测前的准备**

(1) 在前照灯检验仪(图 6-34)不受光状态下,检查光度计和光轴偏斜指示计的指针是否能对准机械零点。若指针失准,可用零点调整螺钉将其调整在零点上。

(2) 检查聚光透镜和反射镜的镜面有无污物或模糊不清的地方。若有,可用柔软的布或镜头纸等擦拭干净。

(3) 检查水准器的技术状况。若水准器无气泡,要进行修理;若气泡不在红线框内时,可用水准器调节器或垫片进行调整。

(4) 检查导轨是否沾有泥土或小石子等杂物。有杂物时,要扫除干净。

(5) 清除前照灯上的油污。

(6) 轮胎气压应符合汽车制造厂的规定。

图 6-34 前照灯检验仪

(7)汽车蓄电池应处于充足垫状态。

2. 自动追踪光轴式前照灯检验仪的检验方法

(1)将汽车尽可能地与导轨保持垂直方向驶近检验仪,使前照灯与检验仪受光器相距3m。

(2)将车辆摆正,找准器使检验仪和汽车对正。

(3)打开前照灯,接通检验仪电源,用上下、左右控制开关移动检验仪位置,使前照灯光束射到受光器上。

(4)按下测量开关,受光器可追踪到前照灯光束,根据光轴偏斜指示计(标有刻度)和光度计的指示值,即可测得和发光强度。

### 思考与练习

#### 一、填空题

1. 汽车照明(信号)系统由 ＿＿＿＿ 灯、＿＿＿＿ 灯、＿＿＿＿ 装置、＿＿＿＿ 装置及其连线组成。

2. 汽车灯具按安装位置可分为 ＿＿＿＿ 和 ＿＿＿＿。

3. 制动灯装在汽车的 ＿＿＿＿,灯具数量为 ＿＿＿＿ 只,光色为 ＿＿＿＿。

4. 前照明灯的光学系统包括 ＿＿＿＿、＿＿＿＿、＿＿＿＿。

5. 配光镜又称 ＿＿＿＿,它是由 ＿＿＿＿ 压制而成,是很多块特殊的棱镜和透镜组合,几何形状比较复杂,外形一般分 ＿＿＿＿ 和 ＿＿＿＿。

6. 按光学组件的结构不同,可将前照灯分为 ＿＿＿＿ 和 ＿＿＿＿ 两种。

7. 目前,汽车前照灯的灯泡有 ＿＿＿＿ 灯泡、＿＿＿＿ 灯泡和 ＿＿＿＿ 灯泡三种。

8. 转向灯及危险报警灯电路由 ＿＿＿＿、＿＿＿＿、＿＿＿＿ 及指示灯等部件组成。危险报警灯操纵装置不得受 ＿＿＿＿ 的控制。

9. 常见的闪光器为 ＿＿＿＿ 形式。

10. 倒车报警器由 ＿＿＿＿ 控制。

11. 灯光继电器的作用是减少通过控制开关的 ＿＿＿＿,保护 ＿＿＿＿。

12. 接通点火开关"ON"挡,充电指示灯、油压报警灯应 ＿＿＿＿;发动后,两者均应 ＿＿＿＿。

13. 接通点火开关,拉起驻车制动器手柄时,仪表板上的驻车制动灯应 ＿＿＿＿,放松驻车制动器手柄时,该灯应 ＿＿＿＿。

#### 二、选择题

1. 能将反射光束扩展分配,使光形分布更适宜汽车照明的器件是( )。
   A. 反射镜　　　B. 配光屏　　　C. 配光镜

2. 控制转向灯闪光频率的是( )。
   A. 转向开关　　B. 点火开关　　C. 闪光器

3. 功率低、发光强度最高、寿命长而且无灯丝的汽车前照灯是( )。
   A. 投射式前照灯　　B. 封闭式前照灯　　C. 氙灯

4. 四灯制前照灯的内侧两灯一般使用（　　）。
   A. 双丝灯泡　　　　B. 单丝灯泡　　　　C. 两者都可
5. 更换卤素灯泡时，甲认为可以用手指接触灯泡的玻璃部位，乙认为不能。你认为（　　）。
   A. 甲对　　　　　　B. 乙对　　　　　　C. 甲乙都对
6. 前照灯灯泡中的近光灯丝应安装在（　　）。
   A. 反光镜的焦点处
   B. 反光镜的焦点上方
   C. 反光镜的焦点下方
7. 下列哪个关于报警灯和指示灯的陈述是正确的？（　　）
   A. 当前照灯的变光开关被增减一挡时，远光指示灯亮
   B. 氙气灯泡由钨丝和氙元素组成
   C. 氙气前照灯由于发光强度较高，所以比较费电
   D. 灯泡频繁烧坏大多是由于发电机的电压过高导致。
8. 汽车电喇叭音量距车前2m，离地面高1.2m处，应为（　　）dB(A)。
   A. 90~105　　　　B. 80~90　　　　C. >105
9. 转向灯及危险报警灯闪光频率应为（　　）Hz。
   A. 2±0.5　　　　B. 1±0.5　　　　C. 1.5±0.5
10. 洗涤器接通时间不得超过（　　）s。
    A. 3~6　　　　　B. 15　　　　　　C. 15

三、判断题（对的画"√"，错的画"×"）

1. 配光屏在接通远光灯丝时，仍然起作用。（　　）
2. 汽车信号系统的主要信号设备有转向信号灯、后灯、制动灯和倒车灯等。（　　）
3. 前照灯由反射镜、配光屏和灯泡三部分组成。（　　）
4. 前照灯检验的技术指标为光束照射位置、发光强度和配光特性。（　　）
5. 在调整光束位置时，对具有双丝灯泡的前照灯，应该以调整近光光束为主。（　　）
6. 氙灯由石英灯泡、变压器和电子控制器组成，没有传统的钨丝。（　　）
7. 电热式闪光器安装在转向开关和灯泡之间，用以控制灯泡的闪光频率。（　　）
8. 更换卤素灯泡时，可以用手触摸灯泡部位。（　　）
9. 前照灯亮时，示宽灯也应亮着。（　　）
10. 前照灯远光灯亮时，灯泡两端电压与电池两端电压两者不得相差10%。（　　）
11. 汽车每次维护时，应将刮水器减速器内的空间填满润滑脂。（　　）

四、思考与简答题

1. 防止前照灯炫目的措施有哪些？
2. 前照灯由哪几部分组成？前照灯的电路由哪几部分组成？前照灯继电器的作用是什么？
3. 前照灯电子控制装置有哪些？各有什么样的作用？
4. 前照灯安全检验时，其发光强度及光轴方向有哪些要求？
5. 前照灯亮度不够的原因有哪些？

# 单元 7 车速里程表失效故障检修

## 学习情境

一部已行使了 17000km 的 BORA 1.8AT 汽车进厂维修,车主反映行车中车速表最高只能上升到 100km,经进厂检验,怀疑仪表电路或传感器有故障,交汽车电气维修组进一步检查维修。

## 生产任务

**检修汽车仪表**

1. 工作对象

需进行仪表检修的汽车一辆。

2. 工作内容

(1)确认故障现象,对故障现象进行描述;

(2)查找技术资料,分析故障原因;

(3)讨论确定故障诊断流程,分析确定任务实施步骤,进行人员分工,填写计划表;

(4)按计划进行故障检修,记录相关检测数据,分析查找故障原因,修复故障;

(5)确认故障已修复;

(6)进行自检、互检,讨论诊断流程优化,填写检查表;

(7)配合教师进行教学评价。

3. 工作目标与要求

(1)认识车速表的构成及安装位置;

(2)认识车速表电路;

(3)能进行车速表电路检测;

(4)能进行车速表的故障分析与诊断;

(5)能进行车速表的拆装与修复;

(6)能进行团队成员的有效沟通与协作。

## 相关知识

### 7.1 汽车仪表作用和组成

汽车仪表是为驾驶员提供重要汽车运行信息的装置,使驾驶员能在行车中控制汽车处于良好的运行状态;及时发现汽车故障或潜在的故障,以便及时维修、减小维修费用、延长汽车使用寿命;同时,也是维修人员发现和排除故障的重要工具。

汽车仪表总成(图7-1),通常由仪表、指示灯和警报灯组成。仪表主要有车速里程表、发动机转速表、冷却液温度表和燃油油量表。有的汽车还有时钟、机油压力表和制动气压表。指示灯有转向指示灯、变速器挡位指示灯和远光指示灯等。警告灯有机油压力警告灯、冷却液温度警告灯和制动液液面警告灯等。

图 7-1 汽车仪表图
1-燃油表;2-里程表;3-速度表;4-里程表/单程里程表切换按钮;5-转速表;6-冷却液温度表

## 7.2 汽车仪表的类型

### 7.2.1 汽车仪表按工作原理分

(1)机械式仪表:基于机械作用力而工作的仪表(如传统的里程表)。

(2)电气式仪表:基于电测原理,通过各类传感器将被测的非电量变换成电信号(模拟量)加以测量的仪表(如电热式冷却液温度表)。

(3)模拟电路电子式仪表:其工作原理与电气式仪表基本相同,只不过是用电子器件(分立元件和集成电路)取代了原来的电气器件,现在均采用各种专用集成电路(如电子车速表)。

(4)数字式仪表:由 ECU 采集和处理传感器的信号,将模拟量转换为数字量,经分析处理后控制显示装置的仪表。

(5)网络数字仪表:信号的传递使用汽车局域网工作的数字式仪表。现在新出厂的轿车开始广泛使用网络数字仪表。

### 7.2.2 汽车仪表按安装方式分

(1)分装式仪表:将各仪表单独安装使用。维修中,可以单独维修和更换,如图7-2所示。

(2)组合式仪表:组合仪表(图7-1)是将一些原来可以独立工作的仪表、指示灯和警报灯等组合而成。各仪表信号线直接与传感器相连,这些仪表有的还可以单独维修或更换。

(3)集成仪表:近年来不少中高档轿车采用集成仪表,这种集成仪表内部装有大规模集成电路及微处理器,有的还集成了车载电脑、防盗电脑、网关数据总线等,如奥迪 A6、帕萨特 B5 等。各种仪表信号通过数据总线和网关 ECU 与传感器相连,各种信号经微处理器运算处理后,由微处理器推动步进电动机来操纵指针式仪表,如发动机转速表、车速表、燃油表、冷却液温度表、指示灯等,或使用数字电路直接液晶显示,如图 7-3 所示。

图 7-2 分装式燃油油量表和冷却液温度表

## 7.3 汽车仪表结构和工作原理

现今的汽车全部使用组合式仪表和集成仪表。分装式仪表由于性能不稳定、价格高和维修不方便,已经被淘汰。组合式仪表和集成仪表来源于分装式仪表,其内部结构、电路和工作原理与分装式仪表基本相同,因此下面叙述分装式仪表的内部的结构、电路和工作原理。

### 7.3.1 车速里程表

车速里程表用来指示汽车行驶速度和汽车累计行驶总里程,它由车速表和里程表两部分组成。可分为磁感应式车速里程表、电子式车速里程表和数字式车速里程表。

1. 机械式车速里程表

常见的机械式车速里程表是利用磁感应原理计算里程的,如图 7-4 所示。

图 7-3 液晶显示的数字集成仪表
1-转速表;2-时速表;3-总里程表;4-油表;5-冷却液温度表

图 7-4 磁感应式车速里程表
1-指针;2-刻度盘;3-累计用计数器;4-游丝;5-轭环;6-磁铁;7-驱动轴;8-感应板

它没有电路连接,而是由汽车的变速器或分动器经软轴驱动仪表的主动轴。汽车行驶时,主动轴带动 U 形永久磁铁旋转,在感应罩上产生涡流,涡流受永久磁铁的作用产生转矩,驱动感应罩克服盘形弹簧的弹力做同向偏转,从而带动指针在刻度盘上指示相应的车速值。

车速越快,永久磁铁旋转越快,感应罩上的涡流转矩越大,感应罩带着指针偏转的角度越大,指示的车速值也就越高。

里程表主动轴的旋转还带动三套蜗轮蜗杆按一定传动比传动,从而逐级带动计数轮转动,计数器为十进制,其结构如图 7-5 所示。

右边计数轮每转一圈,相邻的左边计数轮就自动加 1,从右向左依次为 1/10km、1km、10km 等,依次类推。汽车停车后,永久磁铁以及蜗轮蜗杆均停止转动,感应罩上的涡流转矩消失,在盘形弹簧作用下,车速表指针回零,同时里程表也停止计数。车速里程表的数值直接受主减速器传动比和车轮半径的影响,不同车辆的车速里程表一般不能相互换用。

## 2. 电子式车速里程表

电子式车速表里程表由永久磁铁、矩形塑料框内线圈、针轴、里程表电子模块、步进电动机、机械计数器组成。桑塔纳 2000 型汽车的电子式车速表里程表外部,如图 7-6 所示,内部结构如图 7-7 所示。

图 7-5 里程表的齿轮系和计数轮
1-车速表蜗杆;2-减速齿轮系;3-计数轮

图 7-6 桑塔纳 2000 型汽车使用的电子式车速里程表

图 7-7 电子车速里程表测量指示机构
1-标度盘;2-指针组合;3-里程计数器;4-行星齿轮系;5-线路板;6-步进电动机;7-座架;8-动圈式测量机构;9-计数器组;10-日程复位机构

电子式车速里程表的功能包括两部分:电子式车速表和电子里程表,如图 7-8 所示。

(1) 电子式车速表是一个带有通电线圈的指针机构,在恒定磁场下受磁场力的作用。当汽车以不同车速行驶时,在车速里程表传感器上就产生一个不同频率的脉冲信号,由图 7-4 中的 B 端送到单稳态触发电路,用以控制恒流源的输出,从而改变了车速表指针机构中的线圈电流,于是它在恒定磁场中受到的作用力大小就发生了变化,因而车速表指针就指示出相对应的行驶车速。

图 7-8 电子式车速里程表电路图

(2) 电子式里程表中带有里程小计的里程表是一个步进电动机,通过减速齿轮驱动两个鼓形机械十进位计数器,其中小计里程用作日行驶里程记录,只能记录到 999.9km,而里程表累计记录可达 999999km。汽车行驶速度不同时,B 端的脉冲信号频率不同,经 64 分频电路给步进电动机的电源信号也不同,使其旋转速度及里程积累速度也不同。里程小计可以随时清零。电子式车速里程表传感器如图 7-5、图 7-6 所示。它由一个干簧管继电器和一个带有四对磁极的塑料磁环组成。干簧管继电器的触点在磁场作用强时闭合,磁场作用弱时断开。带有磁极的塑料磁环安装在变速器输出轴的凸缘上,干簧管继电器安装在变速器壳体上并靠近塑料磁环。塑料磁环随着汽车的行驶不断转动,作用在干簧管继电器上的磁场强度不断变化,干簧管继电器触点闭合时 B 点为低电位,触点断开时 B 点为高电位,于是,输出端就获得了脉冲信号。车速里程表传感器中的干簧管继电器触点的开闭频率,应该和变速器输出轴的转速及电子式车速里程表的基本工作频率相互匹配。它从变速器后部的霍尔传感器中取得脉冲信号,通过导线传送给指示器,避免了机械式车速里程表用软轴传输转矩所带来的很多弊端,并且精度高、指针平稳和寿命长。

### 7.3.2 发动机转速表

发动机转速表是用来测量发动机的曲轴转速。转速表按结构可以分为机械式和电子式。现今的汽车基本上都采用电子式转速表。比较常见的电子式转速表都是从点火系获取转速信号,图 7-9 是其工作原理图。典型的电子式转速表有两种:

图7-9 电子式转速表原理图

**1. 利用电容充放电的脉冲式电子转速表**

利用电容充放电的脉冲式电子转速表的电路,如图7-10所示。这种转速表通常利用断电器触点产生的信号,当发动机工作时,分电器触点不断开闭,其开闭的次数与发动机的转数成正比。当触点闭合时,三极管 $V_1$ 无偏压而处于截止状态。电容 $C_2$ 被充电,电流流向为蓄电池正极→电阻 $R_3$→电容 $C_2$→二极管 $V_3$→蓄电池负极。

当触点分开时,三极管 $V_1$ 的基极电位接近蓄电池正极而导通,此时电容 $C_2$ 便通过三极管 $V_1$、转速表测量机构 M 和二极管 $V_4$ 构成放电电路,从而驱动转速表测量机构。

当触点不断开闭时,对电容 $C_2$ 不断充放电,放电电流平均值与发动机转速成正比,通过转速表测量机构(毫安表)指示发动机的转速。

**2. 单稳态多谐振荡式转速表**

单稳态多谐振荡式转速表的电路如图7-11所示,振荡器由断电器触点分开进行触发,当点火开关接通、发动机没有运转时,$V_3$ 通过 $R_5$ 处于正向偏置而导通,$V_3$ 集电极的饱和电压不足以使 $V_2$、$V_4$ 导通,此时转速表读数为0。

图7-10 电容充放电的脉冲式电子转速表原理图

图7-11 单稳态多谐振荡式转速表原理图

当第一个断电器触点脉冲经过 $R_1$、$C_1$、$C_2$、$R_3$ 组成的滤波网到达 $V_2$ 的基极时,$V_2$ 导通给 $C_4$ 提供通路。$V_3$ 的基极电位下降,$V_3$ 瞬时截止(非稳态),$V_3$ 的集电极电位迅速升高到电源电压,通过 $R_9$ 使 $V_2$ 进一步导通。在 $C_4$ 上的电压到达 $V_3$ 的导通电压以前,$V_2$ 保持导通。在这一段时间内,一个已知的振幅脉冲出现在 $V_3$ 的集电极上,并由 $V_4$ 和 $R_8$ 加在表头 M 上。由于断电器触点的脉冲宽度随转速变化,而单稳态多谐振荡器的输出不随转速变化,因此,$V_3$ 集电极上的平均电压和转速成正比。

### 7.3.3 燃油表

燃油表用来指示油箱内储存油量的多少。它由装在仪表板上的燃油指示表和装在油箱内的传感器一起工作。燃油表分为电磁式、电热式和动磁式三种。

1. 电磁式燃油表

电磁式燃油表的基本结构如图 7-12 所示,电磁式燃油表电路如图 7-13 所示。

燃油表中有两个绕在铁芯上的线圈,中间有磁性的转子,转子连有指针,传感器由可变电阻、滑杆和浮子组成,浮子浮在油面上,随油面的高低而改变位置。油面上升电阻增大,油面下降电阻减小。

图 7-12 电磁式燃油表

1-指针;2-点火开关;3-左线圈;4-导磁片;5-接触柱;6-接线柱;7-右线圈;8-可变电阻;9-滑杆;10-浮子;11-浮子臂;12-轴;13-转子

当油箱内没有燃油时,浮子下降,电阻被短路,此时右线圈也被短路,通过其中的电流为零,不显示磁性,而左线圈在全部电源电压的作用下,通过其中的电流产生磁场,吸引转子,使指针在 0 位。

随着油箱中油量的增加,浮子上升,电阻部分接入,这时一部分电阻与右线圈并联,同时又与左线圈串联,其电路为:蓄电池正极→点火开关→左线圈→右线圈和并联的电阻→搭铁→蓄电池负极。此时,左线圈由于串联了电阻,电流减小,磁场减弱,而右线圈中有电流通过产生磁场。转子处于两个磁场的共同作用下,向右偏移,指针指示出油箱中的油量。

当油箱中装满油时,浮子带着滑片移到电阻的最左端,电阻全部接入电路中。此时左线圈中的电流更小,磁场更弱,而右线圈中的电流增大,磁场加强,转子便带着指针向右偏移,停在满油位置。

图 7-13 电磁式燃油表电路图

## 2. 电热式燃油表

电热式燃油表(图7-14)由滑动电阻式油面高度传感器和带稳压器的油面指示表组成。仪表的工作电压为9.5~10.5V。电流自蓄电池经稳压器双金属片、燃油表电阻丝、油面高度传感器的可变电阻、滑动接触片,最后回到蓄电池。当油箱内没有燃油时,传感器中的浮子处于最低位置,滑动接触片触头位于可变电阻的右端,此时电阻最大,通过仪表电阻丝的平均有效电流最小,电阻丝散发的热量也最少,使得双金属片产生较小的变形,指针处于零位。当油量增加时,传感器浮子随油面升高而升高,触头逐步向左移动,回路电阻减小,电流增大,双金属片热变形增大,指针随之右移。当油箱满油时,指针移到最右端。

图7-14 桑塔纳车型使用的电热式燃油表工作原理

1-触点;2-稳压器电阻丝;3-稳压器双金属片;4-燃油表电阻丝;5-双金属片;6-燃油表指针;7-可变电阻;8-滑动接触片;9-浮子

## 3. 动磁式燃油表

动磁式燃油表的结构与工作原理,如图7-15所示。当油箱中没有燃油时,传感器浮子处在最低位置,可变电阻被短路,流过线圈中的电流最大。产生的磁场与两个线圈产生的磁场的合成磁场吸引指针永久磁铁带动指针指向0位置。当油箱中注满燃油时,可变电阻全部接入,流过线圈中的电流最小。产生的磁场与两个线圈产生的磁场的合成磁场吸引指针永久磁铁带动指针指向Ⅱ位置。

当点火开关断开,燃油表中无电流流过时,在永久磁铁的作用下,指针指向0位置。

图7-15 动磁式燃油表

1-指针;2-线圈;3-电阻;4-传感器可变电阻;5-浮子;6-点火开关;7-熔断器;8-电流表;9-蓄电池;10-永久磁铁;11-指针永久磁铁

### 7.3.4 冷却液温度表和高温警报灯

冷却液温度表的电路与工作原理,如图7-16所示。将点火开关转到ON位置时,稳压电源就有了10V输出电压。这时,冷却液温度表电路电流流向为:稳压电源正极→冷却液温度表加热线圈→冷却液温度表传感器热敏电阻→稳压电源负极。当发动机冷却液温度升高时,冷却液温度表传感器中的热敏电阻值就相应减小,因此流经冷却液温度表中的工作电流增大,使冷却液温度表中双金属片变形加大,推动冷却液温度表指针向温度高的方向转动。当冷却液温度下降时,冷却液温度表指针向温度低的方向转动。所以冷却液温度表指示的温度就是发动机冷却液的温度。当温度超过110℃时,感温包膨胀,使高温报警开关触点闭合,高温报警灯亮。

图7-16 冷却液温度表工作原理

1-开关感温包;2-高温报警灯开关;3-冷却液温度表热敏电阻;4-高温报警灯;5-指针;6-加热线圈;7-双金属片;8-电子式稳压器;9-蓄电池;10-点火开关

### 7.3.5 机油压力报警装置

如果润滑系统机油压力过低,会使需要润滑的各部件严重磨损,因此,该报警灯点亮时就要及时检查机油压力降低的原因。如果是油量不足,就要补充机油,并检查润滑系统有无泄漏;如果机油量足够,报警灯仍点亮,那么可能是机油滤清器或油路堵塞,应送维修厂修理。

常见的机油压力报警装置有膜片式和弹簧管式两种。

**1. 膜片式机油压力报警装置**

膜片式机油压力报警装置的基本结构,如图7-17所示。它主要由膜片式油压开关和报警灯组成。报警灯安装在驾驶室的仪表板上。油压开关安装在发动机的主油道上。外部的报警灯通过接线螺钉和膜片弹簧传到膜片弹簧座。油压正常时,膜片处于中间位置不与外壳接触。

当机油压力太高时,膜片在油压的作用下克服弹簧张力向上拱曲,膜片与接触片一起向上运动,接触片与外壳接触,从而接通油压报警灯回路,报警灯点亮。

当油压太低时,在弹簧力的作用下,膜片向下拱曲,带动接触片向下运动与外壳接触,即接通了报警灯回路,报警灯点亮。

**2. 弹簧管式机油压力报警装置**

东风EQ1090E型载货汽车装备的就是弹簧管式机油压力报警装置,其结构如图7-18所示。

它由装在发动机主油道上的弹簧管式传感器和装在仪表板上的红色报警灯组成。当油压低于0.05～0.09MPa时,管形弹簧变形较小,触点闭合,电路接通,报警灯点亮。当油压超过0.05～0.09MPa时,管形弹簧变形较大而使触点分开,电路断开,报警灯熄灭,表示机油压力正常。

### 7.3.6 燃油箱油量报警灯

当油箱油量接近下限时,报警灯点亮,这时必须添加燃油,切忌把油箱内的燃油用尽。因为电动燃油泵就安置在油箱底部,并且靠燃油冷却。一旦燃油用尽,就会把空气吸入,在油路中形成气阻,以后即使注满了燃油,也会因气阻而不能把燃油输送到发动机,而且电动燃油泵没有燃油进行冷却,也容易因温度过高而损坏。

图7-17 膜片式机油压力报警装置
1-接线螺钉;2-弹簧垫圈;3-平垫片;4-导电柱;5-胶木绝缘体;6-弹簧座;7-弹簧;8-弹簧座;9-接触片;10-密封胶圈;11-橡胶膜片;12-密封胶圈;13-铜垫片;14-接触片

油箱油量报警装置的结构,见图7-19。它由热敏电阻式传感器和报警灯组成。当油箱油量多时,负温度系数的热敏电阻元件浸入油中,温度低、阻值大、电流小,报警灯熄灭。当油量减少到规定值以下时,热敏电阻元件露出油面,散热慢、阻值减小、电流增大,报警灯点亮,从而提醒驾驶员应及时加注燃油。

图7-18 弹簧管式机油压力报警装置
1-接线柱;2-警告灯;3-管接头;4-动触点;5-静触点;6-管形弹簧

图7-19 热敏电阻式油箱油量报警装置
1-热敏电阻元件;2-防爆用金属片;3-外壳;4-警告灯;5-油箱外壳;6-接线柱

### 7.3.7 其他常见的报警灯

**1. 冷却液液面报警灯**

冷却液液面过低时,此灯点亮。液面过低会导致散热器过热,甚至"开锅",从而影响发动机工作,此时必须立即添加冷却液,但一定要使用同一牌号规格的冷却液。如果在行车途中"开锅",作为临时措施,也可以添加常用的食用蒸馏水。

**注意**:千万要等散热器冷却以后再打开盖子,以免烫伤。

## 2. 充电报警灯

此灯点亮时,说明充电系统出现故障,应及时检查电气线路,查明并消除故障。如果在发动机运行时突然闪亮,应立即停车并关闭发动机,检查发电机的皮带是否松脱或断裂。如果皮带已有破损就要小心驾驶,并立即开到修理厂更换皮带。

## 3. 制动片磨损限量报警灯

此灯点亮时,说明车轮制动器中的制动片(摩擦片)已磨损到极限,应及时将车辆送修,更换制动片,否则就会造成制动失灵,并损坏制动盘。

## 4. ABS报警灯

当ABS报警灯在发动机起动后不熄灭,或是在行驶中突然闪亮时,就表明ABS系统出现了故障。这时ABS不工作,但常用的制动系统仍能发挥作用,要按不带ABS的汽车制动方式进行操作,随后应及时去修理厂检修。

## 5. 安全气囊报警灯

当点火开关接通时,该报警灯应点亮,数秒钟后应立即熄灭。如果不熄灭或行驶时报警灯开始闪亮,则表明安全气囊有故障。此时,并不影响汽车的行驶,但是安全气囊将有可能不工作,应及时去特约维修点检查。

## 6. 正时皮带报警灯

正时皮带一旦断裂,会给发动机运行带来严重的后果,因此有的汽车上装有正时皮带报警灯。当汽车行驶到一定里程需要更换时,报警灯点亮,表明要及时更换。

## 7. 尾灯报警灯

正常行驶时,尾灯报警灯点亮,则说明尾灯有故障,应立即检查尾灯线路和灯泡。

## 8. 清洗器液面过低报警灯

清洗液量控制器如图7-20所示,用万用表(Ω量程)检查清洗器液量控制器。如果浮子上升(液面高)时不导通,浮子下降(液面低)时导通,则表明控制器正常。

## 9. 制动器报警灯

制动器报警灯的接线如图7-21所示,点火开关接通时为制动器报警灯提供电源。当制动液液位降低时,内置的永磁磁环的浮子同时下降,液位传感器内的舌簧开关闭合,使制动器报警灯负极搭铁,制动器报警灯点亮提示制动系统有故障。另外在停车时,制动器报警灯在手制动开关闭合时也点亮。图中并联在舌簧开关上的电阻器(约500Ω)是为了防止烧坏开关触点而设置的。

图7-20 清洗器液量控制器的检查

并不是每一种汽车都有上述各种报警灯,某些高档轿车上会有更多的报警灯,它完全视汽车上各种配置的不同而异。所以维修具体车辆时,一定要查看该车的维修手册。红色或黄色符号显示时,表明有故障。有的显示器还以文字形式显示信息给驾驶员,提醒驾驶员应及时查明故障原因,排除故障。汽车主要仪表指示灯和报警灯符号,如图7-22所示。

图 7-21　制动器报警灯接线图

| | | | | | |
|---|---|---|---|---|---|
| ≣D | 远光 | ≣D | 近光 | ⇔⇨ | 转向灯 |
| △ | 危险警报灯 | | 风窗玻璃刮水器 | | 风窗玻璃洗涤器 |
| | 风窗玻璃刮水器及洗涤器 | | 通风风扇 | P | 停车灯 |
| | 发动机舱盖 | | 行李舱盖 | | 阻风阀（冷起动用） |
| | 音响警告（喇叭） | | 燃油 | | 发动机冷却液温度 |
| | 蓄电池充电状况 | | 发动机机油压力 | | 安全带 |
| | 前照灯清洗洗器 | | 点烟器 | | 前雾灯 |
| | 后雾灯 | | 灯光总开关 | | 风窗玻璃除雾除霜 |
| | 后风窗玻璃除雾除霜 | | 无铅汽油 | | 前照灯水平位置操纵机构 |
| | 后风窗玻璃刮水器 | | 后风窗玻璃洗涤器 | | 后风窗玻璃刮水器及洗涤器 |
| | 发动机故障 | (P) | 驻车制动 | (!) | 制动系故障制动液 |
| | 安全带 | | 安全气囊 | | 车门未关 |

图 7-22　汽车主要仪表指示灯和报警灯符号

这里特别要指出或强调的是：发动机机油压力警报灯亮、冷却液温度警报灯和制动系故障警告灯亮，车辆要马上熄火靠路边停车。在高速公路行车时，在紧急停车带停车，同时应当按照规定使用紧急灯光示警，并在来车方向的 150m 之外，设置故障车警告标志，提醒后来车辆注意安全。没有查明故障原因并排除故障，不得行驶。

## 7.4 数字电子仪表板

### 7.4.1 电子仪表板

随着汽车电气设备的不断增加,电气系统越来越复杂。所以,现今的汽车上都装有电子仪表板。电子仪表常用的电子显示器有发光二极管(LED)、液晶(LCD)、真空荧光管(VFD)、阴极射线管(CRT)、等离子显示器(PDP)和电子发光显示器(ELD)等。

### 7.4.2 数字仪表

比较先进的仪表系统还有数字仪表,它的显示更为准确,如图7-23所示。

图7-23 数字仪表板

通过数字仪表板,驾驶员可以选择显示的内容,大多数系统还能让有潜在危险情况的仪表自动显示。例如,如果驾驶员选择了机油压力表显示机油压力,而此时发动机温度已上升到危险值,则温度表便会自动显示以警告驾驶员。有头顶显示系统的,还可通过真空荧光显示器投影到前风窗玻璃上。

1. 车速表和里程表

数字组合仪表接收从车速传感器发出的经过车速传感器缓冲器的车速信号,信号的频率和车速有关。组合仪表中的微处理器把车速信号转变为车速和里程供车速表和里程表显示。里程数据存放在存储器中,存储器不需供电也能保存信息。驾驶员可以通过车速表和里程表直接读出相关数据。

2. 计程设置开关

计程设置开关位于数字组合仪表中,可以设置显示本次里程和总里程显示。当开关设定后,组合仪表内的显示板提供一个搭铁输入,使计程器复位。

3. 显示照明

当前照灯开关处于"驻车"或"前照灯"时,数字组合仪表的真空荧光显示自动变弱光。当前照灯开关断开时,真空荧光显示处于最大亮度。当前照灯开关处于"驻车"或"前照灯"时,可以通过旋转前照灯开关旋钮来调节光亮度。前照灯开关旋钮控制照明变阻器,将可变的电压提供给数字组合仪表。显示的亮度和加在变阻器上的电压成正比。

4. 燃油表

燃油表利用真空荧光显示来显示燃油油面。燃油箱单元是个可变电阻,通过导线将可变电压传送给燃油表。当燃油油面较高时,燃油箱单元中的电阻也大。当燃油油面下降时,燃油箱单元中的电阻也变小(燃油箱空时为0Ω)。

5. 冷却液温度指示器

冷却液温度指示器用来警告驾驶员冷却液温度过高。当点火开关处于"运转"、"灯泡测试"或"起动"位置时，电压就通过熔断丝加到冷却液温度指示器。在"灯泡测试"和"起动"位置时，通过点火开关搭铁，进行灯泡测试。在"运转"位置时，当冷却液温度超过预定值时，冷却液温度开关接通，使指示灯点亮。

6. 机油压力警告指示器

当点火开关处于"运转"、"灯泡测试"或"起动"位置时，蓄电池电压通过熔断丝加到组合仪表的机油"压力"警告指示器的一端。如果发动机机油压力低于规定值时，燃油泵/机油压力开关闭合。此开关闭合时，机油压力警告指示器和灯泡由燃油泵和发动机机油压力指示器开关提供搭铁回路而点亮。

7. 机油油面过低指示器

机油油面过低指示器搭铁由发动机机油油面低模块控制。为了检查机油油面低的情况，发动机机油油面低模块在点火开关已转到 OFF 或 LOCK 位置后，通过机油油面传感器开关提供搭铁回路而点亮。

8. 冷却液少指示器

冷却液少指示器由冷却液少模块控制其搭铁。此模块在冷却液少探针中采用可变电阻来确定冷却液是否较少。如果冷却液较少，模块搭铁端子搭铁，使指示器点亮。

### 7.4.3 头顶显示

现在，有些车型装配了头顶显示(HUD)装置。例如，天津一汽丰田威驰车系。该系统在驾驶员视野所及的前风窗玻璃上显示视觉映象。因此，驾驶员不必一会儿看路面一会儿看仪表板。映象是通过真空荧光显示器投影到前窗玻璃上的，可以投影车速里程表、转向信号、远光指示器和低燃油油位报警器等内容。

### 7.4.4 具有语音报警系统的仪表板

装备该系统的仪表板，可以用语音提醒驾驶员汽车的行驶状况。当汽车的某个系统出现危险时，语音报警模块便发出警告，提醒驾驶员，同时也会显示文字信息。如果此时收音机正在使用中，语音报警模块会发出请驾驶员中断收音机的语句，然后由靠近驾驶员的扬声器发出警告信息。

### 7.4.5 具有驾驶员信息系统的仪表板

驾驶员信息系统可能是单纯的计算燃油经济性、存油能行驶的距离和剩油量计算器，也可能是具有更多功能的系统。现在比较复杂的驾驶员信息系统，可以显示的内容几乎无所不包，如外界气温、罗盘、离目的地的距离和时间、日期、时间以及平均车速等。有的还装备了全球定位系统(GPS)。随着汽车技术的不断发展，仪表板的功能会越来越强大，逐渐发展成可以为驾驶员提供各种数据的信息中心。

**课堂讨论**

1. 传统汽车仪表有哪些？各自有何功能？
2. 简述电子燃油表的工作原理。
3. 试述电热式冷却液温度表和电磁式冷却液温度表的工作原理，并比较它们的优缺点。
4. 发动机转速表是如何获取发动机转速信号的？
5. 试述车速里程表的工作原理。

**相关技能**

## 7.5 汽车仪表常见故障检修

汽车组合仪表的常见故障包括：表工作失灵、表不显示、表显示不正常和指示灯/警报灯不亮等。故障判断时，要根据具体电路和工作原理进行分析和判断。一般主要有电源电路故障、搭铁回路故障、传感器故障、相应的指示灯/报警灯控制开关故障。

下面以油压表、燃油表和冷却液温度表为例分析仪表系的故障，其他仪表故障的诊断思路和方法大致相同。

### 7.5.1 油压表的检测

**1．检测指示表与传感器的电阻值**

用万用表检测指示表内的线圈和传感器的电阻值，其值应该符合原制造厂的规范，否则应更换。

**2．油压表与传感器的校验**

检测方法如图 7-24 所示，接通开关 5，摇转手柄改变油压，若被测油压表 4 指示的压力与标准油压表 2 的压力相同时，证明被测油压表与传感器工作正常，否则应予以调整或更换。几种车型的油压表的技术规格，见表 7-1。

图 7-24　油压表与传感器的校验
1-手摇油压机；2-标准油压表；3-被测（或标准）传感器；
4-被测（或标准）油压表；5-开关；6-蓄电池

**几种车型的油压表的技术规格**　　　　表 7-1

| 车　　型 | 指示表电阻(Ω) | 传感器 | |
|---|---|---|---|
| | | 压力 kPa(kg/cm²) | 电阻(Ω) |
| BJ213 | — | 0 | 1 |
| | | 294(3) | 46 |
| | | 530(5.4) | 87 |
| 三菱 | 50 | 0 | 0 |
| | | 392(4) | 84 |
| | | 585(8) | 110 |

### 3. 油压表与传感器的调整

电磁式、动圈式油压表可通过改变左右线圈的轴向位置或夹角来调整，双金属片式油压表可通过拨动表中的齿扇来调整。

调整双金属片式油压传感器，可在传感器之间串入电流表。若油压为"0"压力时，传感器输出电流过大或过小，应烫开被试传感器的调整孔，拨动调整齿扇5（图7-25）进行调整。若油压过高时，输出电流较规定值偏低，应更换传感器的校正电阻8（一般在30～360Ω范围内调整），如果在任何压力下输出电流均超过规定值，且调整齿扇无效时，应更换传感器。

### 4. 油压指示表的检测

检测油压指示表时，将被测的油压指示表串联在图7-26所示的检测电路中。

接通开关，调整可变电阻，当毫安表分别指在规定值时，指示表应指在规定的位置上。误差不应超出20%。

图7-25 油压传感器

1-油腔；2-膜片；3-弹簧片；4-双金属片；5-调整齿扇；
6-接触片；7-接线柱；8-校正电阻；9-电阻；10-熔孔

图7-26 被测试指示表串接在电路中

几种车型的双金属片油压表的检验规范，见表7-2。

表7-2 几种车型的双金属片油压表的检验规范

| 车 型 | 指示表的读数（MPa） | 标准电流表的指示数（mA） | 电流指示数的允许偏差（mA） |
|---|---|---|---|
| 解放 CA10 | 0 | 65 | ±5 |
| | 0.2 | 175 | ±3 |
| | 0.5 | 240 | ±10 |
| 东风 140 | 0 | 30 | ±2.5 |
| | 0.3 | 62.5 | ±1.5 |
| | 0.7 | 90 | ±4 |

### 7.5.2 燃油表的检测

#### 1. 燃油表与传感器的测量

用万用表分别测量燃油表线圈和传感器电阻值，均应符合制造厂的规定，不符合标准的应维修或更换。常见燃油表线圈和传感器的电阻值，见表7-3。

常见燃油表线圈和传感器的电阻　　　　表7-3

| 车　型 | 燃油表线圈电阻(Ω) | 传感器电阻(Ω)/传感器浮子中心离底面或水平面的距离(mm) | | |
|---|---|---|---|---|
| | | 0/E(空) | 1/2 | 1/F(满) |
| 夏利 TJ7100 | 55 | 1~5/40 | 28.5~36.5/91 | 103~117/129 |
| BJ213 | 55±5 | 1 | 44 | 88 |
| Audi100 | — | 253 | — | 40 |
| 三菱 L300 | 25 | 113.5~126.5 | — | 14.9~19.1 |
| 日产(蓝鸟) | — | 80/205.5 | 37/121.1 | 10/30.6 |
| 丰田(皇冠) | 102 | 110/136.3 | 32.5/40.5 | 3/47.7 |

**2. 燃油表与传感器的检测与调整**

先将被测指示表与标准传感器按图7-27所示接线。然后闭合开关K,将标准传感器的浮子杆与垂直轴线分别成31°和89°时,指示表必须对应指在"0(E)"和"1(F)"的位置上,其误差不得超过±10%,否则应予以调整。

若电磁式、动磁式指示表不能指到"0(E)"时,可上下移动左铁芯的位置进行调整;若不能指到"1(F)"时,可上下移动右铁芯的位置进行调整,或更换新表。

若双金属片式指示仪表不能指到"0(E)"或"1(F)"时,可转动调整齿扇进行调整。

图7-27　燃油表与传感器的检测

若标准指示仪表指到"0(E)"或"1(F)"时,如果传感器超过误差值,可改变滑动接触片的位置进行调整,或更换新传感器。

### 7.5.3　冷却液温度表的检测

**1. 冷却液温度表与传感器的测量**

用万用表分别测量冷却液温度表线圈和传感器电阻值,均应符合制造厂的规定,不符合标准的应维修或更换。常见冷却液温度表线圈和传感器的电阻值,见表7-4。

常见水温表线圈和传感器的电阻　　　　表7-4

| 车　型 | 冷却液温度表线圈电阻(Ω) | 传　感　器 | |
|---|---|---|---|
| | | 冷却液温度(℃) | 传感器电阻(Ω) |
| 夏利 TJ7100 | 25 | 50 | 226 |
| | | 115 | 26.4 |
| BJ213 | — | 40 | 136.5 |
| | | 105 | 93.5 |
| | | 115 | 55.1 |
| Audi100 | — | 50 | 253 |
| | | 120 | 40 |
| 三菱 L300 | 25 | C | 104 |
| | | H | 24 |

## 2.冷却液温度指示表的检测与调整

对于双金属片式冷却液温度表可将被测试指示表串接在如图7-28所示的电路中。接通开关,调节可变电阻R,当毫安表指示80mA、160mA、240mA时,指示表应相应指在100℃、80℃、40℃的位置上,其误差应符合表7-5的规定(不同型号的冷却液温度表有所差异)。若指示与规定电流不符,应予以调整。若指针在"100℃"时不准,可拨动左调整齿扇进行调整。若指针在"40℃"时不准,可拨动右齿扇进行调整,使其与标准值相符,各中间点可不必校验。

**水温表的允许误差数据表**     表7-5

| 测 量 范 围(℃) | 检测温度值(℃) | 允 许 误 差(℃) |
| --- | --- | --- |
| 40～120 | 100 | ±4 |
| | 80 | ±5 |
| | 40 | ±10 |

## 3.冷却液温度表与传感器的校验

按图7-29装好被检测传感器(检测传感器时)或者标准传感器(检测指示表时),并接好线路,接通电路,使加热容器内的冷却液温度分别为规定值,并在保持3min不变的情况下观察冷却液温度指示表与冷却液温度温度计读数,相同则为良好,否则需要调整或者更换。

图7-28 冷却液温度指示表的检测

图7-29 冷却液温度表的校验
1-加热容器;2-水;3-被检测(或标准)传感器;4-水银温度计;
5-开关;6-被检测(或标准)冷却液温度表;7-蓄电池;8-电炉

# 思考与练习

## 一、名词解释

1.仪表稳压器。

2.真空荧光管。

3.LED。

4.LCD。

## 二、填空题

1.汽车常见仪表有_____、_____、_____、_____、_____、

_____等。

2. 机油压力表的作用是在发动机运转时，指示发动机_____。它由装在发动机_____上的机油压力传感器配合工作。

3. 冷却液温度表的作用是指示发动机的_____，其正常指示值一般为_____，它与装在发动机_____或_____上的冷却液温度传感器配合工作。

4. 燃油表用来指示汽车_____。它与装在_____内的燃油传感器配合工作。传感器一般为_____式。

5. 发动机转速表是用来测量_____。按其结构不同可分为_____式和_____式两种，其中_____式广泛应用。

6. 车速里程表是用来指示汽车行驶_____和累计汽车行驶_____，它由_____表和_____表两部分组成。按其工作原理可分为_____式和_____式两种。

7. 报警装置由_____和_____组成，报警发光元件分_____和_____两种。

8. 汽车常用电子显示器件大致分为两类：_____和_____。

9. 现代汽车仪表板内电路连接一般采用_____连接。

10. 汽油车发动机转速表的转速信号一般取自_____的脉冲信号。

11. 接通点火开关 ON 挡，充电指示灯、油压报警灯应_____；发动后，两者均应_____。

12. 接通点火开关，拉起驻车制动器手柄时，仪表板上的驻车制动灯应_____，放松驻车制动器手柄时，该灯应_____。

### 三、选择题

1. 对于电热式的机油压力表，传感器的平均电流大，其表指示的(　　)。
   A. 压力大　　　B. 压力小　　　C. 压力可能大也可能小

2. 若将负温度系数热敏电阻的冷却液温度传感器电源线直接搭铁，则冷却液温度表(　　)。
   A. 指示值最大　　B. 指示值最小　　C. 没有指示

3. 如果通向燃油传感器的线路短路，则燃油表的指示值(　　)。
   A. 100%　　　　B. 50%　　　　C. 0%

4. 汽油油面过低的警告灯所使用的电阻是(　　)。
   A. 正热敏电阻　　B. 普通电阻　　C. 负热敏电阻

### 四、判断题（对的画"√"，错的画"×"）

1. 为了使机油压力表指示准确，通常在其电路中安装稳压器。（　　）
2. 电热式冷却液温度表传感器在短路后，冷却液温度表将指向高温。（　　）
3. 机油压力传感器在机油压力越高时，所通过的平均电流就越大。（　　）
4. 电子仪表中的车速信号一般来自点火脉冲信号。（　　）

5. 电子仪表中的燃油传感器的参考电压为12V。　　　　　　　　　　　（　　）
6. 当发动机的冷却液的温度高于80℃时,冷却液温度警告灯亮。　　　（　　）
7. 当放电警告灯亮时,说明蓄电池正在被充电。　　　　　　　　　　　（　　）

## 五、思考与简答题

1. 简述机油压力表与传感器的工作原理。
2. 简述数字显示组合仪表的优点。
3. 说出常见的几种警报指示灯。
4. 数字式仪表常用显示器件有哪些?

# 单元 8 汽车空调无冷气故障检修

## 学习情境

维修部前台接到一部要求检修汽车空调的汽车,车主反映该车去年夏天空调使用很正常,但今年入夏后发现,打开空调后冷气不够冷。经初步检查,在打开空调开关后,该车空调压缩机的工作时断时续,同时还伴有制冷剂不足的问题。

## 生产任务一

**加注汽车空调制冷剂**

1. 工作对象

需加注空调制冷剂的汽车一部。

2. 工作内容

(1)领取所需的工具和仪器,做好工作准备;
(2)对汽车空调制冷系统进行基本检查,判断不制冷的原因是制冷剂不足还是电路故障;
(3)完成汽车空调制冷系统的检漏、残余制冷剂的回收、冷冻油的加注、抽真空、加注制冷剂的作业;
(4)对修复后的空调制冷系统工作状况进行全面检查,评价工作质量;
(5)整理工具,清洁工作场地。

3. 工作目标与要求

(1)学生应以小组工作的方式,完成本项工作任务;
(2)学生应当能在小组成员的配合下,利用汽车维修手册或实训指导书,制订工作计划,实施工作计划;
(3)能通过阅读资料和现场观察,辨别所送检车辆空调制冷系统的类型;
(4)能分辨所修车辆空调系统各部件的安装位置,说明各部件名称、作用,描述空调系统工作原理;
(5)能向客户解释所修车辆空调制冷系统的故障原因,向客户说明汽车空调的使用注意事项;
(6)能按规范的步骤,完成车辆空调制冷系统加注制冷剂及其相关的作业;
(7)在工作过程中,注意工作安全,做好废料的处理,保持工作环境整洁。

相关知识一

## 8.1 汽车空调概述

从1927年出现单一取暖空调装置开始,汽车空调至今已有80多年历史。

(1) 单一取暖空调装置。1927年,在美国纽约市场上出现了第一台汽车单一取暖空调装置。

(2) 单一冷气汽车空调。1938年,美国人帕尔德发明了单一冷气汽车空调。

(3) 冷暖一体化整体式汽车空调。1954年,第一台冷暖一体化整体式汽车空调设备,安装在美国Nash牌小客车上。

(4) 自动控温的汽车空调。1964年,第一台自动控温的汽车空调,装设在美国通用汽车公司的轿车上。

(5) 自动汽车空调。1971年之后,皇冠、劳斯莱斯、奔驰都分别安装了自动汽车空调装置。

(6) 电脑控制的全自动汽车空调。1979年,美国和日本共同推出了用电脑自动控制的汽车空调设备系统。

现今的汽车广泛使用电脑控制的全自动空调,并正在朝着节能化、环保化、自动化和个性化方向发展。

### 8.1.1 汽车空调的功能和组成

汽车空调是用来改善汽车舒适性的设备,可以对车内空气的温度、湿度进行调节,并保持车内空气的清新和流通。

图8-1 空调系统的功能

汽车空调的功能,如图8-1所示。

(1) 调节车内温度:在冬季利用其采暖装置升高车内温度,夏季利用制冷装置对车内降温。

(2) 调节车内湿度:利用制冷装置冷却降温去除空气中的水分,再由采暖装置升温,以降低空气的相对湿度。

(3) 调节车内的空气流速:夏季空气流速稍大有利于人体散热降温,冬季气流速度过大影响人体保温,因此夏季舒适风速一般为0.25m/s,冬季的舒适风速一般为0.20m/s。

(4) 过滤净化车内空气:由于车内空间小,乘员密度大,车内极易出现缺氧,而车外道路上的粉尘等又容易进入车内造成空气污浊,影响乘员的身体健康,因此要求空调必须具有补充车外新鲜空气、过滤和净化车内空气的功能。

为完成空调的上述功能,汽车空调系统通常由以下系统或装置组成:

(1) 制冷系统:用以降低车内的温度、湿度。

(2) 暖气系统:用以提高车内的温度。

(3) 通风系统：用以调节车内的气流和换气。
(4) 空气净化装置：净化空气，除去车内存在的灰尘和气味。
(5) 控制系统：对制冷和暖风装置等进行控制，使空调正常工作。

目前，汽车的空调系统依车辆的配置不同，其所配备的装置也有所不同，低档汽车一般具有冷暖一体化整体式汽车空调，中高档汽车一般具有自动汽车空调或电脑控制的全自动汽车空调。空调系统的组成部件在车上的布置，如图8-2所示。

空调系统控制有手动控制和自动控制之分。手动空调需要驾驶员通过旋钮或拨杆对控制对象进行调节，自动空调只需驾驶员输入目标温度，空调系统便可按照电脑程序的设定自动进行调节。

图8-2 空调系统在车上的布置
1-控制面板；2-加热器；3-储液干燥器；
4-冷凝器；5-压缩机；6-膨胀阀；7-蒸发器

### 8.1.2 空调的基本原理

**1. 空调系统中常用的基本物理量**

空调系统中常用的物理量有温度、压强和湿度。

(1) 温度。温度是物质冷热程度的度量，用温标来表示。常用的温标有：摄氏温标，用℃表示；开氏温标，用K表示；华氏温标，用℉表示。

它们之间换算关系如下：

$$F = 9/5C + 32$$
$$C = 5/9(F - 32)$$
$$K = 273.15 + C$$

(2) 压强。压强的定义是单位面积上的作用力，在工程上俗称压力，其国际制基本单位是帕(Pa)，物理意义是1平方米($m^2$)的面积上作用有1牛顿(N)的力。由于此单位较小，常用的单位是千帕(kPa)和兆帕(MPa)。

由于大气本身具有一定的重量，并且分子自由移动。所以大气作用在物体表面上也有一定的压强，大气作用在海平面上的压强为一个大气压，现在使用的压力表都将此压强作为0，这样测量出来的压强称为表压。如果测量压强时，将绝对真空情况下的压强定为0，则测出的压强称为绝对压强。

(3) 湿度。湿度用来表示空气中水蒸气的含量。湿度较高时，人就会感到不舒适。表示湿度大小有两种方法，一种叫相对湿度，另一种叫绝对湿度。

所谓相对湿度是在某一温度下，空气中实际含水蒸气量(以重量计)与空气在该温度下所能含水蒸气量(重量)之比。通常，随着温度的升高，空气所能含的水蒸气量会增加，如果空气的实际含水率不变，温度升高，则空气的相对湿度下降。

绝对湿度：空气中所含水蒸气的量(重量)与干燥空气量之比。

湿度的测量通常用干湿球温度计，干球温度计就是普通的温度计，湿球温度计是将干球温度计的玻璃球处包上纱布，再将纱布浸在水中，如图8-3所示。水便在毛细管的作用下湿润温度计，由于在湿球处的水分蒸发带走一部分热量，使湿球处的温度降低，这样就形成了湿球温度,通过干球温度和湿球温度的值,就可以从中间表中查到空气的湿度。

(4)制冷剂温度、压力和体积的变化关系。根据理想气体气态方程式:$pV/T=C$(式中$p$为气体压强,$V$为气体体积,$T$为绝对温度,$C$代表常数)。即一定量的气体的压力与温度成正比,与体积成反比。

2. 热传递的基本形式

空调的工作过程实际上就是热量的传递和转移的过程,热量都是通过以下三个途径传递的。

(1)热传导。热在物质内直接传送称为热传导,如图8-4所示。

图8-3 干湿球湿度计(干湿计)

1-干球;2-相对湿度表;3-湿球;4-纱布;5-水槽

图8-4 热传导

(2)热对流。热对流是受热的液体或气体因运动而传递热量,如图8-5a)所示。

(3)热辐射。热辐射是以红外线的方式发射和传递热量,如图8-5b)所示。

图8-5 热对流与热辐射

## 3. 物质的状态变化和热的形态

任何物质都有固态、液态和气态 3 种状态,物质由一种状态变为另一种状态的过程称为物态变化。物态变化的主要原因是物质所处的温度和压力变化,同一种物质在不同温度和不同压力下,其状态会发生变化。

物质从固态转变为液态的现象叫熔化,熔化要吸热,水的加热过程和状态变化如图 8-6 所示。冰吸热熔化成水,在其吸热熔化过程中温度保持不变。反之,物质从液态转换为固态的现象叫凝固,凝固要放热,比如水放热凝固成冰。这些从固态转换为液态的固体,又分为晶体和非晶体,晶体有熔点,就是温度达到熔点时就会熔化,熔化时温度不会高于熔点,完全融化后温度才会上升。非晶体没有固定的熔点。水是晶体,所以熔化过程中的温度不变。

物质从液态转变为气态的现象叫汽化。汽化又有蒸发和沸腾两种方式。蒸发发生在液体表面,可以在任何温度进行,是缓慢的。沸腾是液体的温度达到沸点时,发生在液体表面及内部的汽化现象,是剧烈的。汽化要吸热,当液体温度达到沸点时产生沸腾而汽化,温度就不会再升高,但是在不断吸热。反之,物质从气态转变为液态时,这个现象叫液化,液化要放热。例如水蒸气液化为水,水蒸发为水蒸气。

物质从固态直接转换为气态的现象叫作升华,反之物质直接从气态转换为固态,叫作凝华,升华吸热,凝华放热。水的物态变化过程如图 8-6 所示。物质物态的变化如图 8-7 所示。

图 8-6 水的加热过程变化

图 8-7 物质状态变化

## 4. 空调制冷基本原理

根据热力学原理,热量总是从高温热源向低温热源流动,更确切说热量不可能自行从低温热源向高温热源流动。空调工作时,实际上就是将低温热源向高温热源流动的过程。如何完成这一过程呢?我们知道,任何物质在液化后都要放出热量,在汽化时都要吸收热量,这是最普遍的物理现象。空调就是利用了这个道理,将液化放出热量的位置和蒸发吸收热量的位置放在不同的地方,如图 8-8 所示。当然,这需要消耗能量,能量的作用一是让制冷剂在车厢内外循环流动,二是在创造一个制冷剂蒸发和冷凝的环境。即制冷剂在车厢内的冷凝器中汽化吸收热量 $Q$,然后再让它在车厢外蒸发器中液化放出热量 $Q$,同时输入的能量做功后也变成热 $Q_w$ 从蒸发器中排除。人工在车厢内部制造一个温度舒适的环境。

## 8.2 汽车空调制冷系统

### 8.2.1 制冷系统的组成和制冷原理

**1. 制冷系统的组成**

世界上有多种要求的制冷系统,因此制冷系统有许多类型,主要有使用在小轿车上的膨胀阀式制冷系统和使用在大客车上的膨胀管式制冷循环系统。其中,最常用的是使用在小轿车上的膨胀阀式制冷系统,因此本章重点叙述的是膨胀阀式制冷系统。膨胀阀式制冷系统主要部件有压缩机、冷凝器、储液干燥器、膨胀阀和蒸发器五大部分,如图 8-9 所示。

图 8-8 制冷基本原理

图 8-9 制冷系统组成和制冷原理

**2. 制冷循环原理及五大部件作用**

制冷循环是由压缩、放热、节流和吸热四个过程组成,如图 8-9 所示。

(1)压缩过程。压缩机吸入蒸发器出口处的低温低压的制冷剂气体 D(压力约 0.15MPa、温度 -5℃的气体),把它压缩成高温高压的气体 A(压力约 1.5MPa、温度为 80~90℃),然后送入冷凝器。此过程的主要作用是压缩增压,以便气体易于液化。压缩过程中,制冷剂状态不发生变化,而温度、压力升高,形成过热气体。这一过程在压缩机内部完成。

(2)放热(液化)过程。高温高压的过热制冷剂气体 A 进入冷凝器(散热器),与大气进行热交换。由于温度的降低,制冷剂气体冷凝成液体,并放出大量的热。此过程作用是放热、冷凝。冷凝过程的特点是制冷剂的状态发生变化,即在压力不变的情况下,由气态逐渐向液态转变。冷凝后的制冷剂液体是高压中温液体 B(压力约 1.5MPa、温度为 40~50℃)进入储液干燥器。这一过程在冷凝器内部完成。

(3)节流(膨胀)过程。高压中温制冷剂液体 B 经膨胀阀节流降压降温,由于压力突然降低,液态变为雾状,部分变为气态,使其温度降低。以低压低温雾状液体 C(压力约 0.15MPa、温度 -18℃的雾态的液体)排出膨胀装置。该过程的作用是使制冷剂降压降温,由高压液体迅速变成低温低压雾态液体,以利于在蒸发器内部吸热,并控制制冷能力以及维持制冷系统正常运行。这一过程在膨胀阀出口就已经完成。

(4)吸热(汽化)过程。经膨胀阀降温降压后的雾状制冷剂液体 C 进入蒸发器,因此时制冷剂沸点远低于蒸发器外表的温度,故制冷剂液体在蒸发器内蒸发、沸腾成气体。在蒸发过程中大量吸收周围的热量,降低车内温度。而后,低温低压的制冷剂气体D流出蒸发器等待压缩机再次吸入。吸热过程的特点是制冷剂状态由液态变化到气态,此时压力不变,即在定压吸热过程中完成这一状态的变化。这一过程在蒸发器内部完成。

上述过程周而复始地进行,便可使汽车内温度达到并维持在给定的状态。

在制冷循环系统中,储液干燥器的主要作用是在车速变化时保持制冷剂的流量不变、稳定制冷效果;同时,还可吸收制冷剂中少量的水分,滤除杂质,保证制冷循环的正常进行。

3. 制冷剂和冷冻油

(1) 制冷剂。制冷剂是制冷循环当中的传热载体,通过状态变化吸收和放出热量,因此要求制冷剂在常温下很容易汽化,加压后很容易液化,同时在状态变化时要尽可能地多吸收或放出热量(较大的汽化或液化潜热)。同时,制冷剂还应具备以下的性质:不易燃、不易爆、无毒、无腐蚀性、对环境无害。

制冷剂的英文名称为 refrigerant,所以常用首字母 R 来代表制冷剂,后面表示制冷剂名称,如 R12、R22、R134a 等。过去常用的制冷剂是 R12(又称氟利昂)。这种制冷剂各方面的性能都很好,但是有一个致命的缺点,就是会破坏大气环境。它能够破坏大气中的臭氧层,使太阳的紫外线直接照射到地球,对植物和动物造成伤害。目前,世界上大多数国家已经已停止使用 R12 作为空调系统制冷剂,而改用 R134a 代替。为了使用和加注的方便,汽车空调广泛使用灌装制冷剂,如图 8-10 所示。每罐 250g,一般汽车空调制冷剂的使用量是 500g 左右。在大量使用制冷剂的汽车维修企业,也使用钢瓶装的制冷剂,如图 8-11 所示。而且现在全自动制冷剂回收加注设备必须使用钢瓶装制冷剂。制冷器 R12 和 R134a 主要性能如表 8-1 所示。

R134a 虽然不破坏大气层,但有使全球变暖的可能,所以它被认为是一种过渡性替代物。目前,欧美正在积极进行 $CO_2$ 制冷剂的空调系统研究工作。

① 制冷剂 R134a 的特点主要有:

A. R134a 不含氯原子,对大气臭氧层破坏作用小。

B. R134a 具有良好的安全性能(不易燃,不爆炸,无毒,无刺激性,无腐蚀性)。

C. R134a 的传热性能比较接近 R12,所以制冷系统的改型比较容易。

D. R134a 的传热性能比 R12 好,因此制冷剂的用量可大大减少。

图 8-10 制冷剂罐

图 8-11 制冷剂钢瓶

制冷器 R12 和 R134a 主要性能　　　　　表 8-1

| 项目 \ 制冷剂代号 | R12 | R22 | R134a |
| --- | --- | --- | --- |
| 化学式 | $CCl_2F_2$ | $CHClF_2$ | $CH_2F-CF_3$ |
| 分子量 | 120.9 | 86.5 | 102.3 |
| 标准大气压下沸点(℃) | -29.8 | -40.8 | -26.2 |
| 临界温度(℃) | 111.80 | 96.10 | 101.14 |
| 临界压力(MPa) | 4.125 | 4.975 | 4.065 |
| 临界密度($kg/m^3$) | 558 | 525 | 511 |
| 饱和液体密度(25℃)($kg/m^3$) | 1311 | 1192 | 1206 |
| 饱和蒸气比容(25℃)($m^3/kg$) | 0.0271 | 0.0235 | 0.0310 |
| 汽化潜热(kJ/kg) | 151.5 | 205.4 | 197.5 |
| ODP 值(臭氧破坏潜能值) | 1.0 |  | 0.1 |

②R134a 与 R12 制冷系统有很大不同,其制冷剂也不能互换。其主要区别有:

A. 存放 R134a 的容器为浅蓝色,而存放 R12 的容器为白色。

B. R134a 制冷系统连接软管是用橡胶和尼龙特制的,并且在其外部有汽车工程学会的印记(S.A.E.J2196);而 R12 制冷系统连接软管常用一般的耐油橡胶管。

C. R134a 制冷系统连接管有颜色标记(低压管是蓝色带黑色条纹,高压管是红色带黑色条纹,普通管是黄色带黑色条纹)而 R12 制冷系统连接管则无此标记。

D. R134a 制冷剂入口处使用的是快速接头,而 R12 制冷系统使用的是螺纹接口。

E. R134a 制冷系统连接软管与仪表的接头采用 1/2in 螺纹,而且高压口的接头比低压口的大;而 R12 制冷系统连接软管与仪表的接头采用 7/16in 螺纹。

F. 与 R12 制冷系统相比,R134a 制冷系统具有较高的压力和温度,需要较大的冷却风扇。

(2)冷冻油。在空调系统中,相对运动的部件需要润滑。由于制冷系统中的工作条件比较特殊,所以需要专门的润滑油——冷冻润滑油(简称冷冻机油)。

冷冻机油的主要功能有:

①润滑。润滑摩擦面,使摩擦面完全被油膜分隔开来,从而降低摩擦功、摩擦热和磨损。

②冷却。冷冻机油的流动带走摩擦热,使摩擦零件的温度保持在允许范围内。

③密封。在密封部位充满油,保证密封性能,防止制冷剂的泄漏。

④清洗。油的运动带走金属摩擦产生的磨屑,起到清洗摩擦面的作用。

冷冻润滑油除了上述作用外,在制冷系统中的润滑油还有一个特殊的要求,就是要与制冷剂相溶,能随着制冷剂一起循环。因此,冷冻机油是一种在高低温工况下均能正常工作的特殊润滑油。对其性能要求如下:

①凝点低,具有良好的低温流动性。

②黏度受温度的影响要小。

③与制冷剂的溶解性能要好。
④要有较高的热稳定性。
⑤化学性质要稳定。

冷冻机油有矿物油型、环烷基油型、聚烃基乙二醇合成油(PAG)和聚酯合成油(ESTER)型。

冷冻润滑油的选用主要根据制冷剂的类型(R12、R22 或 R134a)进行选用,其次是根据压缩机类型(活塞式、螺杆式、离心式)选用。由于 R134a 制冷剂对一般橡胶、石油类物资溶解能力很强,因此使用 R134a 制冷剂的制冷系统只能使用聚烃基乙二醇合成油(PAG)和聚酯合成油型(ESTER)。一定要注意,冷冻润滑油的型号切不可乱用。特别是 R134a 和 R12 制冷剂使用的是完全不同的冷冻机油,因此不可换用,不可混用。否则,将造成严重后果。

### 8.2.2 空调系统分类

1. 单一功能空调系统和组合式空调系统

(1)单一功能是指制冷、暖风各自独立,自成系统,一般用于大、中型客车上。

(2)组合式是指制冷、暖风合用一个鼓风机、一套操纵机构。这种结构又分为制冷、暖风可同时工作和单独工作两种方式,多用于轿车上。

2. 非独立式汽车空调系统和独立式汽车空调系统

(1)非独立式汽车空调系统。空调制冷压缩机由汽车本身的发动机驱动,汽车空调系统的制冷性能受汽车发动机工况的影响较大,工作稳定性较差。尤其是低速时制冷量不足,而在高速时制冷量过剩,并且消耗功率较大,影响发动机动力性。这种类型的汽车空调系统一般用于制冷量相对较小的中、小型汽车上。

(2)独立式汽车空调系统。空调制冷压缩机由专用的空调发动机(也称副发动机)驱动,汽车空调系统的制冷性能不受汽车主发动机工况的影响,工作稳定,制冷量大,但由于加装了一台发动机,不仅成本增加,而且体积和质量增加。这种类型的汽车空调系统多用于大、中型客车上。

3. 膨胀阀式制冷系统和膨胀管式制冷系统

(1)膨胀阀式系统。膨胀阀式的制冷循环系统(图8-12)主要由压缩机 A、冷凝器 B、储液干燥罐 C、膨胀阀 F、蒸发器 G 和管路等主要部件组成。在高压管路上还有压力开关 D 和高压维修阀 E,在低压管路上还有低压维修阀 H。

这种制冷循环的工作原理是:压缩机将气体的制冷剂提高压力(同时温度也提高)形成过热气体,目的是使制冷剂比较容易液化放热。高压的气体制冷剂进入车厢外的冷凝器,冷凝器风扇使空气通过冷凝器的缝隙带走制冷剂放出的热量并使其液化。液化后的制冷剂进入储液干燥罐,滤掉其中的杂质和水分,同时存储适量的液态制冷剂以备制冷负荷发生变化时制冷剂不会断流,从储液干燥罐出来的制冷剂流至膨胀阀,从膨胀阀中的节流孔喷出形成雾状制冷剂,雾状的制冷剂进入车厢内的蒸发器。由于制冷剂的压力急剧下降,便很快蒸发汽化,吸收热量,蒸发器外部的风扇使空气不断通过蒸发器的缝隙,使其温度下降,车内温度降低,蒸发器出来的气态制冷剂再进入压缩机重复上述过程。这种循环系统中的膨胀阀可以根据制冷负荷的大小调节制冷剂的流量。

图 8-12 膨胀阀式制冷循环

(2)膨胀管式制冷循环(CCOT 方式)。膨胀管式的制冷循环系统,如图 8-13 所示。膨胀管式的制冷循环系统主要包括压缩机 A、冷凝器 C、孔管式膨胀阀 E、蒸发器 F 和管路等主要部件。在高压管路上还有高压开关 B 和高压维修阀 D,在低压管路上还有低压开关 G 和低压维修阀 H。现在许多高档轿车空调采用可变流量控制的压缩机和电脑控制系统,其制冷系统也使用膨胀管式制冷循环。

从制冷的工作原理来看,与膨胀阀式的制冷循环系统无本质的差别,只不过将可调节流量的膨胀阀换成不可调节流量的膨胀管,使其结构更加简单。为了防止液态的制冷剂进入压缩机而造成压缩机的损坏,这种循环系统在压缩机入口安装集液器,进行气液分离,液体留在罐内,气体进入压缩机,其他部分的工作过程与膨胀阀式的制冷循环相同。

图 8-13 膨胀管式的制冷循环系统

### 8.2.3 空调制冷系统的主要部件

汽车空调制冷系统由压缩机、冷凝器、储液干燥器或集液器、膨胀阀、蒸发器以及制冷管道等组成。

#### 1. 压缩机

压缩机是汽车空调制冷系统的心脏，其作用是维持制冷剂在制冷系统中的循环，吸入来自蒸发器的低温低压制冷剂气体，压缩制冷剂气体，使其压力和温度升高，并将制冷剂气体送往冷凝器。其原理与普通空气压缩机相似，只是密封程度要求更高。目前在汽车空调系统中所采用的压缩机有多种类型。

根据工作原理的不同，空调压缩机可以分为定排量压缩机和变排量压缩机。

定排量压缩机的排气量是随着发动机转速的提高而成比例提高，它不能根据制冷的需求而自动改变功率输出，而且对发动机油耗的影响比较大。它一般通过采集蒸发器出风口的温度信号进行控制，当温度达到设定的温度时，压缩机电磁离合器松开，压缩机停止工作。当温度升高后，电磁离合器结合，压缩机开始工作。定排量压缩机也受空调系统压力的控制，当管路内压力过高时，压缩机停止工作。

变排量压缩机可以根据设定的温度自动调节功率输出。空调控制系统不采集蒸发器出风口的温度信号，而是根据空调管路内压力的变化信号控制压缩机的压缩比来自动调节出风口温度。在制冷的全过程中，压缩机始终是工作的，制冷强度的调节完全依赖装在压缩机内部的压力调节阀来控制。当空调管路内高压端的压力过高时，压力调节阀缩短压缩机内活塞行程，以减小压缩比，这样就会降低制冷强度。当高压端压力下降到一定程度，压力调节阀则增大活塞行程，以提高制冷强度。

根据工作方式的不同，压缩机一般可以分为往复式和旋转式，常见的往复式压缩机有曲轴连杆式和轴向活塞式，常见的旋转式压缩机有旋转叶片式和涡旋式。

曲轴连杆式压缩机是第1代压缩机，它应用比较广泛，制造技术成熟，结构简单，而且对加工材料和加工工艺要求较低，造价比较低。能适应广阔的压力范围和制冷量要求，可维修性强。但是曲轴连杆式压缩机也有一些明显的缺点，例如无法实现较高转速，机器大而重，不容易实现轻量化。排气不连续，气流容易出现波动，而且工作时有较大的振动。由于曲轴连杆式压缩机的上述特点，已经很少有小排量压缩机采用这种结构形式，曲轴连杆式压缩机目前大多应用在客车和载货汽车的大排量空调系统中。结构基本与汽车空气压缩机相同。轴向活塞式压缩机有翘板式和斜板式活塞压缩机两种。它的优点是没有连杆，主轴上惯性较小、结构紧凑和压力脉动小，在汽车中广泛使用。

(1) 轴向活塞式压缩机。轴向活塞式压缩机可以称为第2代压缩机，常见的有斜板式或摇板式压缩机，这是汽车空调压缩机中的主流产品。

斜板式压缩机有单面活塞斜板式压缩机和双面活塞斜板式压缩机两种，如图8-14、图8-15所示，其主要部件是主轴、斜板、活塞和汽缸。各汽缸以压缩机主轴为中心圆周布置，活塞运动方向与压缩机的主轴平行。大多数斜板式压缩机的活塞被制成双头活塞，例如轴向6缸压缩机，则3缸在压缩机前部，另外3缸在压缩机后部。双头活塞在相对的气缸中一前一后的滑动，一端活塞在前缸中压缩制冷剂蒸气时，另一端活塞就在后缸中吸入制冷剂蒸气。

各缸均配有高低压气阀,另有一根高压管,用于连接前后高压腔。斜板与压缩机主轴固定在一起,斜板的边缘装合在活塞中部的槽中,活塞槽与斜板边缘通过钢球轴承支承。如图8-16所示,当主轴旋转时,斜板也随着旋转,斜板边缘推动活塞做轴向往复运动。如果斜板转动一周,前后2个活塞各完成压缩、排气、膨胀、吸气一个循环,相当于两个汽缸工作。如果是轴向6缸压缩机,缸体截面上均匀分布3个汽缸和3个双头活塞,当主轴旋转一周,6个汽缸各完成1个循环。

图8-14 单面活塞斜板式压缩机解剖图

图8-15 双面活塞斜板式压缩机剖面图
1-活塞;2-斜板;3-轴;4-线圈;5-皮带轮;6-摩擦盘;7-轴承

图8-16 斜板式压缩机工作原理图
1-双向活塞;2-钢球;3-斜盘;4-主轴;5-钢球

　　压缩机工作时,电磁离合器的线圈通电,使离合器的摩擦盘与空套在轴上的皮带轮结合。发动机动力通过皮带带动皮带轮旋转,从而通过摩擦盘带动轴和斜板旋转,斜板旋转带动活塞往复运动。线圈断电时,皮带轮空转。

　　现在还有可变排量的斜板式压缩机,又称为摇板式压缩机或翘板式压缩机。它们都是通过改变斜板的角度控制压缩机输出的流量。控制方法有两种,一种是通过压缩机出口的压力控制,如图8-17所示。压缩机出口的压力通过定径节流管和调节阀,给驱动毂一个压力,由驱动毂改变斜板的角度。压缩机出口的压力高,高斜盘的角度小;压缩机出口的压力低,斜盘的角度大。

　　还有一种是,车内的温度传感器给 ECU 信号,ECU 通过压缩机内部的压力控制阀控制制冷剂蒸气的压力,最后由蒸气的压力控制斜板的角度。如奥迪C6使用压缩机,其结构如图8-18所示。

　　其流量控制主要由电脑通过压缩机上的控制阀8的线圈控制蒸气压力,蒸气压力经过压缩机轴中间的管路,通过凸盘1改变斜盘2的倾斜角度,从而改变压缩机输出流量。由于电脑连续不断地控制斜板的角度,改变压缩机工作时输出制冷剂的流量,因此其皮带轮使用了直接驱动,取消了接触盘和吸合线圈。

　　斜板式压缩机比较容易实现小型化和轻量化,而且可以实现高转速工作。它的结构紧凑,效率高,性能可靠,特别是在实现了通过压缩机蒸气压力改变斜板的倾斜角度的可变排量控制之后,目前广泛应用于汽车空调。

图 8-17 翘板式压缩机调节原理图
1-定径节流管;2-调节阀;3-斜盘;4-输入轴;
5-驱动毂;6-活塞;7-低压;8-高压

图 8-18 奥迪 C6 压缩机
1-凸盘;2-斜盘;3-高压接头;4-低压接头;5-压力阀;6-卸压阀;7-阀板;8-控制阀;9-轴;10-活塞;11-滑块;12-密封圈;13-皮带轮(直接驱动)

(2) 旋转叶片式压缩机。旋转叶片式压缩机(图 8-19)的汽缸形状有圆形和椭圆形两种。在圆形汽缸中,转子的主轴与汽缸的圆心有一个偏心距,使转子紧贴在汽缸内表面的吸、排气孔之间。在椭圆形汽缸中,转子的主轴和椭圆中心重合。

转子上的叶片将汽缸分成几个空间,当主轴带动转子旋转一周时,这些空间的容积不断发生变化,制冷剂蒸气在这些空间内也发生体积和温度上的变化。旋转叶式压缩机没有吸气阀,因为叶片能完成吸入和压缩制冷剂的任务。如果有两个叶片,则主轴旋转一周有两次排气过程。叶片越多,压缩机的排气波动就越小。

作为第 3 代压缩机,旋转叶片式压缩机的体积和质量可以做到很小,易于在狭小的发动机舱内进行布置,加之噪声和振动小以及容积效率高等优点,在汽车空调系统中也得到了一定的应用。但是旋转叶片式压缩机对加工精度要求很高,制造成本较高,限制了它的使用。

(3) 涡旋式压缩机。这种压缩机可以称为第 3 代压缩机(图 8-20)。涡旋压缩机结构主要分为动静式和双公转式两种。目前动静式应用最为普遍,它的工作部件主要由动涡轮与静涡轮组成,动、静涡轮的结构十分相似,都是由端板和由端板上伸出的渐开线型涡旋齿组成,两者偏心配置且相差 180°,静涡轮静止不动,而动涡轮在专门的防转机构的约束下,由曲柄轴带动做偏心回转平动,即无自转,只有公转。

图 8-19 旋转叶片式压缩机

图 8-20 涡旋式压缩机

具体来说:涡旋式压缩机是由两个双函数方程型线的动、静涡盘相互咬合而成。在吸气、压缩、排气的工作过程中,静盘固定在机架上,动盘由偏心轴驱动并由防自转机构制约,围绕静盘基圆中心,做很小半径的平面转动。气体通过空气滤芯吸入静盘的外围,随着偏心轴的旋转,气体在动静盘啮合所组成的若干个月牙形压缩腔内被逐步压缩,然后由静盘中心部件的轴向孔连续排出。

涡旋式压缩机具有很多优点。例如压缩机体积小、重量轻,驱动动涡轮运动的偏心轴可以高速旋转。因为没有了吸气阀和排气阀,涡旋压缩机运转可靠,而且容易实现变转速运动和变排量技术。多个压缩腔同时工作,相邻压缩腔之间的气体压差小,气体泄漏量少,容积效率高。涡旋式压缩机以其结构紧凑、高效节能、微振低噪以及工作可靠性等优点,在小型制冷领域获得越来越广泛的应用,也因此成为压缩机技术发展的主要方向之一。

2. 冷凝器

冷凝器的作用将压缩机送来的高温、高压制冷剂蒸气液化或冷凝,从而得到高压制冷剂液体。冷凝器是一个热交换器,它将制冷剂在车内吸收的热量通过冷凝器散发到大气当中。结构形式主要有管片式(图8-21)、管带式(图8-22)、鳍片式(图8-23)和平流式(图8-24)等几种。

管片式(图8-21)是汽车空调中早期采用的一种冷凝器,制造工艺简单,由铜质或铝质圆管套上散热片组成。片与管组装后,经胀管法处理,使散热片胀紧在散热管上。这种冷凝器散热效果较差。一般用在大中型客车的制冷装置上。

图8-21 管片式冷凝器

管带式冷凝器(图8-22)是由多孔扁管弯成蛇管形,并在其中安置散热带后焊接而成。管带式冷凝器的散热效果比管片式冷凝器好一些(一般高15%左右),但工艺复杂,焊接难度大,且材料要求高。一般用在小型汽车的制冷装置上。

图8-22 管带式冷凝器

鳍片式冷凝器(图8-23)是在扁平的多通管道表面直接锐出鳍片状散热片,然后装配成冷凝器。由于散热鳍片与管子为一个整体,因而不存在接触热阻,故散热性能好;另外,管片之间无需复杂的焊接工艺,加工性好,节省材料,而且抗振性也特别好。所以,是目前较先进的汽车空调冷凝器。但是由于鳍片管制造工艺复杂,因此没有在汽车空调中广泛使用。

图8-23 鳍片式冷凝器

平流式冷凝器(图8-24)的扁管是每根都截断的,两端有集流管,依据集流管是否分段,又可分为多元平流式和单元平流式。多元平流式冷凝器的集流管中有隔片打断,每段管子数不同,进入冷凝器时,制冷剂呈气态,比容最大,管子数也最多,随着制冷剂逐渐冷凝成液体,其比容减小,管子数也相应减小。因此平流式冷凝器制冷剂侧流动阻力与管带式相比大大降低,仅为其20%~30%,同时又能保证制冷剂在两相区的后半段和过冷液体区有较高的流速和换热系数,从而使总体传热性能明显提高。这种变流程设计,使冷凝器有效容积得到最合理的应用,使制冷剂的流动和换热情况更加合理,总换热能力与管带式相比可提高30%以上。而在相同的迎风面积和冷却条件下,制冷剂冷凝温度和压力相对降低,解决了HFC134a冷凝压力高的问题,更适合于HFC134a工质。现在许多平流式冷凝器与储液干燥器制作成一个整体,图8-24中圆柱体即为储液干燥器。

a)          b)

图8-24 平流式冷凝器

3. 储液干燥器和集液器

(1)储液干燥器。简称储液器,用于膨胀阀式制冷系统中。其主要作用是:暂时存储制冷剂,使制冷剂的流量与制冷负荷相适应;滤除制冷剂中的杂质,吸收制冷剂中的水分,防止制冷系统管路脏堵和冰塞,保护设备部件不受侵蚀。另外,其还有检视功能和安全保护功能。

图8-25 储液干燥器的结构
1-玻璃观察窗；2-安全阀；3-干燥剂；
4-滤网；5-压力开关

储液干燥器的结构，如图8-25所示。它主要由外壳、玻璃观察窗、安全阀、滤网、干燥剂、入口和出口等组成。制冷剂在储液器中的流动情况如图8-25中箭头所示。从入口经过滤网和干燥剂流出。在储液器上部出口端装有一个玻璃观察窗，用于观察制冷剂在工作时的流动状态，由此可判断制冷剂量状态。如玻璃观察窗清晰、透明，说明制冷剂已经漏光或压缩机不工作；如玻璃观察窗清晰、透明、有带有黄色的液体流动并且基本没有气泡，说明制冷剂太多；如玻璃观察窗清晰，透明、有带有黄色的液体流动并偶然出现2～3个气泡，表示制冷剂合适；如玻璃观察窗清晰、透明、有带有黄色的液体流动并出现连续不断的气泡，表示制冷剂不足；如玻璃观察窗出现很多油迹，说明冷冻机油太多；如玻璃观察窗出现异常颜色，说明制冷剂变质，如图8-26所示。

图8-26 通过观察窗检查制冷剂量

储液器出口端旁边装有一只安全阀，其作用是当压力达到3MPa左右时打开，从而可避免系统的其他部件因压力过高而被胀坏。安全阀可以采用由易熔材料制作的安全熔塞，也称易熔螺塞，当压力达到3MPa左右、温度超过易熔材料的熔点时，安全熔塞中心孔内的易熔材料便会熔化，使制冷剂通过安全熔塞的中心孔完全逸出散发到大气中去。现在汽车空调使用限压阀式安全阀，可以防止将制冷剂完全泄漏，同时维修方便，又减小空气污染。

有的储液干燥器入口还有压力开关，压力开关的作用是当压力太高或太低时，给控制系统一个信号，控制系统切断压缩机电磁线圈使压缩机停止工作，保护制冷系统。

对直立式储液器而言，安装时，一定要垂直，倾斜度不得超过15°。在安装新的储液干燥器之前，不得过早将其进出管口的包装打开，以免湿空气侵入储液器和系统内部，使之失去除湿的作用。安装前一定要先搞清楚储液器的进、出口端，在储液器的进出口端一般都打有记号，如进口端用英文字母IN，出口端用OUT表示，或直接打上箭头以表示进、出口端。

（2）集液器。集液器用于膨胀管式的制冷系统，其安装在蒸发器出口处的管路中。由于膨胀管无法调节制冷剂的流量，因此蒸发器出来的制冷剂不一定全部是气体，可能有部分液体。为防止压缩机损坏，在蒸发器出口处安装一个集液器，将制冷剂进行气液分离，其结构如图8-27所示。制冷剂进入集液器后，液体部分沉在集液器底部，气体部分从上面的管路出去进入压缩机。

### 4. 膨胀阀和膨胀管

膨胀阀安装在蒸发器的入口处，其作用是将储液干燥器高温、高压的液态制冷剂从膨胀阀的小孔喷出，使其降压，体积膨胀，转化为雾状制冷剂，在蒸发器中吸热变为气态制冷剂，同时还可根据制冷负荷的大小调节制冷剂的流量，确保蒸发器出口处的制冷剂全部转化为气体。即当蒸发器内部制冷剂压力过大时，使制冷剂的流量减小；当蒸发器内部制冷剂温度升高时，使制冷剂的流量增大。

目前膨胀阀的结构形式有 3 种，分别是内平衡热力膨胀阀、外平衡热力膨胀阀、H 型膨胀阀。比较广泛使用的是 H 型膨胀阀。现在还有一些汽车开始使用空调电脑控制的电子膨胀阀。

（1）外平衡式膨胀阀。外平衡式膨胀阀的结构如图 8-28 所示。膨胀阀的入口接储液干燥器，出口接蒸发器。膨胀阀的上部有一个膜片，膜片上方通过一条细管接一个感温包。感温包内部充满制冷剂气体，安装在蒸发器出口的管路上，蒸发器出口处的温度发生变化时，感温包内的气体体积也会发生变化，进而产生压力变化，这个压力变化就作用在膜片的上方。膜片下方的腔室还有一根平衡管通蒸发器出口。阀的中部有 1 个阀门，阀门控制制冷剂的流量，阀门的下方有一个调整弹簧。弹簧的弹力通过阀门上方的推杆作用在膜片下方，试图使阀门关闭，可以看出膜片共受到三个力的作用，一个是感温包中制冷剂气体向下的压力，另一个是弹簧向上的推力，还有一个是蒸发器出口制冷剂的压力作用在膜片的下方，阀的开度取决于这 3 个力综合作用的结果。

图 8-27 集液器
1-气态制冷剂进气口；2-过滤器；3-制冷剂孔；4-U 形管；5-干燥剂；6-塑料盖

图 8-28 外平衡式膨胀阀
a) 实物图；b) 原理图
1-膜片；2-毛细管；3-平衡管；4-热敏管；5-蒸发器；6-调整螺钉；7-针阀

当制冷负荷发生变化时，膨胀阀可根据制冷负荷的变化自动调节制冷剂的流量，确保蒸发器出口处的制冷剂全部转化为气体并有一定的过热度。当车厢内温度较低时,蒸发器出口处的温度就会降低,感温包的温度也会降低,其中的制冷剂气体便会收缩,使膨胀阀膜片上方的压力减小,阀门就会在弹簧和膜片下方气体压力的作用下向上移动,减小阀门的开度,从而减小制冷剂的流量。反之,当车厢内温度较高时,阀门的开度会增大,制冷剂的流量增加。同时,如阀开度太大造成蒸发器出口压力增大时,阀门就会在弹簧和膜片下方气体压力的作用下向上移动,减小阀门的开度。当制冷负荷与制冷剂的流量相适应时,阀门的开度保持不变,维持一定的制冷强度。

（2）内平衡式膨胀阀。内平衡式膨胀阀的结构与外平衡式膨胀阀的结构大同小异,如图8-29所示,不同之处在于内平衡式膨胀阀没有平衡管,膜片下方的气体压力直接来自于蒸发器的入口。内平衡式膨胀阀的工作过程与外平衡式膨胀阀的工作过程完全相同。

图8-29 内平衡式膨胀阀
a)实物图;b)原理图
1-膜片;2-毛细管;3-热敏管;4-针阀

（3）H型膨胀阀。H型膨胀阀也是一种外平衡式膨胀阀,如图8-30所示。其工作原理与上述的外平衡式相同,因其内部通道形同H型而得名。它取消了外平衡膨胀阀的外平衡管和感温包,而在膨胀阀上部有膜片。膜片下方直接与蒸发器出口管道接触。膜片上方的膜片室密封有制冷剂。它有四个接口通往空调系统,其中两个接口和普通膨胀阀一样,一个接干燥过滤器出口,一个接蒸发器入口。另外两个接口,一个接蒸发器出口,一个接压缩机进口。中间空心的推杆上端与膜片相连接。空心部分里面充满制冷剂,成为感温元件。当蒸发器出口处温度升高时,膜片室内的制冷剂膨胀,通过推杆使阀门开度增大。当蒸发器出口压力增大时,压力直接作用于膜片下方,推动膜片和推杆上移,使阀门开度减小。

H型膨胀阀安装在蒸发器的进出管之间,感应温度不受环境影响,调节灵敏度较高。由于无感温包、毛细管和外平衡管,不会因毛细管、外平衡管破裂或感温包包扎松动而影响膨胀阀的正常工作。H型膨胀阀还具有结构紧凑、使用可靠、维修简单等优点,符合汽车空调的要求。现在被广泛使用。

（4）膨胀管。膨胀管是用于许多轿车制冷系统的一种固定孔口节流装置。它直接安装在冷凝器出口和蒸发器进口之间,用于将液态制冷剂节流降压。由于不能调节流量,液体制冷剂很可能流出蒸发器而进入压缩机,造成压缩机液击。所以装有膨胀管的系统,必须同时在蒸发器出口和压缩机进口之间安装一个集液器,使气液分离,避免压缩机发生液击。

膨胀管的结构,如图8-31所示。它是一根细铜管,装在一根塑料套管内。在塑料套管

图 8-30 H 型膨胀阀结构
1-接冷凝器;2-至蒸发器;3-从蒸发器来;4-至压缩机;5-钢球和弹簧;6-推杆(感温体)

外环形槽内,装有密封圈。有的还有两个外环形槽,每槽各装一个密封圈。把塑料套管连同膨胀管都插入蒸发器进口管中,密封圈用于密封塑料套管外径和蒸发器进口管内径之间的间隙。膨胀管两端都装有滤网,以防止系统堵塞。

图 8-31 膨胀管的结构
1-孔口;2-进口滤网;3-密封圈;4-出口

由于膨胀节流管没有运动部件,结构简单、可靠性高,同时节省能耗,很多高级轿车都采用这种方式。同时,使用可变排量的压缩机克服其制冷剂流量不能根据工况变化进行调节的缺点。

5. 蒸发器

蒸发器和冷凝器一样,也是一种热交换器,是制冷循环中获得冷气的器件。膨胀阀喷出的雾状制冷剂在蒸发器中蒸发,吸收蒸发器周围空气中的热量,使其降温,达到制冷的目的。在降温的同时,空气中的水分也会由于温度降低凝结在蒸发器的表面上,蒸发器还要将凝结的水分排出车外。

蒸发器安装在驾驶室仪表板的后面,其形近似冷凝器,但比冷凝器窄、小、厚,有管片式、管带式和层叠式三种结构。

## 8.3 暖风系统

汽车的暖风系统可以将车内的空气或从车外吸入车内的空气加热,提高车内的温度。

汽车的暖风系统有许多类型。按热源的不同可分为：热水取暖系统、燃气取暖系统、废气取暖系统等。目前，小汽车上主要采用热水取暖系统，大型车辆上主要采用燃气取暖系统。

### 8.3.1 热水取暖系统

**1. 热水取暖系统的工作原理**

热水取暖系统的热源通常采用发动机的冷却液，使冷却液流过一个加热器芯，再使用鼓风机将冷空气吹过加热器芯加热空气，使车内的温度升高，如图 8-32 所示。

**2. 热水取暖系统的温度调节方式**

热水取暖系统的温度调节方式有以下几种：

(1) 空气混合型。此类型暖风系统需在暖风气道中安装空气混合调节风门，风门可以控制通过加热器芯的空气和不通过加热器芯的空气的比例，以此实现温度的调节，如图 8-33 所示。

(2) 水流调节型。利用水阀调节经加热器芯的热水量，改变加热器芯本身的温度，进而调节温度，如图 8-34 所示。

图 8-32 热水取暖系统的工作原理
1-进风；2-发动机；3-发动机冷却液；4-热风；5-出风；6-加热器芯；7-冷风；8-鼓风机

图 8-33 空气混合型暖风系统
1-空气混合调节风挡；2-加热器芯

图 8-34 水流调节型暖风系统
1-加热器芯；2-水阀

### 8.3.2 燃气取暖系统

在大、中型客车上，仅靠发动机冷却液的余热取暖是远远满足不了要求的，因此在大客车中常采用燃气取暖系统。图 8-35 为燃气取暖系统的示意图。燃油和空气在燃烧室中混合燃烧，加热发动机的冷却液，加热后的水进入加热器芯处散热，降温后返回发动机再进行循环。

图 8-35 燃气取暖系统

## 8.4 通风系统

通风系统通常与空调的其他系统一同使用,用于调节车内的冷气或暖气气流的流向、流速。通风系统的另一个作用是将车外的新鲜空气引入车内,将车内的污浊空气排出车外,使车内的空气保持新鲜,提高车辆的舒适性。

**1. 空调面板和通风系统调节方式**

通风系统的控制操作通常和空调系统的控制操作同在空调控制面板上,其控制方式有手动调节(手动空调)和自动调节(自动空调)两种。现以手动调节为例,来说明空调系统和通风系统的控制过程。手动空调的调节包括温度调节、出风口位置调节、鼓风机风速调节和空气的内外循环调节等。其调节是通过空调控制面板上的拨杆或旋钮进行的。手动空调的控制面板,如图 8-36a)所示。

图 8-36 空调的控制面板
a) 手动控制的面板;b) 自动控制的面板

空调面板上有温度调节、气流选择、鼓风机速度、空气进气选择(内外循环选择)、空调开关(A/C)和紧急模式选择开关。其中,温度调节、气流选择、空气进气选择是通过气道中的调节风门实现的,如图8-37所示。空调控制面板到调节风门的控制方式有拉线式和电动式,如图8-38所示。空调开关和运行模式选择开关、鼓风机速度选择是通过电路控制来实现的。

图8-37 空调系统气道中的调节风门

图8-38 调节风门的控制方式
a) 拉线式; b) 电机式

**2. 温度调节**

目前,轿车用空调系统基本上是冷气和暖风共用一个鼓风机,温度调节常采用冷暖风混合的方式。在空气的进气道中,所有的空气都通过蒸发器,用一个调节风门控制通过加热器芯的空气量,通过加热器芯的空气和未通过加热器的空气混合后形成不同温度的空气从出风口吹出,实现温度调节。在空调的控制面板上设有温度调节拨杆或旋钮,用来改变空气混合风门的位置,如图8-39所示。

**3. 气流选择调节**

现今的轿车空调系统的出风口分中央出风口、边出风口、脚下出风口和风窗玻璃除霜出风口等,可根据需要通过控制面板上的气流选择调节拨杆或旋钮,选择不同的出风口出风。

**4. 内外循环调节**

空气调节系统可以选择进入车内的空气是外部的新鲜空气还是车内的非新鲜空气。若选择外部新鲜空气称为外循环,选择车内空气则称内循环。此功能可通过控制面板上的内外循环选择按钮或拨杆控制进气口处的调节风门实现。

图 8-39 空调调节风门的控制方式
1-鼓风机；2-蒸发器；3-空气混合风门；4-加热器芯；5-水阀；6-温度选择旋钮

**5. 外循环通风方式**

外循环通风方式有利用汽车行驶中产生的动压进行通风；利用车上的鼓风机进行强制通风两种。

动压通风是利用汽车在行驶时各个部位所产生的不同压力进行通风。汽车行驶时的压力分布，如图 8-40 所示。在考虑通风时，只要将进风口设在正压区，排风口设在负压区即可。此种方式不需要另加动力，比较经济。但汽车在行驶速度较低时，通风的效果较差。

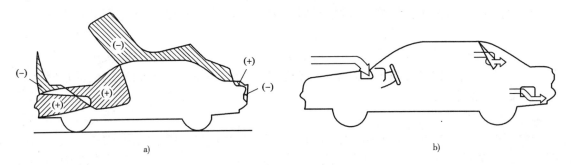

图 8-40 动压通风

强制通风是利用鼓风机进行通风。在进风口安装一台鼓风机将车外的空气吸入车内，车内的空气从排风口排出，如图 8-41 所示。此种方式不受车速的限制，通风效果好。

如果将两种通风方式组合起来，就形成了综合通风方式。汽车低速行驶时采用强制通风，高速行驶时采用动压通风方式。这样就保证了汽车在各种工况下均能保持良好的通风效果，同时也降低了能耗。

图 8-41 强制通风

#### 6. 鼓风机转速的调节

鼓风机转速通过在鼓风机电路中串入不同的电阻来实现,如图 8-42a)所示。在鼓风机电路中串入 3 个电阻,通过开关控制,实现 4 个转速挡(空调控制面板上的 LO、2、3、HI)。对于 ECU 控制的自动空调(图 8-42b),则是通过按键提高或减小占空比信号控制三极管导通搭铁控制鼓风机速度。这种占空比控制可以实现鼓风机速度的无极控制。

图 8-42 鼓风机转速的调节

## 8.5 空气净化系统

汽车车厢内的空气由车外空气和车内循环空气两部分构成。车外空气受到环境(如粉尘、烟尘以及汽车尾气)的污染;车内循环空气受到人的活动和工作过程(如人体呼吸、体味、抽烟等)的污染。这些都会影响人体健康,降低乘坐舒适性。因此,汽车空调必须设置空气净化系统。

汽车空调净化系统的作用是对车内污浊的空气进行除尘、脱臭、杀菌,使车内空气保持清洁、卫生。空气净化方法按净化原理不同有过滤除尘、静电除尘、紫外线杀菌、活性炭吸附和负氧离子发生器等几种。

#### 1. 过滤除尘

过滤除尘一般用无纺布、玻璃纤维、滤纸、合成树脂等材料制成过滤网,网眼的大小和厚度不同,被过滤的尘粒的大小和效率也不同,通常把网眼大小不同的滤网组合起来使用。对于较大的尘埃,当进入过滤器时,由于惯性作用,来不及随气流转弯就碰到纤维孔壁上而下沉;对于微小颗粒,在围绕纵横交错的纤维表面而沉积下来,并且与纤维摩擦产生静电作用,被纤维吸附在其表面。

汽车空调过滤除尘器一般选用直径为 $10\mu m$ 的中孔聚氨酯塑料、化纤无纺布和人造纤维,如图 8-43 所示。

#### 2. 静电除尘和活性炭吸附

静电除尘是利用高压电极产生高压电场,对空气进行电离,使尘粒带电,然后在电场作用下产生定向运动,沉降在正负电极上而实现对空气的过滤除尘。

静电式除尘器的结构工作原理,如图 8-44 所示。它由电离部、集尘部、活性炭吸附器三部分组成。电离部和集尘部一般制成一体,它是静电式除尘器的主要部分。

图 8-43 空调进气系统中的空气滤清器

图 8-44 静电除尘和活性炭吸附

电离部在电极之间加以 5kV 的高电压,产生电晕放电,粉尘被电离带上负电并被正极吸引。正极板就是集尘部,在集尘部外加高电压,使粉尘受库仑力作用而吸附在正极板上。当集尘部上的集灰达到一定量时,可进行清洗、除尘或更换,除去粉尘后的较清洁空气再用活性炭吸附,除去臭味和有害气体,净化后的空气被送到车厢内,有的静电式除尘器还设有负离子发生器,改善车厢内空气品质,以利于人体健康。

3. 负氧离子发生器

负氧离子发生器又称"活性氧"或"空气维生素",它如同阳光、空气一样是人类健康生活不可缺少的一种物质。科学研究表明:负氧离子在空气中的含量是决定空气质量好坏的一个重要因素,空气中含有适量的负离子不仅能高效地除尘、灭菌、净化空气,同时还能够激活空气中的氧分子而形成携氧负离子,活跃空气分子,改善人体肺部功能,促进新陈代谢,增强抗病能力,调节中枢神经系统,使人精神焕发、充满活力等。

负氧离子是通过负离子发生器的脉冲振荡电路,将低电压通过高压模块升压为直流负高压,经过碳素纤维尖端不断产生负直流高电晕,高速发射出大量的电子($e^-$),而电子无法长久存在于空气当中(在空气中存在的电子寿命只有 ns 级),立刻会被空气中的氧分子($O_2$)捕捉,从而形成负离子,它的工作原理与自然现象"打雷闪电"时产生负离子的现象相一致。

4. 复合型空气净化装置

现今的汽车空调所使用的空气净化装置一般都是将上述几种空气净化方法有机地结合在一起,构成复合型空气净化装置,如图 8-45 所示。它主要由鼓风机、过滤网、电离器、集尘器、活性炭过滤器、杀菌灯以及负离子发生器组成。鼓风机运转时,车内污浊的空气由入口进入,大粒度的灰尘被过滤网滤除,小粒度灰尘由电离器集聚在带电的波纹集尘器中,消除了尘埃和烟气的空气,在经过多层状活性炭过滤器脱臭、清除有害气体,流向杀菌灯,经紫外线杀菌后,清洁的空气通过负离子发生器,自排出口送出含负离子的空气。

### 课堂讨论一

1. 汽车车厢热量如何从低温热源向高温热源传递?
2. 制冷系统有哪些类型?
3. 制冷系统由哪些主要零部件组成?
4. 制冷系统各零部件起什么作用?如何起作用?

5. 说明制冷系统各零部件的结构。

图 8-45 汽车空气净化装置
1-鼓风机；2-滤网；3-电离器；4-集尘器；5-活性炭过滤器；6-紫外线杀菌灯；7-负离子发生器

### 相关技能一

## 8.6 空调系统的维护

### 8.6.1 空调维修注意事项

（1）在处理制冷剂时，如图 8-46a）、b）所示：不要在密闭的空间或靠近明火处处理制冷剂；必须戴防护眼镜，避免液体的制冷剂进入眼睛。如果液体制冷剂进入眼睛或碰到皮肤，不要揉，要立即用大量的冷水冲洗，并立即到医院进行专业处理。

（2）如图 8-46c）所示，在更换零件或管路时，不要将制冷剂排放到空气中，以免造成环境污染。要使用制冷剂回收机进行回收，以便再次使用。

（3）如图 8-46d）、e）所示，在未连接的管路或零件上插上塞子，以免潮气、灰尘进入系统；对于新的冷凝器、储液干燥器等零件，不要拨下塞子放置；在拔出新压缩机塞子之前要从排气阀放出氮气，否则在拔塞子时，压缩机油将随氮气一起喷出；不要用火焰加热进行弯管和管路拉伸。

（4）如图 8-46f）、g）所示，连接制冷剂管道时，应在 O 形密封圈上涂一点冷冻机油。拧紧或拧松制冷管路接头时，必须用两个开口扳手，并按规定的力矩拧紧。

（5）如图 8-46h）所示，在处理装有制冷剂的容器时，不要加热制冷剂的容器；容器要保持在 40℃ 以下；当用温水加热制冷剂容器时，不允许将容器顶部的阀门浸入水中，防止水掺入制冷管路；使用过的一次性制冷剂容器，禁止再次使用。

（6）如图 8-46i）所示，在空调系统运转时，不允许开启高压阀将液态制冷剂充入空调管路；制冷剂不要充入过量，否则将造成制冷不良。

### 8.6.2 空调压力表

汽车空调压力表如图 8-47 所示，主要由低压表、高压表、低压阀、高压阀、3 根软管和外壳组成。左边与低压表相连接的低压管颜色为蓝色,右边与高压表相连接的高压管颜色为红色,中间与制冷剂罐相连接的加注管颜色为黄色。低压表1始终与低压软管6相通,当低压阀打开时,低压表1、低压软管6和中间加注软管5连接相通。高压表2始终与高压软管4相通,当高压阀打开时,高压表2、高压软管4和中间加注软管5连接相通。汽车空调压力表是汽车空调系统最主要和最常用的维修工具。使用时,高压软管与压缩机输出的高压端连接,低压软管与压缩机输入的低压端连接,加注软管按维修时要求接真空泵或制冷剂罐。这里特别要提醒的是,汽车空调压力表与汽车空调系统连接时低压阀和高压阀一定要处于关闭状态。否则,会导致制冷剂泄漏。

图8-46 空调使用和维修应注意的问题

### 8.6.3 空调系统的检查

**1. 直观检查**

(1) 听:一是听取驾驶员对故障原因的说明,二是监听设备有无不正常噪声。主要听压缩机附近是否有非正常的响声。如果有,可能是压缩机的安装不正常或压缩机内部零件有损坏。将鼓风机开至中、高挡,听鼓风机处否有杂音,检查鼓风机运转是否正常。

(2) 看:主要是指查看各部件的表面情况,检查压缩机安装是否牢固,压缩机驱动皮带是否有歪斜、破损等情况,同时要求压缩机皮带松紧度合适(可用两个手指压皮带中间部位,能压下7~10mm为宜)。检查冷凝器表面是否脏污、变形,与水箱之间是否有杂物。检查蒸发器和空气过滤网是否干净和通风良好。检查制冷系统管路、接头以及组件表面有无油迹(如有油迹,一般是制冷剂出现渗漏),制冷管路是否有擦伤或变形等。查看制冷剂的数量和工作状态。

图 8-47　汽车空调压力表
1-低压表;2-高压表;3-高压阀门手柄;4-高压软管;5-加注软管;6-低压软管;7-低压阀门手柄;8-外壳

(3)摸:主要指用手触摸零部件或管道的温度,以判断空调系统工作正常与否。开启空调开关,使压缩机运转 15～20min 之后,进行如下操作:利用手感比较车厢冷气栅格吹出的冷风凉度及风量大小。用手触摸压缩机的进、排气管的温度,两者应有明显的温差。利用手感比较冷凝器的进管和出管两者温度,后者温度低于前者为正常。若两者温度相差不大,甚至相同,说明冷凝器有故障。用手触摸干燥过滤器前后管道的温度,两者温度一致为正常,否则说明干燥过滤器存在堵塞现象。膨胀阀前面的管道与出口应有很大的温差,否则说明膨胀阀出现故障。

2.制冷剂储量的检查

检查制冷剂储量,可分析判断空调系统的工作情况。检查制冷剂储量的方法有视液观察窗(镜)检查法和系统压力检测法。

(1)视液观察窗(镜)检查法。选择气温高于 20℃ 的时机,低速运转发动机,将温度控制开关置于最冷(COOL)位置,鼓风机控制开关置于最高(HI)位置,进气控制开关置于内循环(REC)位置,打开空调(A/C)开关使发动机以 1500r/min 转速运转,将风扇转速旋钮转至高速,调温旋钮转至最冷位置,运转 5min 左右,从储液干燥器玻璃观察窗口观看制冷剂流动情况,如图 8-48 所示。

若孔内呈透明,转速稳定时无气泡出现,转速变化的瞬间,偶尔出现气泡,关闭空调后随即起泡,然后渐渐消失;压缩机进出口两侧有温差,高压侧热,低压侧凉,说明制冷剂储量适中。

若看不到气泡,高低压侧温差明显,即使环境温度在 20℃ 以上,关闭空调后仍无气泡出现,说明制冷剂加注过量,应放出多余的制冷剂。

若看到间断而微量的气泡,高低压两侧温差较小,说明制冷剂储量不足,要检查是否有泄漏之处,并补足制冷剂。

若看到连续不断的气泡,高低压两侧几乎无温差,说明制冷剂严重不足。当制冷剂接近于零时,气泡消失,而出现类似雾状的油沫流动。应及时检漏、修理、抽真空、添加适量制冷剂。

若看不到气泡,高低压两侧无温差,说明制冷系统内完全没有制冷剂或压缩机不运转,制冷剂没有循环。

(2)系统压力检查法。首先将压力表组的高、低压手动阀关闭,然后将压力表组的高、低压软管分别连接到系统的高、低压检修阀上,并利用系统内制冷剂压力排除管内空气。起动空调系统,待压力表指示稳定后即可读取压力值。R134a 空调系统压力正常范围:低压侧为 0.15~0.25MPa;高压侧为 1.37~1.57MPa。R12 空调系统正常工作压力范围:低压侧为 0.15~0.20MPa;高压侧为 1.45~1.50MPa。

图 8-48 检查制冷剂的储量

3. 检查制冷剂的泄漏

空调制冷系统的检漏方法有目测检漏法、皂泡检漏法、电子检漏仪检漏法、抽真空检漏法和加压检漏法等几种。

(1)目测检漏法是指用肉眼查看制冷系统(特别是制冷系统的管接头)部位有否润滑油渗漏痕迹的一种检漏方法。因为制冷剂通常与润滑油(冷冻机油)互溶,所以在泄漏处必然也带出润滑油,因此,制冷系统管道有油迹的部位就是泄漏处。这一种检查方法只能检查出泄漏量大、时间长的泄漏点。

(2)皂泡检漏是指在检漏时,对施加了压力的制冷系统,用毛刷或棉纱蘸肥皂水涂抹在被检查部位,察看被检查部位是否有气泡产生的一种检漏方法。若被检查的部位有气泡产生,则说明这个部位是泄漏处(点)。肥皂水检漏法简便易行,而且很有效,由于汽车的布置非常紧凑,操作比较麻烦,采用此法检漏时,要求一定要细致、认真。

(3)电子卤素检漏仪是一种非常精密的检漏设备,它主要由探头、卤素检测元件、放大器、微安表和蜂鸣器组成。其工作原理是利用阴阳两极作用构成一个电场,通过阴极发热产生电子和正离子,然后利用微型风扇将被探测处的空气吸入电场,如果被吸入的空气中含有卤素,那么通过发热的阴极就可以分解出卤化气体,同时阴极所释放的离子就会增加,因此通过离子电流的变化就可以确定漏氟的多少,如果检测数值大于正常显示值,那么蜂鸣器就会发出音响信号。由于电子卤素检漏仪灵敏度很高,所以要求使用时被测试环境中没有卤素和其他的烟雾污染,必须在空气比较新鲜的场所进行,检漏仪的灵敏度也是可以调节的,可以由粗检到细检分为几挡,在有污染的环境下检漏时可以选择适合的挡位。使用电子卤素检漏仪时,应该使探头与制冷系统被检测部位保持 3~5mm 的距离,探头移动的速度不可以超过 50mm/s,使用的过程中应该严格防止大量的制冷剂气体被吸入检漏仪。因为过量的制冷剂会对检漏仪的电极造成短时或永久性污染,使其探头的灵敏度大大降低。

(4)抽真空检漏是通过做气密性试验的方法进行检漏,是对制冷系统抽真空以后,保持一段时间(至少 60min),观察系统中的真空压力表指针是否移动(即指针是否发生变化)的一种检漏方法。要指出的是,采用这种方法检漏,只能说明制冷系统是否泄漏,而不能确定泄漏的具体部位。

(5)加压检漏法是指将1.5~2MPa压力的氮气、二氧化碳或混有少量制冷剂的氮气、二氧化碳等介质加入制冷系统中,再用肥皂水或卤素检漏灯进行检漏的一种方法。这种方法常用于空调制冷系统中的制冷剂全部漏光时的检漏。要注意的是,操作时尽量不要用空气压缩机加压或制冷系统本身的压缩机加压,因为这样会使制冷系统带入一部分水分。

4. 使用空调压力表检查空调制冷系统故障

用压力表检查汽车空调制冷系统故障,一般分为压缩机停止和运转两种状态下进行。

在压缩机停止运转10h以上后,压缩机的高、低压侧应为同一数值,该压力称为平衡压力。该压力一般为0.4~0.5MPa。该压力大小与外界温度和制冷剂的量有关,外界温度高和加入制冷剂的量太多会使平衡压力上升。

将发动机转速控制在1500~2000r/min,起动空调使压缩机工作,一般情况下,低压侧压力为0.15~0.25MPa,高压侧压力为1.4~1.6MPa,如图8-49所示。如果压力表指示与正常值不符,则可按照如下方法进行故障诊断。

(1)高、低压表的指示同时比正常值低。这可能是因为制冷剂不足,检查时,可发现高压管微热,低压管微冷,但温差不大,从视液镜(观察窗)中可以观察到每隔1~2s就有气泡出现。这时,应先检查有无泄漏点,补漏后再补足制冷剂。如低压表比正常值低很多。这时,视液镜(观察窗)内可见模糊雾流,高、低压管无温差,冷气不冷,说明制冷剂严重泄漏,如图8-50所示。

图8-49　正常压力　　　　　　　图8-50　制冷剂不足

(2)高、低压两侧的压力均过高。这可能是制冷剂过多或冷凝不足。如用手分别触摸压缩机进气管和排气管,而且高压侧有烫手感,低压侧能看到冰霜,空调系统压缩机停止运行后,其余部分继续工作时,在超过45s以后,视液镜(观察窗)内仍然清晰无气泡流过,可以断定制冷剂过多,应排出多余的制冷剂。如增加风扇转速和给冷凝器喷水后压力正常,则为冷凝不足,如图8-51所示。

(3)低压表指针在接近零和正常压力之间摆动,高压表指针在接近0.7MPa和正常压力之间摆动比。这时,空调系统常表现为出风忽冷忽热、膨胀阀前后的管路上结霜。其原因是膨胀阀结霜堵塞,使得制冷剂在系统中无法循环。此时,应反复抽真空,更换干燥瓶,重新添加制冷剂,如图8-52所示。

图 8-51 制冷剂过多或冷凝不足

图 8-52 制冷剂有水分——冻堵

(4) 低压表指针接近零,高压表指针接近 0.7MPa。其原因是制冷系统阻塞,最可能是膨胀阀感温包损坏,造成膨胀阀未开启,此时应检查感温包,如图 8-53 所示。

(5) 高压指针过低、低压表指针高。这可能是压缩机的内部故障,如阀板垫、阀片损坏,导致压缩不良。吸气不足造成低压指针高,压缩不足造成高压指针过低。需要检修或更换压缩机。如图 8-54 所示。

图 8-53 制冷系统阻塞

图 8-54 压缩机压缩不良

(6) 低压表指针偏高,高压表指针高。说明制冷系统混入空气。因为空气不能液化造成高压表指针高。此时,应更换储液干燥器并抽真空以排除系统内的空气,如图 8-55 所示。

### 8.6.4 制冷剂的加注

**1. 制冷剂加注的分类**

按照制冷系统状态,制冷剂的加注分两种:补充加注和完全加注。补充加注是制冷系统内的制冷剂不足,需要进行补充;完全加注是制冷系统中无制冷剂,需要重新加注。如果是补充制冷剂,应

图 8-55 制冷系统混入空气

在确认系统无泄漏后,再进行补充。如果是系统更换了零件或系统内制冷剂全部漏光,则需重新加注。

按照制冷剂进入的位置,制冷剂的加注分三种:高压加注、低压加注和高低压同时加注。

2. 就车如何判断应该加注 R134a 还是 R12

我国于 1992 年发文规定:各汽车厂从 1996 年起在汽车空调中逐步用新制冷剂 R134a 替代 R12,在 2000 年生产的新车上不准再用 R12。因此,在用的汽车中可能还有些使用的是 R12 制冷剂。加注制冷剂时,原来使用 R12 制冷剂应该继续加注 R12 制冷剂,原来使用 R134a 制冷剂应该继续加注 R134a 制冷剂。不得改装和混装。

一般使用 R134a 制冷剂的汽车在发动机舱盖下方等处会有非常明显的提醒文字,如图 8-56 所示。另外,根据规定所有使用 R12 制冷剂的汽车空调系统都是使用螺纹接头,如图 8-57 所示。所有使用 R134a 制冷剂的汽车空调系统都是使用快速接头,如图 8-58 所示。

图 8-56 汽车上 R134a 制冷剂标志
1-发动机舱盖的底面;2-悬挂支撑上部;3-水箱上支架

图 8-57 R12 制冷剂使用的螺纹接头　　图 8-58 R134a 制冷剂使用的快速接头

3. 制冷剂加注设备

(1)制冷剂注入阀。制冷剂注入阀是打开小容量制冷剂罐的专用工具,它利用手柄前部的针阀刺破制冷剂罐,通过螺纹接头和软管把制冷剂引入空调压力表组件,如图 8-59 所示。

(2)空调真空泵。空调真空泵由交流电动机和真空泵组成,用于制冷系统抽真空,如图 8-60 所示。

图 8-59　制冷剂注入阀与制冷剂罐连接
1- 手柄；2- 注入阀接头；3- 板状螺母；4- 制冷剂罐；5- 阀针

(3)专用加注装置。专用加注装置由交流电动机、真空泵和空调压力表组(低压表、高压表、高压阀和低压阀)组成，如图 8-61 所示。汽车空调专用加注装置可以进行压力检查、油真空和制冷剂加注作业。

图 8-60　空调真空泵　　　　　图 8-61　汽车空调专用加注机

(4)全自动制冷剂回收/加注机。全自动制冷剂回收/加注机主要由电动机、高效压缩机、大功率的真空泵、高低压空调压力表组件、工作罐压力表、制冷剂电子秤以及冷冻机油注入器等组成，如图 8-62 所示。可以自动实现汽车空调维修所需要的所有功能。

4. 制冷剂加注

制冷剂加注使用的设备不同，进行加注的操作工艺过程也不相同。为了能全面掌握制冷剂加注的工艺过程。下面以使用空调压力表和真空表重新加注制冷剂为例，介绍加注制冷剂的步骤和操作过程。

(1)接入空调压力表。在发动机熄火时，将空调压力表高压阀和低压阀关闭，低压端蓝色软管接入压缩机进口(即低压端)，高压端红色软管接入压缩机出口(即高压端)，如图 8-63 所示。

(2)放掉残余制冷剂。缓慢打开高压手动阀，以调节制冷剂流量，不要把阀门打开太大，以免排出冷冻机油。

检查包在排放口端的毛巾，以确认没有机油排出。在高压表计数降到 350kPa 以下时，缓慢打开高低和低压手动阀。当系统压力下降时，逐渐打开高压和低压手动阀，直到两者压力计的读数达到0kPa为止。

图8-62 全自动制冷剂回收/加注机

1-操作面板；2-瓶压表；3-低压表；4-高压表；5-低压侧阀门；6-高压侧阀门；7-低压接头；8-高压接头；9-加油阀门；10-加油瓶；11-废油瓶；12-控制板；13-油分离器；14-干燥过滤器；15-工作罐；16-工作罐锁紧螺钉；17-搭脚板

（3）抽真空。抽真空的目的是排除制冷系统内残留的空气和水分，同时也可检查系统的密闭性。抽真空时，管路连接如图8-64所示。

图8-63 接入空调压力表

图8-64 抽真空

具体操作过程如下：

将歧管压力表的两根高、低压软管分别接在高、低压侧检修阀上，将其中间软管与真空泵相连接。

打开歧管压力表上的高、低压手动阀，起动真空泵，观察低压表的指针，应该有真空显示。

连续抽5min后,低压表应达到0.03MPa(真空度),高压表略低于零,如果高压表不能低于0刻度,表明系统内有堵塞,应停止,修复后再抽真空。

真空泵工作15min后,低压表指针应为0.01~0.02MPa。如果达不到此数值,应关闭高、低压手动阀,观察低压表的指针,如果指针上升,说明真空有损失,系统有漏点,应停止,修复后才能继续抽真空。

系统压力接近真空时,关闭高、低压手动阀,保压5~10min。如低压表指针不动,则打开高、低压手动阀开启真空泵,继续抽真空,抽真空的时间不得少于30min,如时间允许,可再长些。

抽真空结束时,先关闭高、低压手动阀,再关闭真空阀,其目的是防止空气进入制冷系统。

**注意:抽真空过程中可能需要补充加注冷冻机油。具体操作步骤见后冷冻机油添加。**

(4)检查系统的密封性。真空泵停止后,高压和低压两侧的阀门关闭10min以上,压力表的读数应保持不变。若压力表的压力增加,则有空气进入系统,应检查系统的密封性。

(5)高压端充注。系统经过抽真空并确认无泄漏后,可开始向系统充注制冷剂。充注方法主要有两种:一种是从高压端充注,另一种是从低压端充注。为了提高加注速度,一般先高压加注后低压加注、高压端充注法。如图8-65所示,使用制冷剂注入阀将中间黄色的软管与制冷剂罐连接好,拧入连接器上手柄,在制冷剂罐上打一个小孔再拧出。

排除连接软管内的空气,具体方法是:拧松中间软管的连接螺母,当感觉到放出冰冷的制冷剂时拧紧螺母。

将制冷剂罐举高并倒置,然后缓慢打开高压手动阀,制冷剂液体通过中间软管流入制冷系统的冷凝器内。当无法流入时,关闭高压手动阀,充注结束。

**注意:1. 从高压端充注制冷剂时,严禁开启空调系统,也不可打开低压手动阀。**

**2. 这种利用制冷剂罐的压力让制冷剂液体自行流入的加注方法无法充满,需要低压补充。**

(6)低压端充注。低压端充注如图8-66所示,将制冷剂罐放到低于压缩机处。然后打开低压手动阀,起动发动机并将其转速调整到1250~1500r/min,打开空调开关,把风机开关开至最大,把温度控制开关开至最冷,利用空调压缩机的吸气压力,将制冷剂罐内的气态制冷剂吸入压缩机,进入制冷系统。当制冷剂充至规定质量时,先关闭低压手动阀,然后关闭制冷剂罐阀门。关闭空调开关,停止发动机运转。

**注意:低压端充注时,瓶罐为直立低于压缩机,高压阀处于关闭位置。**

(7)检查制冷剂量和制冷效果。按规定的量加注制冷剂后,检查空调压力表数值是否正常。先通过检视口检查制冷剂量,再检查制冷系统工作状态(出风温度、压缩机出口和入口温度等)。关闭压缩机,拆下空调压力表停止加注。

### 8.6.5 冷冻机油添加

**1. 冷冻机油油量的检查**

通常,冷冻机油油量的检查方法有观察视镜法和观察油尺法。

观察视镜法是通过压缩机上安装的视镜玻璃观察冷冻机油量,如果压缩机冷冻机油的液面达到观察高度的 50%~80%,一般认为是合适的。如果液面在这个界限之下,则应添加冷冻机油;如果在这个位置之上,则应放出多余的冷冻机油,如图 8-67 所示。

图 8-65　高压端充注制冷剂

图 8-66　低压端充注制冷剂

未装视镜玻璃的压缩机可用量油尺检查其油量。此类压缩机有一个油塞,油塞下面有的装有油尺,有的没有油尺,需要另外用专用油尺插入检查。具体的液面高度标准应参照维修手册的规定,如图 8-68 所示。

图 8-67　由观察孔观察冷冻机油量

图 8-68　用油尺量冷冻机油液面

2. 添加冷冻机油

添加冷冻机油一般可在系统抽真空之前进行,添加方法有:直接加入法和真空吸入法。真空吸入法还可分为高压软管吸入法、中间加注软管吸入法和低压软管吸入法。

直接加入法是将冷冻机油装入干净的量瓶里,从压缩机的旋塞口直接倒入即可,如图 8-69 所示。直接加入法只在更换冷凝器、储液干燥器和蒸发器时使用。还有在补充加注时也可以直接将少量的制冷剂加入空调压力表的中间加注软管,随制冷剂一起进入系统,如图 8-70 所示。

图 8-69　冷冻机油直接加入

图 8-70　制冷剂补充加注时加冷冻机油

高压软管吸入法加注冷冻机油应先将系统抽真空到100kPa,准备一带刻度的量杯并装入稍多于所添加量的冷冻机油,关闭高压手动阀及辅助阀门,将高压软管一端从歧管压力表组上卸下,并插入量杯中,如图8-71所示。打开维修阀门,油从量杯内被吸入系统,当液面到达规定刻度时,立即关闭维修阀门。将软管与歧管压力表组连接,打开高压手动阀,起动真空泵,先对高压软管抽真空,然后打开辅助阀门对系统抽真空。

低压软管真空吸入法:不需辅助检修阀,抽真空到100kPa后,将低压侧手动阀关闭,真空泵继续抽真空;保持高压侧手动阀开启状态,把低压侧软管从压力表头端卸下,插入冷冻油中,打

图 8-71　高压软管吸入法加注冷冻机油

开低压侧手动阀,吸取冷冻油,吸毕关闭低压侧手动阀将软管装回原位;再打开低压侧手动阀,继续抽真空,如图8-72所示。

中间加注软管真空吸入法:抽真空到100kPa后,将低压侧手动阀和高压侧手动阀关闭,真空泵停止抽真空;将中间加注软管从真空泵上取下,插入冷冻油中,打开低压阀和高压阀,利用系统内部真空吸取冷冻油。吸毕将低压阀和高压阀关闭后软管装回原位,打开低压阀和高压阀,继续抽真空,如图8-73所示。

图 8-72　低压软管吸入法加注冷冻机油　　　图 8-73　加注软管吸入法加注冷冻机油

### 小组工作一

**(实训项目11.1　空调系统故障检修——空调系统总成维护与检修)工单见附录**

1. 每 3~5 名学生组成 1 个工作小组,确定 1 名小组长,接受工作任务,做好工作准备;
2. 阅读工作单,查阅维修手册或实训指导书,观察需加注制冷剂的汽车空调系统,讨论制冷剂加注方法和步骤,确定小组人员工作分工。向实训指导教师汇报讨论结果,经指导教师同意后,开始下一步的工作;
3. 按照工作单的引导,完成制冷剂加注过程中的残余制冷剂回收、加注压缩机油、抽真空、检漏、高压加注、低压加注和检查空调系统工作状况的任务;
4. 在完成工作任务的过程中,根据工作单的要求,完成空调制冷系统结构和制冷系统维修设备的认识、工作原理描述等学习任务;
5. 完成工作单要求的制冷剂加注过程中的参数记录和检测任务,将参数和检测结果记录在工作单的相应栏目,并对检测结果作出分析;
6. 回答指导教师的现场提问,接受指导教师的技能考核;
7. 完成工作任务后,对工作过程进行自我评价和小组互评,听取指导教师的点评;
8. 清洁工作场所,清点维护工具设备,完成任务交接。

### 生产任务二

**空调压缩机不转故障检修**

**1. 工作对象**

需检修空调压缩机不转故障的车辆 1 部。

2．工作内容

(1) 领取所需的工具仪器和设备，做好工作准备。
(2) 起动空调观察故障现象。
(3) 阅读汽车维修手册或实训指导书，认识该车空调控制系统电路和零部件位置。
(4) 根据空调控制系统电路图分析故障可能原因和检测方法、步骤。
(5) 按确定的检测方法、步骤进行故障诊断，找出故障原因并予以排除。
(6) 重新起动空调，观察故障现象是否消失。
(7) 测量空调压力、观察制冷剂量和鼓风机风速等，是否达到技术标准要求。
(8) 检查、评价工作质量。
(9) 整理工具，清洁工作场地。

3．工作目标与要求

(1) 学生应以小组工作的方式，完成本项工作任务。
(2) 学生应当能在小组成员的配合下，利用汽车维修手册或实训指导书，制订工作计划，实施工作计划。
(3) 能通过阅读资料和现场观察，描述空调控制系统电路和零部件位置。
(4) 能通过电路图分析出故障的可能原因并制订检测方法和步骤。
(5) 能向客户解释所修空调系统的故障原因和修复方案。
(6) 能按规范的步骤，完成故障诊断和排除，恢复空调系统正常性能。
(7) 在工作过程中注意工作安全，做好废料的处理，保持工作环境整洁。

### 相关知识二

## 8.7 空调控制系统

为保证空调系统能正常工作、车内能维持所需的舒适条件，空调系统中设有一系列控制元件和执行机构，即空调控制系统。通过控制压缩机等部件的工作，实现温度控制与系统的保护，通过对鼓风机的转速控制调节制冷负荷。现在汽车普遍使用空调ECU控制的空调控制系统，空调ECU控制的空调控制系统由空调ECU、传感器和执行元件组成。传感器主要有车外温度传感器、车内温度传感器、冷凝器温度传感器、三压开关等。执行元件（被控制元件）主要有压缩机电磁离合器、冷凝器风扇和蒸发器鼓风机等。

### 8.7.1 压缩机的工作控制

压缩机的工作是由空调控制系统通过电磁离合器来控制的。电磁离合器安装在压缩机上，其作用是控制发动机与压缩机的动力传递。空调制冷系统工作时，使发动机能驱动压缩机运转，制冷系统停止运行时，切断发动机到压缩机的动力传递。

电磁离合器由三大部件组成：带轮组件、衔铁组件、线圈组件，如图8-74所示。

图8-74 电磁离合器原理图
1-带轮；2-压缩机壳体；3-线圈；
4-摩擦板；5-驱动盘；6-弹簧爪

带轮由轴承支撑，可以绕主轴自由转动，其侧面平整，开有条形槽孔，表面粗糙，以便衔铁吸合后有较大的摩擦力。带槽有单槽、双槽和齿形槽等。带轮以冲压件居多，以使它的另一侧有一定空间可嵌入线圈绕组。线圈绕组固定在压缩机壳体上，用于产生电磁场，有引线引出供接电源使用。衔铁组件由驱动盘、摩擦板、复位弹簧等组成，整个组件靠花键与压缩机主轴连接。

当线圈绕组中有电流通过时，产生较强的电磁场，吸合衔铁与带轮组件，使两者紧密结合，发动机即可通过带轮的转动带动压缩机工作；当电流消失后，衔铁靠复位弹簧迅速与带轮分离，带轮仍在转动，但压缩机停止了工作。

### 8.7.2 蒸发器的温度控制

蒸发器温度控制的目的是防止蒸发器结霜。如果蒸发器的温度低于0℃，凝结在蒸发器表面的水分就会结霜或结冰，严重时将会堵塞蒸发器通风的空气通路，导致系统制冷效果大大降低。为了避免这种情况发生，就必须控制蒸发器表面的温度在0℃以上，图8-75所示为用热敏电阻控制的蒸发器温度控制电路。

图8-75 蒸发器温度控制电路

热敏电阻安装在蒸发器的表面，当蒸发器表面的温度低于某一设定值时，热敏电阻的阻值变化，向空调ECU输送低温信号，空调ECU控制继电器切断压缩机电磁离合器电路，使压缩机停转，控制蒸发器温度不低于0℃。

### 8.7.3 制冷循环的压力控制

空调系统中如果出现压力异常，将造成系统的损坏。如果压力过低，说明制冷剂量过少。若系统在制冷剂量过少的情况下继续运行，将造成润滑油不能随制冷剂一起循环，压缩机会缺油而损坏。同时，会吸入外界的空气和水分造成制冷剂变质。如果由于制冷剂量大或冷凝器冷却不良造成系统压力过高，有可能造成系统部件损坏。因此，在空调制冷系统工作时，必须对系统压力进行监测，防止出现上述两种情况。为此，在制冷系统的管路中安装压力开关（即双压开关和三压开关），控制制冷系统压力。

（1）高压开关。高压开关装在冷凝器至膨胀阀之间的高压管路上，其作用是防止系统在异常的高压压力下工作。当冷凝器内压力异常上升时，开关打开，自动切断电磁离合器的电路,使压缩机停转,以降低制冷系统压力。在汽车空调系统中,高压开关的压力控制范围一般为:2.82~3.10MPa以上时断开,2.82~3.10MPa以下时接通。

(2)低压开关。低压开关通常也是装在冷凝器至膨胀阀之间的高压管路上,其作用是防止压缩机在系统压力过低的情况下工作。低压开关的工作范围一般为:80~110kPa以下时断开;80~110kPa以上时接通。

(3)中压开关。中压开关通常也是装在冷凝器至膨胀阀之间的高压管路上,其作用是当冷凝器冷却不好,导致其出口的制冷剂温度增高压力增大时(温度增高导致压力增大),即当压力约为1.6MPa时闭合中压开关,接通冷凝器风扇的高速挡,风扇高速旋转降低冷凝器出口的制冷剂温度。

(4)双压开关。双压开关实际上就是高、低压组合开关。实际上就是为了结构紧凑,减少接口,把高、低压开关串联起来做成一体,形成了高、低压复合开关。又称为双压开关,如图8-76所示。具体功能有:防止因制冷剂泄漏而损坏压缩机;当系统内制冷剂高压异常时,保护系统不受损坏。其控制原理与上述高压开关和低压开关相同。通常,低压开关切断离合器的压力约为0.2MPa,高压开关切断离合器的压力约为3.2MPa。低压开关和高压开关共同作用的结果,是将制冷系统压力控制在0.2~3.2MPa。也有汽车双压开关实际上就是中压开关和低压开关的组合开关。

(5)三压开关。三压开关实际上就是将高压开关、低压组合和中压开关组合在一起,如图8-77所示。其具体功能是:通过串联高低压开关将系统压力控制在0.196~3.14MPa。防止制冷系统压力太低和压力太高损坏制冷系统;另外,当压力大于1.52MPa,中压开关接通冷凝器风扇的高速挡,风扇高速旋转降低冷凝器出口的制冷剂温度。

图8-76 双压开关

图8-77 三压开关

(6)压力开关的控制电路。如图8-78所示。当压力开关检测到系统压力异常时,向系统ECU输送信号,ECU控制电磁离合器继电器断电,压缩机停止工作。

### 8.7.4 冷凝器风扇控制

现在轿车空调系统的冷凝器散热风扇可以和发动机冷却系的散热器采用同一风扇来冷却,也可以单独设置一个风扇进行冷却。

空调系统和发动机冷却系统采用同一个散热风扇的工作情况是:如果空调制冷系统不工作,当发动机冷却液温度较低时,风扇不工作;当冷却液温度升高到某一规定值时,风扇以低速运转;当温度进一步升高到另一个设定值时,风扇则以高速运转。当空调制冷系统开始工作时,不管冷却液温度高低,风扇均以低速运转;当制冷系统压力高过一定值时,风扇则以高速运转。

图 8-78 压力开关控制电路

风扇转速的控制电路,按控制方式分串联电阻控制方式和风扇串/并联控制方式。串联电阻控制方式就是在低速时串联电阻,使风扇低速运转。与前述鼓风机控制基本相同不在叙述。风扇串/并联方式控制方式是发动机有散热器风扇和冷凝器风扇各一台,低速时两台串联,高速时两台并联。图 8-79 为串、并联方式控制转速的电路。

电路中 3 号继电器在空调制冷系统工作或冷却系水温达到 90℃ 低温开关闭合时起作用,使冷凝器风扇与散热器风扇串联低速运转。1 号继电器和 2 号继电器在空调制冷系统的冷凝器流出的制冷剂温度太高(同时压力太高)导致三压开关里面中压开关闭合,和冷却系水温达到 105℃ 以上高温开关闭合时起作用。使冷凝器风扇与散热器风扇并联高速运转。在风扇高速运转时,1 号继电器、2 号继电器和 3 号继电器都处于工作状态。3 号继电器的作用是接通冷凝器风扇的搭铁回路、2 号继电器是一个具有常闭触点和常开触点的双触点继电器,2 号继电器的线圈通电时,冷凝器风扇由串联工作状态改变为直接搭铁并联工作状态,1 号继电器的作用是接通散热器风扇的电源回路,使散热器风扇高速运转。

当发动机熄火点火开关关闭时,1 号继电器和 2 号继电器线圈被切断,1 号继电器和 2 号继电器停止工作。如这时水温还在 90℃ 以上,低温开关仍然闭合,使 3 号继电器工作、冷凝器风扇与散热器风扇串联低速运转。

### 8.7.5 皮带保护控制

一般汽车上转向油泵、发电机与空调压缩机使用同一皮带驱动,如果空调压缩机出现故障而卡死,传动带将被破坏,造成转向油泵和发电机不能工作。为了防止这种情况的产生,有些空调的控制电路中采用了皮带保护控制装置。皮带控制装置的电路,如图 8-80 所示。

图 8-79 丰田汽车冷凝器和散热器风扇控制电路

图 8-80 皮带控制装置的电路

这种系统在空调压缩机中安装有一个压缩机转速传感器。空调 ECU 同时接收发动机的转速信号和压缩机的转速信号,并对两个转速进行比较。当两转速信号出现的差异超过某一限值时,空调放大器便认定压缩机出现故障,随后就切断压缩机电磁离合器的电源,使压缩机电磁离合器分离,以保证转向油泵和发电机的正常运转。

### 8.7.6 空调系统的控制电路

汽车空调的控制电路有电路控制式、控制器控制式和电脑控制式三种类型。

**1. 电路控制式空调系统的控制电路**

上海桑塔纳 LX 型轿车空调(图 8-81)为电路控制式,该电路由电源电路、温度控制电路、鼓风机控制电路、冷凝器风扇电路、怠速控制电路和压力控制电路组成。

图 8-81 上海桑塔纳轿车空调电路

1-点火开关;2-负荷继电器;3-主继电器;4-空调 A/C 开关;5-空调开关指示灯;6-新鲜空气电磁阀;7-环境温度开关;8-恒温器;9-电磁离合器;10-怠速提升电磁真空转换阀;11-冷却风扇继电器;12-鼓风机;13-低压保护开关;14-高压保护开关;15-风机调整电阻;16-鼓风机开关;17-冷却风扇电动机;18-冷却液温度开关

其工作过程如下:

点火开关 1 断开(OFF)时,负荷继电器 2 的线圈电路切断,触点张开,空调系统不工作。

点火开关接通(ON)时,负荷继电器线圈电路接通,触点闭合,主继电器 3 中的 $J_2$ 线圈通电,接通鼓风机电路。此时,可由鼓风机开关 16 进行调速,使鼓风机按要求的转速运转,进行强制通风、换气或送出暖风。

需要制冷系统工作时,接通空调 A/C 开关 4,便可接通下列电路:空调 A/C 开关的指示灯 5 亮,表示空调 A/C 开关已经接通。新鲜空气电磁阀 6 电路接通,该阀动作接通新鲜空气控制电磁阀的真空通路,而使鼓风机强制通过蒸发器总成的空气通道进风,否则将无法获得冷气。电源经环境温度开关 7、恒温器 8、低压保护开关 13 对电磁离合器 9 线圈供电,同时对怠速提升电磁真空转换阀 10 供电。另一路对主继电器中的 $J_1$ 线圈供电,使两对触点同时闭合,其中一对触点接通冷凝器冷却风扇继电器 11 线圈电路;另一对触点接通鼓风机电路。

低压保护开关串联在恒温器和电磁离合器之间,当制冷系统缺少制冷剂使系统压力过低时,开关断开,停止压缩机工作。

高压保护开关 14 串联在冷却风扇继电器和主继电器 $J_1$ 的一对触点之间。当制冷系统高压值超过规定值时,高压保护开关触点闭合,将电阻短路,使风扇电动机高速运转,以增强冷凝器的冷却能力。同时,冷却风扇电动机还直接受发动机冷却液温控开关18的控制。当不开空调A/C开关时,若发动机冷却液温度低于85℃时,风扇电动机不转动;高于95℃时,风扇电动机低速转动;当冷却液温度达到105℃时,风扇电动机将高速转动。

主继电器中的$J_1$触点在空调A/C开关接通时闭合,使鼓风机低速运转,以防止蒸发器表面温度过低而结冰。

点火开关置于起动位置(ST)时,负荷继电器线圈电路切断,触点张开,中断空调系统的工作,以保证发动机起动时,蓄电池维持足够的电能。

2. 控制器控制式空调系统的控制电路

图8-82为奥迪100轿车空调控制电路原理图。奥迪100轿车空调装置采用的是CCOT系统,即采用膨胀管代替热力膨胀阀,气液分离器取代储液干燥器。图中29为控制和调节装置,电路属于控制器控制式。

图8-82 奥迪100空调控制电路原理图

1-自动开关;2-冷却液过热开关;3-蒸发器防霜开关;4-继电器;5-蒸发器;6-外部温度开关;7-高压传感器;8-外部温度传感器;9-蒸发器上温度传感器;10-散热器上温度传感器;11-散热器风扇控制器1挡;12-低压保护开关;13-空调压缩机;14-散热器冷却风扇;15-高压调整开关;16-循环空气门真空阀;17-内部温度传感器;18-散热器风扇继电器2挡;19-操纵和指示装置;20-空调电动机控制装置;21-温度调节门电缆;22-温度调节门;23-热交换器;24-空气分配门;25-加热器阀;26-加热伺服真空阀;27-空气分配真空阀;28-真空管路;29-控制和调节装置

3. 电脑控制式空调系统的控制电路

电脑控制的空调系统又称自动空调系统,其控制电路由传感器、空调ECU和执行器元件三部分组成,如图8-83所示。自动空调系统是在传统的手动控制空调系统的基础上加装了一系列检测车内、车外和导风管空气温度变化以及太阳辐射的传感器,改良执行器的结构和控制,设计了智慧型控制程序,能根据各传感器所检测的各处温度,经ECU运算处理后,单独或集中对执行器的动作进行控制。同时,自动空调的ECU还具有完善的自我检测诊断功能，可对电控元件及线路的故障进行自我检测诊断。

图 8-83 自动空调控制系统结构图

(1) 传感器。

①车内温度传感器。车内温度传感器通常安装在仪表板的下方，多采用电动机吸入空气型，内有一个具有负温度系数的热敏电阻。当车内温度发生变化时，热敏电阻的阻值改变，从而向空调 ECU 输送车内温度信号。

②车外环境温度传感器。车外环境温度传感器通常安装在前保险杠下端，包在一个注塑树脂壳内，以免对温度的突然变化作出反应，它也是一个热敏电阻，向空调 ECU 输送车外温度信号。

③蒸发器温度传感器。该传感器安装在蒸发器表面，用以检测蒸发器表面的温度变化，防止结霜。当蒸发器周围温度发生变化时，传感器电阻的阻值也随之改变，并向空调 ECU 输出电信号。

④光照传感器。光照传感器也称阳光强度传感器，安装在汽车前风窗玻璃下面的仪表板上。该传感器将阳光辐射程度转变成电信号，并输送给空调 ECU。

⑤冷却液温度传感器。它安装在发动机冷却循环的回路上，检测冷却液温度，将冷却液温度信号输送给空调 ECU，用于低温时的冷却风扇转速控制。有些自动空调器没有冷却液温度传感器。

⑥压缩机转速传感器。它是一种磁电式传感器，安装在空调压缩机底部，检测压缩机转速。压缩机每转一圈，该传感器线圈产生 4 个脉冲信号输送给空调 ECU。

(2) 执行元件。执行元件包括各种风门伺服电动机、暖风电动机、冷凝器风扇电动机以及压缩机电磁离合器等。

①进风伺服电动机。该电动机控制空调的进风方式，电动机的转子经连杆与进风风门相连，该伺服电动机内装有一个电位计，向空调 ECU 反馈进风风门的位置情况。

当驾驶员使用进风方式控制键选择"车外新鲜空气导入"或"车内空气循环"模式时，空调 ECU 即控制进风伺服电动机，带动连杆顺时针或逆时针旋转，从而带动进风风门闭合或开启，达到改变进风方式的目的。

当按下"AUTO"键时，空调 ECU 首先计算出所需要的送风温度，并根据计算结果自动改变进风伺服电动机的转动方向,从而实现进风方式的自动调节。

②空气混合伺服电动机。当进行温度调节时,空调ECU控制空气混合伺服电动机连杆顺时针或逆时针转动,改变空气混合风门的开启角度,从而改变冷、暖空气的混合比例,调节送风温度。电动机内电位计的作用是向空调ECU输送空气混合风门的位置信号。

③送风方式控制伺服电动机。当按下操纵面板上某个送风方式键时,空调ECU便将电动机上的相应端子搭铁,而电动机内的驱动电路据此使电动机连杆转动,将送风控制风门转到相应的位置上,打开某个送风通道。

④最冷控制伺服电动机。该电动机操纵的最冷控制风门有全开、半开和全闭三个位置。当空调ECU使某个位置的端子搭铁时,电动机驱动电路使电动机旋转,带动最冷控制风门处于相应位置。

⑤暖风电动机。暖风电动机的转速可以通过操作空调控制面板上的"高速"、"中速"和"低速"按键设定。

当按下"AUTO"键时,空调ECU根据送风温度自动调整暖风电动机转速,若冷却液温度传感器检测到冷却液温度低于40℃时,ECU控制暖风电动机停止转动。

⑥电磁离合器。电磁离合器接受空调ECU的指令,控制压缩机的停止或工作。

(3)空调ECU。空调ECU通常与操作面板成一体,它对输入的各种传感器信号和功能选择键的输入指令进行计算、分析和比较后,发出指令控制各个执行元件动作,使车内温度、空气流动状况等始终保持在驾驶员设定的水平上,极大地简化了操作。空调ECU控制的汽车空调系统具有以下几种功能:

①空调控制,包括温度自动控制、风量控制、运转方式给定的自动控制、换气量控制等,以满足车内空调对舒适性的要求。

②节能控制,包括压缩机运转控制、换气量的最适量控制、随温度变化的换气切换、自动转入经济模式运行、根据车内温度自动切断压缩机电源等。

③故障、安全报警,包括制冷剂不足报警、制冷压力过高或过低报警、离合器打滑报警、各种控制器元件的故障判断报警等。

(4)故障自诊断和保护,车用空调控制系统发生故障时,空调ECU将故障部位用代码的形式存储起来,在需要修理时指示故障的部位。例如:在空调装置工作时,空调ECU同时从发动机点火器及压缩机锁止传感器采集发动机转速与压缩机转速信号,并进行比较,若两种转速信号的偏差连续3s超过80%,ECU则判定压缩机锁死,同时电磁离合器脱开,防止空调装置进一步损坏,并使操纵面板上的A/C指示灯闪烁,以提示驾驶员。

(5)显示,包括显示给定的温度、控制温度、控制方式、运转方式的状态等。

### 课堂讨论二

1. 空调控制系统主要由哪些零部件组成?描述每个零部件的作用。
2. 空调系统的控制电路有哪些类型?描述其电路组成和特点。
3. 空调控制系统的主要控制因素有哪些?主要控制对象有哪些?各如何控制?
4. 空气净化系统有哪些空气净化装置?它们如何起净化作用?

## 相关技能二

### 8.8 空调系统的故障诊断

空调系统的故障包括暖风系统、制冷系统、通风系统的故障等,其中暖风和通风系统的故障主要表现为无暖风或暖风不足,检查时只需检查风道是否堵塞、暖风水路是否正常、风道中各风门工作是否正常等,故障部位比较直观。制冷系统的故障包括电器故障、功能部件的机械故障、制冷剂和冷冻机油引起的故障等。故障集中表现为系统不制冷、制冷不足或异响等。

#### 8.8.1 系统不制冷

1. 故障现象

起动发动机并稳定在1500r/min左右运行2min,打开空调开关及鼓风机开关,冷气口无冷风吹出。

2. 故障原因

(1)熔断器熔断,电路短路。
(2)鼓风机开关、鼓风机或其他电器元件损坏。
(3)压缩机驱动皮带过松、断裂,或其电磁离合器损坏。
(4)制冷剂过少或无制冷剂。
(5)储液干燥器或膨胀阀滤网(或膨胀管)堵塞。
(6)膨胀阀感温包损坏。

3. 故障诊断系统

不制冷故障的诊断程序,如图8-84所示。

#### 8.8.2 系统制冷不足

1. 故障现象

空调系统长时间运行,车厢内温度能够下降,但吹风口吹出的风不够冷,没有清凉舒适的感觉。

2. 故障原因

当外界温度为34℃左右,出风口温度应有0~5℃,此时车厢内温度应达到20~25℃。若达不到此温度,说明空调系统有问题。其故障主要原因有:

(1)制冷剂注入量太多,引起高压侧散热能力下降,导致制冷效能不良。
(2)制冷剂和冷冻机油脏污,使储液干燥器膨胀阀发生堵塞,导致通向膨胀阀的制冷剂流量下降,引起制冷不足。
(3)制冷剂和冷冻机油中水分过多,导致膨胀阀节流孔出现冰堵,制冷能力下降。
(4)系统中含空气过多,使冷凝器散热能力下降。
(5)由于压缩机进排气阀密封不良漏气、驱动皮带松弛打滑、电磁离合器打滑等导致压缩机排气温度和压力降低,出现制冷不足。

(6)冷凝器表面积污太多、冷凝器变形等,导致冷凝器散热能力降低。

(7)膨胀阀开度调整过大,蒸发器表面结霜,膨胀阀感温包包扎不紧或外面的隔热胶带松脱,造成开启度过大,导致系统制冷不足。另外,膨胀阀开度过小,使流入蒸发器制冷剂量减少,也会引起制冷不足。

(8)送风管堵塞或损坏。

(9)温控器性能不良,使蒸发器表面结霜,冷风通过量减少,引起制冷不足。

(10)鼓风机开关、变速电阻、鼓风机电机、继电器、线路等工作不良,导致冷风量减少。

图 8-84 系统不制冷故障的诊断程序

### 3. 故障诊断

系统制冷不足故障诊断程序,如图 8-85 所示。

图 8-85 系统制冷不足故障诊断程序

### 8.8.3 空调系统异响或振动

**1. 故障现象**

空调系统进行工作时,发出异常的声响或出现振动。

**2. 故障原因**

(1) 压缩机驱动皮带松动、磨损过度、皮带轮偏斜、皮带张紧轮轴承损坏等。

(2) 压缩机安装支架松动或压缩机损坏。

(3) 冷冻机油过少,使配合副出现干摩擦或接近干摩擦。

(4) 由于间隙不当、磨损过度、配合表面油污、蓄电池电压低等原因造成电磁离合器打滑。

(5) 电磁离合器轴承损坏,或线圈安装不当。

(6) 鼓风机电动机磨损过度或损坏。

(7) 系统制冷剂过多,工作时产生噪声。

**3. 故障诊断**

空调系统异响或振动故障的诊断程序,如图 8-86 所示。

图8-86 空调系统异响或振动故障的诊断程序

## 小组工作二

### （实训项目11.2 空调系统故障检修）

1. 每3~5名学生组成1个工作小组，确定1名小组长，接受工作任务，做好工作准备。

2. 阅读工作单，查阅维修手册或实训指导书，观察待修车辆的空调系统，讨论该车空调系统电路、零部件位置、故障可能原因和检测方法、步骤，确定小组人员工作分工。向实训指导教师汇报讨论结果，经指导教师同意后，开始下一步的工作。

3. 按照工作单的引导，完成空调系统故障的诊断与排除工作。

4. 在完成工作任务的过程中，根据工作单的要求，完成空调系统电路和部件的认识、工作原理描述等学习任务。

5. 完成工作单要求的空调系统电路及主要零部件的检测，将检测结果记录在工作单的相应栏目，并对检测结果作出分析。

6. 回答指导教师的现场提问，接受指导教师的技能考核。

7. 完成工作任务后,对工作过程进行自我评价和小组互评,听取指导教师的点评。

8. 清洁工作场所,清点维护工具设备,完成任务交接。

### 拓展知识与技能

#### 8.9 丰田花冠汽车自动空调实例

丰田花冠汽车自动空调电路,如图 8-87 所示。这里需要特别说明的是空调控制面板(图 8-88)与空调电脑是一个整体,所以面板上面的按键、旋钮和指示灯等在维修电路图里面没有画出。

汽车停车时,通过熔断线 FL MAIN2.0L、15A DOMA 熔断器和空调 ECU 的 +B 端子给空调 ECU 提供常接电源,此电源用于空调 ECU 在停车状态存储故障码等信息。点火开关转到 IG 挡时,点火开关同时接通 ACC 和 IG1 端子,点火开关 ACC 端子通过 15A CIG 熔断器和空调 ECU 的 ACC 端子为空调 ECU 提供工作的电源,点火开关 IG1 端子接通 IC1 继电器线圈,IC1 继电器线圈通电使 IC1 继电器的触点闭合,通过 10A GAUGE 熔断器给空调 ECU 的 IG 端子提供空调 ECU 第二个工作电源。同时,给加热继电器线圈和进气控制伺服电机提供电源正极的连接,但是它们是否工作由空调 ECU 控制。其各零部件控制过程如下:

鼓风机和风速控制:当点火开关转到 IG 挡时,可以通过按下鼓风机调速按键,空调 ECU 通过将 HR 端子和 GND 端子连接,接通加热继电器线圈。加热继电器触点闭合(端子 5 和端子 3 接通)给鼓风机正极电源连接,同时空调 ECU 通过 BLG 端子给鼓风机控制器一个脉冲信号,鼓风机控制器接通鼓风机搭铁回路,鼓风机运转。这时,可以通过鼓风机调速按键改变鼓风机转速。通过鼓风机关闭按键停止鼓风机。鼓风机的挡位还有记忆功能,如在鼓风机工作时,直接关闭点火开关,下次打开点火开关时,鼓风机按上次调整的转速开始工作。

压缩机电磁离合器控制:电磁离合器由电磁离合器继电器控制,继电器的线圈由空调 ECU 的 MGC 端子内的一个开关管控制。此开关管导通,继电器吸合,离合器结合;此开关管截止,继电器断开,离合器脱开。开关管的导通或截止由一套逻辑电路来决定。参与逻辑电路运算的信号有:来自按键 A/C 使用信号、来自发动机 ECU 允准信号(由空调 ECU 的 ACT 端子输入)、来自 A/C 双压开关的制冷剂管路良好信号、环境温度传感器信号(温度高于 18℃)、蒸发器温度传感器信号(不结冰)。具体操作是:当发动机起动、点火开关位于 IG 挡时,首先通过按下鼓风机调速按键接通鼓风机,然后再按下控制面板 A/C 按键,空调 ECU 通过 MGC 端子接通电磁离合器继电器线圈,电磁离合器继电器触点闭合接通 A/C 电磁离合器,压缩机开始工作。如再次按下 A/C 按键,压缩机将停止工作。

制冷温度控制和调节:当压缩机开始工作后,空调 ECU 根据车内温度传感器的信号通过空调 ECU 控制车内温度。当车内温度大于设定温度时,空调 ECU 通过 MGC 端子使压缩机工作。当车内温度小于设定温度时,压缩机停止工作。制冷系统工作时,可以通过温度调节旋钮设定车内温度。在设定温度过程中,设定的温度会在液晶显示屏上面显示出来。设定温度结束后,液晶显示屏会自动改为显示车内温度。

图8-87 丰田花冠汽车自动空调维修电路图

图8-88 丰田花冠汽车自动空调控制面板

1-A/C开关(带指示灯);2-出风模式按键;3-鼓风机调速按键;4-鼓风机关闭按键;5-自动功能按键;6-温度调节旋钮;7-外循环按键(带指示灯);8-内循环按键(带指示灯);9-温度显示;10-风速显示;11-出风模式显示;12-后除霜按键(带指示灯);13-前除霜按键(带指示灯)

自动挡:当按下空调控制面板 AUTO 自动功能按键时,空调 ECU 根据环境温度传感器和日光传感器的信号确定车内所需的温度,空调系统自动运行保持车内的温度,并且随着环境温度和日光强度变化,自动改变车内所需温度的设定。

空调对冷凝器风扇的控制:空调对冷凝器风扇的控制电路如图8-89所示,当按下控制面板 A/C 开关时,压缩机起动,同时空调 ECU 将 CNF+ 端子与搭铁的 GND 端子接通,使1号继电器线圈接通,导致触点闭合。蓄电池通过1号继电器触点给散热器风扇供电,经过2号继电器常闭触点、散热器风扇电阻搭铁构成回路。由于散热器风扇与电阻串联而低速转动。当系统收到环境温度高、阳光强烈等信号时,空调 ECU 将 CNF- 端子与搭铁的 GND 端子接通,使2号继电器线圈接通,导致常开触点闭合,蓄电池通过1号继电器触点给散热器风扇供电,经过2号继电器常闭触点(常闭触点已经闭合)直接搭铁构成回路。由于散热器风扇不与电阻串联,导致散热器风扇高速转动。

图8-89 丰田花冠汽车自动空调对冷凝器风扇控制电路图

压力保护:空调 ECU 的 PSW 端子连接有 A/C 双压开关。当制冷系统压力太高导致其中串联的高压开关打开,或压力太低导致低压开关打开,都会给空调 ECU 的 PSW 端子一个低电压信号,空调 ECU 据此切断内部 MGC 端子的搭铁回路,使压缩机停止转动。

急速防止熄火控制:发动机急速时,按下控制面板 A/C 按键,起动空调制冷系统时,空调 ECU 通过 AC1 端子给发动机 ECU 一个信号。发动机 ECU 提高怠速控制阀的开度,以提高发动机转速,防止熄火。

发动机 ECU 对空调的控制:当发动机冷却液温度太高或发动机转速太低时,为保护发动机和防止熄火,发动机 ECU 通过空调 ECU 的 ACT 端子停止压缩机工作。有的车型在汽车急加速行驶时也通过 ACT 端子停止压缩机工作,以提高汽车动力性。

进气内外循环控制:空调运行中按下空调 ECU 的控制面板的外循环按键时,进气控制伺服电机的电源经过 1 号端子、空调 ECU 的 AIR 端子和 GND 端子接通,电动机转动将外循环风门打开、内循环风门关闭,同时按键上方指示灯亮。同理,按下空调 ECU 控制面板的内循环按键,进气控制伺服电机的电源经过 2 号端子、空调 ECU 的 AIF 端子和 GND 端子接通,内循环风门打开,外循环风门关闭,同时按键上方指示灯亮。

出风模式控制:空调 ECU 通过 5 根导线与出风模式控制模块连接,并提供 5 个出风模式。其中,端子 GND 搭铁、端子 VZ 为电源,端子 PT 是给空调 ECU 的模式信号,端子 DEF 和端子 FACE 连接出风模式电动机。这里,DEF 表示电动机转动的极限位置为除霜,FACE 表示电动机转动的另一极限位置为脸部。当按下空调 ECU 面板模式按键时,空调 ECU 通过端子 DEF 和端子 FACE 接通电动机,电动机通过传动机构驱动风门开关。每一模式根据端子 PT 的反馈信号,在风门到达相应位置时切断电动机。每按一次 MODE 按键改变一次出风模式,并按照脸部、脸部加脚、脚、脚加除霜和除霜 5 个模式依次循环。其中,还有中部的通风分左、中、右三个通道,每个通道由机械百叶窗式的风向和风门控制。由于与电路没有关系,所以未在出风模式电路里面体现出来。

暖风模式和暖风热度控制:暖风模式和暖风热度控制与出风模式控制电路和原理基本相同。不同的是,热风和冷风的风门的位置受空调 ECU 控制,并通过端子 PT 反馈给空调 ECU。

空调 ECU 其他线路的作用:空调 ECU 的 SPD 端子接收来自组合仪表的车速信号,RDEF 端子接收来自除雾继电器的信号,TW 端子给组合仪表点亮空调指示灯。

上述丰田花冠自动空调电路除用于花冠汽车外,也广泛用于丰田中、高档其他汽车自动空调系统,但具体电路稍有不同。

### 思考与练习

**一、填空题**

1. 汽车空调有_____、_____、_____和_____四个作用。
2. 汽车空调系统由_____、_____、_____、_____和_____五个系统组成。
3. 按空调制冷系统减压元件的不同,制冷系统分成_____和_____系统。
4. 现在汽车最广泛使用的空调压缩机为_____式和_____式两大类。
5. 汽车空调制冷系统主要由_____、_____、_____、_____和_____五个零件组成。
6. 可以自动调节压缩机输出流量的是_____式压缩机。

7. 膨胀阀的功能一是具有_____作用,二是能根据_____和_____的大小自动调节制冷剂的流量。

8. 膨胀阀在蒸发器出口压力增大时,会自动_____制冷剂的流量功能。

9. 膨胀阀在蒸发器出口温度升高时,会自动_____制冷剂的流量功能。

10. 手动空调控制系统的控制内容包括_____控制、_____控制和_____控制三种。

11. 车内温度控制的内容包括_____、_____和_____三种。

12. 空调制冷系统中的高中低三位一体压力开关经常安装在系统高压侧的_____上或_____管路中。

13. 空调制冷系统工作时发动机冷却液温度一般比平常要高,当冷却液温度高于120℃(大众车系设计温度)时,_____开关断开,空调压缩机停转,以防止发动机过热

14. 对波纹管式蒸发器温控开关来说,当感温管断了,液体会泄漏,开关将_____。

15. 汽车空调制冷系统既要保证蒸发器不结冰,又要保证达到最高的制冷效率。工作中当蒸发器表面温度降至设定温度时,_____开关会切断压缩机电磁离合器电路,使制冷系统暂时不工作。

16. 当环境温度过低时,压缩机内冷冻油黏度较大,流动性较差,润滑不良,如此时起动压缩机,会加剧压缩机的磨损甚至损坏,为此手动空调制冷系统设有_____开关。

17. 汽车空调制冷系统所使用的制冷剂有R134a与R12之分,为防止加注时出现混淆,系统高、低压检修阀有两种形式,一种是_____接头,用于R12制冷系统;另一种是_____接头,专用于R134a制冷系统。

二、选择题

1. 空调制冷系统加冷冻油(真空吸入法)、抽真空和充注制冷剂,其先后顺序为_____。

    A. 抽真空、加冷冻油、再抽真空、充注制冷剂

    B. 抽真空、加冷冻油、充注制冷剂

    C. 充注制冷剂、抽真空、加冷冻油

    D. 抽真空、充注制冷剂、加冷冻油

2. 一般汽车空调工作时,压缩机电磁离合器能按照车厢内温度的高低,自动分离和吸合,是受控制于_____.

    A. 低压保护开关              B. 高压保护开关

    C. A/C开关                     D. 温控开关

3. 储液干燥过滤器的主要作用是_____。

    A. 防止气态制冷剂进入膨胀阀

    B. 提供液态制冷剂的缓冲空间,让冷凝器中的液态制冷剂尽快流出来,及时补充和调整供给膨胀阀的液态制冷剂的流量

    C. 除去制冷剂中的杂质与水分

    D. ABC

4. 集液器的作用是_____。
   A. 捕获液态制冷剂　　　　　　　　B. 吸收制冷剂中的水分
   C. 过滤杂质　　　　　　　　　　　D. ABC
5. 导致空调制冷系统压力过高的原因有_____。
   A. 长时间在太阳曝晒下使用空调
   B. 冷凝器散热不良(风扇故障或冷凝器散热片堵塞)
   C. 系统中制冷剂过多　　　　　　　D. ABC
6. 在常温(20℃)下检测大众车空调的控制开关,应导通的是_____。
   A. 环境温度开关　　　　　　　　　B. 蒸发器温控开关
   C. 空调水温控制开关　　　　　　　D. ABC
7. 电脑向执行器输出的信号有_____。
   A. 控制风门位置的各种风门驱动信号　B. 控制鼓风机转速的信号
   C. 控制压缩机工作的信号　　　　　D. ABC
8. 自动空调控制风门位置的伺服电机的种类有_____。
   A. 通风模式伺服电机　　　　　　　B. 温度风门伺服电机
   C. 出风模式伺服电机　　　　　　　D. ABC
9. 空调压缩机转速传感器一般安装在压缩机壳体上,以检测压缩机的转速,送到电脑后与发动机转速进行比较,其作用是_____。
   A. 判断压缩机皮带是否打滑或断裂　B. 控制压缩机的工作
   C. 控制鼓风机的工作　　　　　　　D. 制冷量控制
10. 空调系统有空气会使系统压力_____。
    A. 低压压力低,高压压力高　　　　B. 低压压力高,高压压力低
    C. 低压侧与高压侧压力均低　　　　D. 低压侧与高压侧压力均高
11. 空调系统冰堵会使系统压力_____。
    A. 低压侧和高压侧压力时而低时而正常　B. 低压压力高,高压压力低
    C. 低压侧与高压侧压力均低　　　　D. 低压侧与高压侧压力均高
12. 制冷系统中制冷剂过多或冷凝器散热不良会使系统压力_____。
    A. 低压压力低,高压压力高　　　　B. 低压压力高,高压压力低
    C. 低压侧与高压侧压力均低　　　　D. 低压侧与高压侧压力均高
13. 自动空调控制单元接收的传感器信号有_____。
    A. 驾驶室控制面板设定的温度信号和功能选择信号
    B. 车内温度传感器、车外温度传感器、阳光辐射传感器等各种传感器输入的信号
    C. 各风门的位置反馈信号　　　　　D. ABC
14. 蒸发器温度传感器检测蒸发器表面的温度,此信号输入电脑后的最主要作用是_____。
    A. 修正空气混合风门位置,调节车内温度
    B. 控制压缩机,防止蒸发器表面结冰
    C. 控制鼓风机的转速

15. 空调压缩机电磁离合器主要的组成部分有_____。
   A. 电磁线圈　　　B. 吸盘　　　C. 驱动带轮　　　D. ABC
16. 下列说法正确的是_____。
   A. 定排量空调压缩机都装有电磁离合器
   B. 变排量空调压缩机都不装电磁离合器
   C. 变排量空调压缩机有的装电磁离合器有的不装
   D. AC

### 三、判断题（对的画"√"，错的画"×"）

1. 在制冷的全过程中，定排量空调压缩机始终是工作的。　　　　　　　　　（　）
2. 当制冷系统无制冷剂时，A/C 开关闭合压缩机将不工作。　　　　　　　（　）
3. R134a 与 R12 两种系统可使用相同类型的冷冻油。　　　　　　　　　　（　）
4. 膨胀阀能自动控制压缩机电磁离合器的开闭。　　　　　　　　　　　　（　）
5. 如果制冷系统发生脏堵、冰堵或进行维修，应更换干燥器。　　　　　　（　）
6. 膨胀阀感温包内液体泄漏会使膨胀阀打不开，空调不制冷。　　　　　　（　）
7. 阳光传感器的安装位置一般在驾驶室仪表板上面，前风窗玻璃的底部。　（　）
8. 空调制冷系统工作时，发动机冷却液温会比平常高。　　　　　　　　　（　）
9. 自动空调（自动挡）工作时，车内温度最主要的决定因素是车内温度传感器。（　）
10. 空调压缩机都有电磁离合器。　　　　　　　　　　　　　　　　　　　（　）

### 四、思考与简答题

1. 空调制冷系统工作时，为什么要进行发动机负荷控制？
2. 膨胀阀有哪些功能？
3. 汽车空调安全保护控制措施有哪些？
4. 空调制冷系统设置低压开关的目的是什么？
5. 空调制冷系统中的高中低三位一体压力开关的作用是什么？
6. 空调冷凝器与发动机冷却液散热器共用一个风扇，有停、低速和高速三个工作状态，它是怎样工作的？画出控制电路图。
7. 空调冷凝器与发动机冷却液散热器共用两个风扇，有停、低速和高速三个工作状态，它是怎样工作的？画出控制电路图。

# 单元 9 维修或更换全车线束

## 学习情境

一客户驾驶一部老款丰田佳美汽车驶入丰田4S店维修,客户反映该车由于线束多处与车身摩擦导致外部绝缘破坏,并因线束老化经常出现电路故障,还引起蓄电池漏电,因此要求更换线束。经过前台维修人员检查,发现线束确实存在老化情况。测量汽车静态电流,发现静态电流较大,确认需要更换全车线束。填写报修单后,交汽车电气维修组更换线束。

## 生产任务

**更换全车线束**

1. 工作对象

需更换全车线束的汽车一辆。

2. 工作内容

(1)领取所需的工具和原车线束,做好工作准备;
(2)清洗汽车;
(3)从汽车上拆下蓄电池;
(4)拆下全车线束,清洁各电气部件线束接口;
(5)按电源系、起动系、灯光仪表等顺序安装各系统线束;
(6)每一系统安装线束后,进行通电试验;
(7)检查、评价工作质量;
(8)整理工具,清洁工作场地。

3. 工作目标与要求

(1)学生应以小组工作的方式,完成本项工作任务;
(2)学生应当能在小组成员的配合下,利用汽车维修手册或实训指导书,制订工作计划,实施工作计划;
(3)能通过阅读资料和现场观察,描述汽车电气各系统电路和工作原理;在汽车上找到电气系统各部件,说明其作用和结构;
(4)能向客户解释所修车辆线束的损伤情况和修复方案,向客户说明汽车电气系统的使用维护方法;

(5) 能按规范的步骤,完成汽车全车线束的更换,确保更换后汽车电气各系统工作正常;
(6) 在工作过程中注意工作安全,做好废料的处理,保持工作环境整洁。

### 相关知识

## 9.1 汽车电路图概述

汽车电路图是汽车维修人员必备的技术资料。目前,大部分汽车都装备有较多的电气装置和电子控制装置,其技术含量高、线路复杂。仅凭传统的经验来完成汽车电气系统维修和故障诊断,已无法适应现代汽车电气系统的检修工作。因此,正确识读汽车电路图是完成汽车电气系统检修和故障判断排除任务的必备条件。

汽车电路由电源、保护装置、控制装置、用电设备以及连接它们的线束和插接器组成。汽车电路图由表示汽车部件的图形符号、线条、文字标注和文字注释组成。图形符号用于表示汽车电器的部件,线条用于表示连接各电器部件的导线,文字标注用于对图形符号等进行解释,注释用于对文字标注等进行解释。

汽车电路图是由各种图形符号和线条等构成的图形,电路图清楚地表示了电路的构成,如电源、保险、继电器、开关、继电器盒、连接器、电线、搭铁等。有些电路图还表示了电气零件的安装位置、连接器的形式及接线情况、电线的颜色、接线盒和继电器盒中各部件(如继电器及熔断丝等)的位置以及线束等在汽车上的布置。

## 9.2 汽车电路图图形符号

为了读懂汽车电路图,首先要识别电路图中的各种图形符号及其含义。汽车电气系统电路图常用图形符号可分为:

### 9.2.1 限定符号

限定符号用于表示电路图中各部件、线路、接线端子的性质,如表9-1所示。

限 定 符 号  表9-1

| 序号 | 名 称 | 图形符号 | 序号 | 名 称 | 图形符号 |
|---|---|---|---|---|---|
| 1 | 直流 | —— | 6 | 中性点 | N |
| 2 | 交流 | ∼ | 7 | 磁场 | F |
| 3 | 交直流 | ≂ | 8 | 搭铁 | ⊥ |
| 4 | 正极 | + | 9 | 交流发电机输出接线柱 | B |
| 5 | 负极 | − | 10 | 磁场二极管输出端 | D₊ |

### 9.2.2 导线、端子和导线的连接符号

导线、端子和导线的连接符号,如表9-2所示。

### 导线、端子和导线的连接符号

表9-2

| 序号 | 名称 | 图形符号 | 序号 | 名称 | 图形符号 |
|---|---|---|---|---|---|
| 1 | 接点 | ● | 11 | 多极插头和插座（示出的为三极） | |
| 2 | 端子 | ○ | | | |
| 3 | 可拆卸的端子 | φ | | | |
| 4 | 导线的连接 | | | | |
| 5 | 导线的分支连接 | | 12 | 接通的连接片 | |
| 6 | 导线的交叉连接 | | 13 | 断开的连接片 | |
| 7 | 导线的跨越 | | 14 | 边界线 | |
| 8 | 插座的一个极 | | 15 | 屏蔽（护罩） | |
| 9 | 插头的一个极 | | | | |
| 10 | 插头和插座 | | 16 | 屏蔽导线 | |

## 9.2.3 触点与开关符号

触点与开关符号，如表9-3所示。

### 触点与开关符号

表9-3

| 序号 | 名称 | 图形符号 | 序号 | 名称 | 图形符号 |
|---|---|---|---|---|---|
| 1 | 旋转、旋钮开关 | | 7 | 热继电器触点 | |
| 2 | 液位控制开关 | | 8 | 旋转多挡开关位置 | |
| 3 | 机油滤清器报警开关 | | 9 | 推拉多挡开关位置 | |
| 4 | 热敏开关动合触点 | | 10 | 钥匙开关（全部定位） | |
| 5 | 热敏开关动断触点 | | 11 | 多挡开关、点火、起动开关，瞬时位置为2能自动返回到1（即2挡不能定位） | |
| 6 | 热敏自动开关动断触点 | | 12 | 节流阀开关 | |

### 9.2.4 电气元件符号

电气元件符号,如表9-4所示。

电气元件符号　　　　　　　　　　　　表9-4

| 序号 | 名称 | 图形符号 | 序号 | 名称 | 图形符号 |
|---|---|---|---|---|---|
| 1 | 动合(常开)触点 |  | 16 | 钥匙操作 |  |
| 2 | 动断(常闭)触点 |  | 17 | 热执行器操作 |  |
| 3 | 先断后合的触点 |  | 18 | 温度控制 | $t$ |
| 4 | 中间断开的双向触点 |  | 19 | 压力控制 | $p$ |
| 5 | 双动合触点 |  | 20 | 制动压力控制 | BP |
| 6 | 双动断触点 |  | 21 | 液位控制 |  |
| 7 | 单动断双动合触点 |  | 22 | 凸轮控制 |  |
| 8 | 双动断单动合触点 |  | 23 | 联动开关 |  |
| 9 | 一般情况下手动控制 |  | 24 | 手动开关的一般符号 |  |
| 10 | 拉拔操作 |  | 25 | 定位(非自动复位)开关 |  |
| 11 | 旋转操作 |  | 26 | 按钮开关 |  |
| 12 | 推动操作 |  | 27 | 能定位的按钮开关 |  |
| 13 | 一般机械操作 |  | 28 | 拉拔开关 |  |
| 14 | 电阻器 |  | 29 | 滑线式变阻器 |  |
| 15 | 可变电阻器 |  | 30 | 分路器 |  |

续上表

| 序号 | 名　称 | 图形符号 | 序号 | 名　称 | 图形符号 |
|---|---|---|---|---|---|
| 31 | 压敏电阻器 | | 48 | 滑动触点电位器 | |
| 32 | 热敏电阻器 | | 49 | 仪表照明调光电阻 | |
| 33 | 光敏电阻 | | 50 | 电感器、线圈、绕组、扼流图 | |
| 34 | 加热元件、电热塞 | | 51 | 带磁心的电感器 | |
| 35 | 电容器 | | 52 | 熔断器 | |
| 36 | 可变电容器 | | 53 | 易熔线 | |
| 37 | 极性电容器 | | 54 | 电路断电器 | |
| 38 | 穿心电容器 | | 55 | 永久磁铁 | |
| 39 | 半导体二极管一般符号 | | 56 | 操作器件一般符号 | |
| 40 | 单向击穿二极管，电压调整二极管（稳压管） | | 57 | 一个绕组电磁铁 | |
| 41 | 发光二极管 | | 58 | 两个绕组电磁铁 | |
| 42 | 双向二极管（变阻二极管） | | | | |
| 43 | 三极晶体闸流管 | | | | |
| 44 | 光电二极管 | | 59 | 不同方向绕组电磁铁 | |
| 45 | PNP型三极管 | | | | |
| 46 | 集电极接管壳三极管（NPN型） | | 60 | 触点常开的继电器 | |
| 47 | 具有两个电极的压电晶体 | | 61 | 触点常闭的继电器 | |

### 9.2.5 仪表符号

仪表符号,如表9-5所示。

仪 表 符 号　　　　　　　表9-5

| 序号 | 名　称 | 图形符号 | 序号 | 名　称 | 图形符号 |
|---|---|---|---|---|---|
| 1 | 指示仪表 | ⊙ | 8 | 转速表 | n |
| 2 | 电压表 | V | 9 | 温度表 | t° |
| 3 | 电流表 | A | 10 | 燃油表 | Q |
| 4 | 电压电流表 | A/V | 11 | 车速里程表 | v |
| 5 | 欧姆表 | Ω | 12 | 电钟 | 🕒 |
| 6 | 瓦特表 | W | 13 | 数字式电钟 | 🕘 |
| 7 | 油压表 | OP | | | |

### 9.2.6 传感器符号

传感器符号,如表9-6所示。

传 感 器 符 号　　　　　　　表9-6

| 序号 | 名　称 | 图形符号 | 序号 | 名　称 | 图形符号 |
|---|---|---|---|---|---|
| 1 | 传感器的一般符号 | * | 8 | 空气流量传感器 | AF |
| 2 | 温度表传感器 | t° | 9 | 氧传感器 | λ |
| 3 | 空气温度传感器 | t°a | 10 | 爆震传感器 | K |
| 4 | 冷却液温度传感器 | t°w | 11 | 转速传感器 | n |
| 5 | 燃油表传感器 | Q | 12 | 速度传感器 | v |
| 6 | 油压表传感器 | OP | 13 | 空气压力传感器 | AP |
| 7 | 空气质量传感器 | m | 14 | 制动压力传感器 | BP |

## 9.2.7 电气设备符号

电气设备符号,如表9-7所示。

**电气设备符号** 表9-7

| 序号 | 名称 | 图形符号 | 序号 | 名称 | 图形符号 |
|---|---|---|---|---|---|
| 1 | 变换器、转换器 | | 14 | 点火线圈 | |
| 2 | 光电发生器 | | 15 | 分电器 | |
| 3 | 空气调节器 | | 16 | 火花塞 | |
| 4 | 滤波器 | | 17 | 电压调节器 | |
| 5 | 稳压器 | | 18 | 转速调节器 | |
| 6 | 点烟器 | | 19 | 温度调节器 | |
| 7 | 热继电器 | | 20 | 串激绕组 | |
| 8 | 间歇刮水继电器 | | 21 | 并激或他激绕组 | |
| 9 | 防盗报警系统 | | 22 | 集电环或换向器上的电刷 | |
| 10 | 天线一般符号 | | 23 | 直流电动机 | |
| 11 | 发射机 | | 24 | 串激直流电动机 | |
| 12 | 收音机 | | 25 | 并激直流电动机 | |
| 13 | 内部通信联络及音乐系统 | | 26 | 永磁直流电动机 | |

续上表

| 序号 | 名称 | 图形符号 | 序号 | 名称 | 图形符号 |
|---|---|---|---|---|---|
| 27 | 收放机 | | 40 | 起动机(带电磁开关) | |
| 28 | 天线电话 | | 41 | 燃油泵电动机、洗涤电动机 | |
| 29 | 传声器一般符号 | | 42 | 晶体管电动燃油泵 | |
| 30 | 照明灯、信号灯、仪表灯、指示灯 | | 43 | 闪光器 | |
| 31 | 双丝灯 | | 44 | 霍尔信号发生器 | |
| 32 | 荧光灯 | | 45 | 磁感应信号发生器 | |
| 33 | 组合灯 | | 46 | 温度补偿器 | |
| 34 | 预热指示器 | | 47 | 电磁阀一般符号 | |
| 35 | 电喇叭 | | 48 | 常开电磁阀 | |
| 36 | 扬声器 | | 49 | 常闭电磁阀 | |
| 37 | 蜂鸣器 | | 50 | 电磁离合器 | |
| 38 | 报警器、电警笛 | | 51 | 用电动机操纵的怠速调整装置 | |
| 39 | 元件、装置、功能元件 | | 52 | 过电压保护装置 | |
| | | | 53 | 过电流保护装置 | |

续上表

| 序号 | 名称 | 图形符号 | 序号 | 名称 | 图形符号 |
|---|---|---|---|---|---|
| 54 | 信号发生器 | | 67 | 加热器(除霜器) | |
| 55 | 脉冲发生器 | | 68 | 振荡器 | |
| 56 | 加热定时器 | | 69 | 蓄电池组 | |
| 57 | 点火电子组件 | | 70 | 蓄电池传感器 | |
| 58 | 风扇电动机 | | 71 | 制动灯传感器 | |
| 59 | 刮水电动机 | | 72 | 尾灯传感器 | |
| 60 | 天线电动机 | | 73 | 制动器摩擦片传感器 | |
| 61 | 直流伺服电动机 | | 74 | 燃油滤清器积水传感器 | |
| 62 | 直流发电机 | | 75 | 三丝灯泡 | |
| 63 | 星形连接的三相绕组 | | 76 | 汽车底盘与吊机间电路滑环与电刷 | |
| 64 | 三角形连接的三相绕组 | | 77 | 自记车速里程表 | |
| 65 | 定子绕组为星形连接的交流发电机 | | 78 | 带电钟自记车速里程表 | |
| 66 | 定子绕组为三角形连接的交流发电机 | | 79 | 带电钟的车速里程表 | |

续上表

| 序号 | 名称 | 图形符号 | 序号 | 名称 | 图形符号 |
|---|---|---|---|---|---|
| 80 | 外接电压调节器与交流发电机 | | 83 | 门窗电动机 | |
| 81 | 整体式交流发电机 | | 84 | 座椅安全带装置 | |
| 82 | 蓄电池 | | | | |

### 9.2.8 仪表板上常用控制符号

仪表板上常用控制符号,如图9-1所示。

图9-1 仪表板上常用控制符号

## 9.3 插接器表示方法

插接器又称连接器,用于将线束和线束连接,或将线束和电气部件连接,是汽车电气线路中简单但不可缺少的零件。目前,大量使用的连接器称为插接式连接器(又称插接器)。

插接器由外部不导电外壳和内部导电的金属片组成。导电的金属片是线路与各电器设备之间、线路与线路之间的连接部件。现代的汽车零部件多、线束的数量也较多,为了便于安装、检修和更换。现代的车辆采用了各种不同形状的插接器,使其具有防呆防误功能,同时使线束设计的自由度增加。汽车常用连接器及电线焊片的种类,如图9-2所示。

图9-2 汽车常用插接器及电线焊片接头的种类

插接器由插头和插座两部分组成,汽车上不同位置所用插接器的端子数目、几何尺寸和形状各不相同。

插头一般指不固定的那一半。带阳性接触体(实心接触体)的插头称为公插头;带阴性接触体(空心接触体)的插头称为母插头。插座一般指固定(在面板或底盘上)的那一半。带阳性接触体的插座称为公插座;带阴性接触体的插座称为母插座。汽车上面通常使用公插头和母插座。其插头和插座表示如图9-3所示,中间的数字代表金属接触体的代号。插座从左到右、插头从右到左。在电路图中用带有∨的一端表示插头。但是汽车上面使用了很多导线和导线之间的插接器。为了叙述和使用方便,汽车维修企业将金属导电部分是实心的接触体称为插头,金属导电部分是空

图9-3 插座和插头

心的接触体称为插座,如图9-3所示。

为了保证连接可靠,插接器设有锁止装置,大多数插接器具有良好的密封性,以防止油污、水及灰尘等进入而使端子锈蚀。

插接器在整车电路原理图中都有一定的表示符号。各汽车厂家在整车电路原理图中对插接器的表示符号并不相同,但在电路图册里面会进行说明。如丰田公司用"○"表示零件与线束连接,用"□"表示线束与线束连接,用带圆角的矩形表示与继电器盒或接线盒连接的接插件,用"▽"表示搭铁点的插接器。符号里面的字母或数字表示该接插件编号。

## 9.4 导线的表示方法

导线是电气线路的基础元件,汽车用导线均采用多股铜线。导线的截面积、颜色等参数在电路上都有表示。

### 9.4.1 导线截面积

导线的截面积根据所用电气设备的电流值确定。为保证导线有足够的机械强度,规定截面积不能小于 $0.5\text{mm}^2$。各种低压导线标称截面积所允许载流值,如表9-8所示。

表9-8 导线截面积

| 铜芯导线截面积($\text{mm}^2$) | 1.0 | 1.5 | 2.5 | 3.0 | 4.0 | 6.0 | 10 | 13 |
|---|---|---|---|---|---|---|---|---|
| 导线允许截流量(A) | 11 | 14 | 20 | 22 | 25 | 35 | 50 | 60 |

导线标称截面积是根据规定换算方法得到的截面积值,它既不是线芯的几何面积,也不是各股铜线几何面积之和。导线标称截面积一般会在原车电路图里面直接标注出来。

12V汽车主要线路导线的标称截面积推荐值,如表9-9所示。可作为维修参考。

表9-9 12V汽车主要线路导线的标称截面积推荐值

| 标称截面积($\text{mm}^2$) | 适用的电路 |
|---|---|
| 0.5 | 尾灯、顶灯、仪表灯、指示灯、牌照灯、燃油表等 |
| 0.8 | 转向灯、制动灯、停车灯、点火线圈初级绕组等 |
| 1.0 | 前照灯、电喇叭等(3A以下) |
| 1.5 | 前照灯、电喇叭等(3A以上) |
| 1.5~4.0 | 其他5A以上电路 |
| 4.0~6.0 | 柴油车电热塞电路 |
| 6.0~25 | 电源电路 |
| 16~95 | 起动电路 |

### 9.4.2 导线的颜色

为了便于识别和维修,电线束中的低压电线都采用了不同颜色。电线的各种颜色均用1~2个英文缩写字母表示,其代号规定见表9-10。

导线的颜色代号    表9-10

| 缩 写 | 英 文 | 中 文 | 缩 写 | 英 文 | 中 文 |
|---|---|---|---|---|---|
| B | Black | 黑色 | Bl | Blue | 蓝色 |
| Br | Brown | 棕色 | G | Green | 绿色 |
| Gr | Gray | 灰色 | O | Orange | 橙色 |
| R | Red | 红色 | V | Violet | 紫色 |
| W | White | 白色 | Y | Yellow | 黄色 |

一般汽车电气线路中不同的系统使用不同主色的低压电线,低压电线的选择主色规定(ZBT 35002)见表9-11。许多进口汽车和我国一些引进国外品牌的汽车厂家,其低压电线的颜色并不遵照 ZBT 35002 的规定。

低压电线的选择主色规定    表9-11

| 系统名称 | 主色代号 | 颜 色 |
|---|---|---|
| 电气装置搭铁线 | B | 黑色 |
| 点火起动系统 | W | 白色 |
| 电源系统 | R | 红色 |
| 灯光信号系统 | G | 绿色 |
| 防雾灯及车身内部照明系统 | Y | 黄色 |
| 仪表及报警指示和喇叭系统 | Br | 棕色 |
| 前照灯、雾灯等外部照明系统 | BL | 蓝色 |
| 各种辅助电动机及用电器操纵系统 | Gr | 灰色 |
| 收音机、点烟器等辅助装置系统 | V | 紫色 |

如导线表面有色条,则用两个字母和中间的一个连接符表示。如 R‒B 表示主色为红色,色条为黑色,见图9-4。有的线路图上的导线同时表示颜色和线径。

图9-4 导线的颜色及表示方法

## 9.5 汽车电路图的类型

汽车电路图按照其作用,分成定位图和原理图。定位图主要表示各种汽车电气零部件、插接器、线束等在车上的具体位置。原理图是将各电气部件的图形符号通过线条连接在一起的关系图。主要用于表达各电气系统的工作原理及电气部件之间的连接关系。定位图按照表达的对象不同和侧重点不同,有零部件位置图、线束图、插接器图、汽车接线(继电器/熔断器)盒平面布置图以及搭铁点位置图和铰接点位置图等。原理图有汽车电路原理方框图、电气连接简图、布线图和电气原理图等。

### 9.5.1 定位图

**1. 零部件位置图**

零部件位置图用来表示汽车电气部件的安装位置,便于维修时查找故障部件。位置图可分为发动机舱部件位置图、驾驶室内部件位置图和车身部件位置图等。一张图表示不清时,可以用多张图表示。图 9-5 为桑塔纳 2000GSi 汽车发动机舱位置图。

图 9-5 桑塔纳 2000GSi 汽车发动机舱位置图

1-霍尔传感器;2-喷油器;3-活性炭罐;4-空气流量计;5-炭罐电磁阀;6-发动机电控单元;7-氧传感器;8-冷却液温度传感器;9-转速传感器插头(灰色);10-Ⅰ号爆震传感器插头(白色);11-氧传感器插头(黑色);12-Ⅱ号爆震传感器插头(蓝色);13-节气门控制部件;14-Ⅱ号爆震传感器;15-转速传感器;16-进气温度传感器;17-点火线圈;18-Ⅰ号爆震传感器

**2. 线束图**

整车电路线束图常用于汽车厂总装线和修理厂的电气系统线路连接、检修与配线作业,如图 9-6 所示。线束图主要表明电线束与各用电器的连接部位、接线端子的标记、线头、插接器的形状及位置等。这种图一般不去详细描绘线束内部的电线走向,只将露在线束外面的线头与插接器做详细编号或用字母标记。它是一种突出装配记号的电路表现形式,非常便于安装、配线、检测与维修。如果再将此图各线端都用序号、颜色准确无误地标注出来,并与电路原理图和布线图结合起来使用,则会起到更大的作用,收到更好的效果。

**3. 插接器图**

当今汽车使用了大量的电子和计算机技术,增加了许多电气元件,同时增加了许多线路。汽车制造时,为了提高接线速度,减少接线错误,在汽车电气线路中采用插接器。插接器由插头和插座两部分组成,按使用场合的实际需要,其形状不同、脚数多少不等,有的甚至颜色也有区别。为了使用和维修的需要,汽车厂家的汽车维修手册和汽车电路图中带有插接器图,图9-7是丰田花冠汽车的插接器图。一般汽车都只表示了插头的插接器图。插接器不能松动、腐蚀,为保证插接器的可靠连接,其上都有锁紧装置。因此在拆卸插接器时,双手要捏紧插头和插座,并使锁止片张开后再将插头和插座分开;切不可直接拉导线,以免造成插头或插座内导线断路或接触不良。

图 9-6　TU5JPK 发动机线束图

35-蓄电池;40-仪表板;45-点火线圈;50-电源盒;52-内接熔断器盒;142-发动机电控单元;152-曲轴位置传感器;154-车速传感器;176-防盗密码控制盒(选装);255-空调压缩机离合器;270-点火线圈上的电容器;300-点火开关;430-炭罐控制阀;432-怠速控制阀;570-喷油器;620-惯性开关;755-燃油泵;770-节气门位置传感器;783-故障自诊断插座;807-主继电器;900-氧传感器;907-进气温度传感器;908-进气压力传感器;909-水温传感器

**4. 汽车接线(继电器/熔断器)盒平面布置图**

汽车接线盒平面图用于表示接线盒内部元件,如熔断器、继电器和插接器的位置和作用,方便维修时使用,如图9-8所示。

**5. 搭铁点位置图**

汽车电器负极搭铁在汽车车身上有许多搭铁点,搭铁点都是用螺母固定在车身或壳体上。汽车行驶中的振动容易造成搭铁点松动和脱落,其松动和脱落会造成许多汽车电器故障。为了维修方便,现在汽车电路图都配有搭铁点位置图,如图9-9所示。其中EA、EA1、EC、EB、ED、EBI都是丰田花冠汽车发动机舱内部的电器搭铁点。

**6. 铰接点位置图**

汽车线束内部有很多导线的铰接点,汽车行驶中的振动容易造成铰接点松动。为了维修方便,现在汽车电路图都配有线束内部铰接点位置图,也有的在线束图中给予表示。

### 9.5.2　原理图

汽车电气原理图有汽车电路原理方框图、电气连接简图、布线图和电气原理图等。

**1. 全车电路框图**

汽车电路比较复杂,为概略表示汽车电气系统或分系统的基本组成及其相互关系和主要特征,常采用原理框图。全车电路原理框图,如图9-10所示。所谓原理框图是指用符号或带注释的框,概略表示汽车电器基本组成、相互关系及其主要特征的一种简图。原理框图所描述的对象是系统或分系统的主要特征,它对内容的描述是概略的、用来表示系统或分系统基本组成的、是图形符号和带注释的框。电路原理框图一般出现在汽车电路设计的初级阶段。它不表示汽车电路具体的组成、线路和具体工作原理。仅表示汽车电路各系统电路的大约走向和基本原理。它的优点是汽车电路的基本组成非常明确,各系统电路走向非常明确,图形简单,制作和描述方便。

图9-7 丰田花冠汽车的插接器图

## 2. 电气连接简图

电气连接简图是按全车各独立电气系统进行划分,图中既有电气设备图形符号,又有电气设备外形特征图形,并且还在电气设备外形特征图形的内部画出了其内部的电路,这使得整个电路识读起来更为直观简便。

图9-8 丰田威驰汽车2号接线盒位置图

如图9-11所示为日产(NISSAN)柴油货车充电和起动系统连接简图。其简图完整地表达了整车的电气及线路连接,但由于发电机、起动机等复杂零部件的实际具体电路比较复杂,因此不能清晰、方便地反映各电气系统的工作原理,而且识读所需时间较长,随着汽车电路的日趋复杂,这类电路图越来越不实用,已经被淘汰。

3. 布线图

(1)布线图的特点。布线图是指专门用来标记电气设备的安装位置、外形、线路走向等的指示图,如图9-12所示。它按照全车电气设备安装的实际方位绘制,部件与部件之间的连线按实际关系绘出,并将线束中同路的导线尽量画在一起;这样,汽车布线图就较明确地反映了汽车实际的线路情况,查线时导线中间的分支、接点很容易找到,为安装和检测汽车电路提供方便。但因其线条密集,纵横交错,给识图、查找、分析故障带来不便。

图9-9 丰田花冠汽车发动机舱内部的电器搭铁点

图9-10 全车电路框图

(2)布线图的绘制原则。

①布线图中的元器件、组件和设备等部件,应尽量采用其简化外形(如圆形、方形、矩形)来表示,为了便于识图,必要时也允许用图形符号表示。

②在布线图中,接线端子应用端子代号表示。

③导线可用连续线或中断线表示。连续线是用连续的实线来表示端子之间实际存在的导线。中断线是用中断的实线来表示端子之间实际存在的导线,并在中断处标明去向。

图 9-11 日产（NISSAN）柴油货车充电和起动系统连接简图

1-电流表；2-起动开关；3-起动开关接线端子；4-预热指示灯；5-磁场继电器；6-电压调节器；7-交流发电机；8-蓄电池；9-蓄电池开关；10-空气预热器；11-起动机；12-起动开关；13-电磁预热开关

图 9-12 汽车电气布线图

1-发电机;2-电压调节器;3-电流表;4-蓄电池;5-起动机;6-起动继电器;7-点火开关;8-点火线圈;9-分电器;10-刮水器开关;11-刮水器电动机;12-暖风开关;13-电动机;14-熔断器盒;15-火花塞;16-机油压力表;17-油压传感器;18-水温表;19-冷却液温度传感器;20-燃油表;21-燃油传感器;22-喇叭继电器;23-喇叭按钮;24-电喇叭;25-工作灯插座;26-闪光器;27-转向灯开关;28、31-转向指示灯;29、32-室灯;30、33-尾灯;34-车灯开关;35-牌照灯;36、37-仪表灯;38-制动灯;39-阅读灯;40-阅读灯开关;41-阅读灯插座;42-变光器;43、44-前照灯;45-远光指示灯;46-雾灯;47-雾灯开关;48-挂车电源插座

4.电路原理图

电路原理图(图9-13)可清楚地反映出电气系统各部件的连接关系和电路原理,而且具有以下的特点:

(1)用电器符号表达各种电气部件。

(2)在大多数图中,电源线在图上方,搭铁线在图下方,电流方向自上而下。电路较少迂回曲折,电路图中电器的串并联关系十分清楚,易于识读。

(3)各电器不再按其在车上的安装位置布局,而是依据工作原理,在图中合理布局,使各系统处于相对独立的位置,从而易于对各用电设备进行单独的电路分析。

(4)各电器旁边通常标注有电器名称及代码(如控制器件、继电器、过载保护器件、用电器,铰接点及搭铁点等)。

(5)电路原理图中所有开关及用电器均处于不工作的状态,例如点火开关断开、发动机不工作,车灯关闭等。

(6)导线一般标注有颜色和规格代码,有的车型还标注有该导线所属电气系统的代码。根据以上标注,易于对照位置图找到该电器或导线在车上的位置。

(7)电路原理图有整车电路原理图和局部电路原理图之分。

①整车电路原理图。为了需要,常常要尽快找到某条电路的始末,以便分析确定有故障的路线。在分析故障原因时,不能孤立地仅局限于某一部分,而要将这一部分电路在整车电路中的位置及与相关电路的联系都表达出来。

②局部电路原理图。为了弄清汽车电气系统的内部结构和各个部件之间相互连接的关系,弄懂某个局部电路的工作原理,常从整车电路图中抽出某个需要研究的局部电路,参照其他详细的资料,必要时根据实地测绘、检查和试验记录,将重点部位进行放大、绘制并加以说明。

相关技能

## 9.6 汽车电气电路原理图的识读技巧

汽车电路原理图(特别是全车电气电路原理图)中电气设备多、线路复杂。汽车电气维修时,经常需要在看懂汽车电路原理图基础上,分析其电路工作原理和故障原因,再结合位置图和线束图等进行故障判断和维修。

汽车电路原理图只表明组成汽车电路的各个电气设备的工作原理,如电流走向、流过电气装置的顺序等,图上的导线只表明各电气设备及其间的相互联系,而不代表实际安装位置。

汽车电路原理图中,电气装置的布置顺序从左到右、从上到下:供电电源(特别是蓄电池)在左,用电器在右,各局部电路尽量画在一起;电源线在上,搭铁线在下;并且在图的上方,有一个说明条框,说明每一部分电路的功能。在局部电路的原理图中,信号输入(或控制端)在左,信号输出端(或驱动端)在右;电源线在上,搭铁线在下。

图 9-13 汽车电气原理图

1-发电机;2-电压调节器;3-电流表;4-蓄电池;5-起动机;6-起动继电器;7-点火线圈;8-点火开关;9-分电器;10-刮水器开关;11-刮水器电动机;12-暖风开关;13-电动机;14-熔断器盒;15-火花塞;16-机油压力表;17-机油压力传感器;18-冷却液温度表;19-冷却液温度传感器;20-燃油表;21-燃油传感器;22-喇叭继电器;23-喇叭按钮;24-电喇叭;25-工作灯插座;26-闪光器;27-转向灯开关;28,31-转向指示灯;29,32-室灯;30,33-前照灯;34-车灯开关;35-牌照灯;36,37-仪表灯;38-制动灯;39-阅读灯;40-制动开关;41-阅读灯开关;42-变光器;43,44-前照灯;45-远光指示灯;46-防雾灯开关;47-雾灯;48-挂车电源插座由于汽车电路原理图各个厂家的画法和表达方法不同,因此识读汽车电路原理图首先要认真学习每个厂家的电路图识图规定。每一个厂家的电路图原本都会首先表述本电路图的识图和看图的规定。在掌握每一厂家的识图和看图的规定后,识读汽车电路原理图的一般步骤为:

1. 认真读几遍图注

图注是说明汽车所有电气设备的名称及其数码代号,通过读图注可初步了解该汽车都装配了哪些电气设备;然后通过数码代号在电路图中找出该电气设备,再进一步找出相互连线、控制关系。这样就可以了解汽车电路的特点和构成。

2. 牢记电气图形符号

汽车电路图是利用电气图形符号来表示其构成和工作原理的。因此必须了解电气图形符号的含义和功能,才能看懂电路图。

3. 熟记电气部件接线端子的标记符号

为了便于绘制和识读汽车电气电路图,有些电器或其接线柱等都被赋予不同的标志代号。例如,接至电源端的接线端子用"B"或"+"表示;接至点火开关的接线端子用"SW"表示;接至起动机的接线端子用"ST"表示;发电机电枢输出接线端子用"B+"表示等。

4. 要牢记回路原则

任何一个完整的电路都是由电源、开关、用电设备、导线等组成。电流流向必须从电源正极出发,经过熔断器、开关、导线等到达用电设备,再经过导线(或搭铁)回到电源负极,才能构成回路。这样的电路才是正确的,否则就是读错了或查错了。具体方法可以沿着工作电流的流向,由电源查明用电设备。

5. 牢记搭铁极性

我国和世界各国都规定了汽车电气电路为负极搭铁。

6. 注意开关在电路中的作用

对于多层多挡多接线柱的开关,要按层、按挡位、按接线柱逐级分析其各层各挡的功能。有的用电装置受两个以上单挡开关(或继电器)的控制,有的受两个以上多挡开关的控制,其工作状态可能比较复杂,如上海桑塔纳2000轿车,前雾灯由雾灯继电器触点控制,雾灯继电器线圈由雾灯开关控制,而雾灯开关并不与电源直接相连,它与近光灯开关的输出端相连,由此不难分析出,如果要使用前雾灯,首先要开近光灯。由此可以分析出雾灯电路与近光灯电路的关联。当开关接线柱较多时,首先抓住从电源来的一两个接线柱,再逐个分析与其他各接线柱相连的用电装置处于何种挡位,从而找出控制关系。

对于组合开关,在线路图中是画在一起的,而在电路原理图中又按其功能画在各自的局部电路中,遇到这种情况时必须仔细研究识读。

7. 注意开关、继电器的初始状态

在电路图中,各种开关、继电器都是按初始位置画出的,如按钮未按下,开关未接通,继电器线圈未通电,其触点未闭合(常开触点)或未打开(常闭触点),这种状态称为原始状态。但看图时,不能完全按原始状态分析,否则很难理解电路所表达的工作原理,因为大多数用电设备都是通过开关按钮、继电器触点的变化而改变回路的,进而实现不同的电路功能。所以,必须进行工作状态的分析。如刮水器电路就是通过开关、继电器触点的变化,使电位发生变化来实现间歇、低速、高速刮水功能的,分析电路时,必须分别对三种工作状态的电路进行分析。

**8. 注意电气装置在电路图中的布置**

在电气系统中,有大量电气装置是驱动部分和被驱动部分采用机械连接的,如各种继电器,还有多层多挡组合开关。这些电气装置在电路图上表示时,应做到使画面既简单,又便于识图,可采用集中表示法或分开表示法。随着汽车电路的日趋复杂,一个电气装置有较多的组成部分(如组合开关),若集中画在一起,则易引起线条往返和交叉线过多,造成识图困难。再如继电器的线圈、触点,有时绘制在一起,也易引起线条往返和交叉线过多,造成识图困难。这时宜采取分开表示法,即把继电器的线圈、触点分别画在不同的电路中,用同一文字符号或数字符号将分开部分联系起来。

**9. 注意各局部电路之间的内在联系和相互关系**

汽车全车电路基本上由电源电路、充电电路、点火电路、起动电路、照明电路、辅助电气设备电路等单元电路组成。从整车电路来讲,各局部电路除电源电路公用外,其他单元电路都是相对独立的,但它们之间也存在着内在联系和相互影响。

**10. 先易后难**

有些汽车电路图的某些局部电路,或局部电路中的某些部分,可能比较复杂,一时难以看懂,可以暂时不顾及,待其他局部电路都看懂后,再来进一步识读这部分电路。

**11. 要善于请教和查找资料**

由于新的汽车电气设备不断地出现和应用在汽车上,汽车电路图的变化很大。对于看不懂的电路图,要善于请教有关人员,同时还要善于查找资料,直至看懂。

**12. 浏览全图框画各个系统**

要读懂汽车电路图,首先必须掌握组成电路的各个电气元件的基本功能和电气特性。在大体掌握全图的基本原理的基础上,再把一个个单独的电气系统框出来(或画出来),这样就容易抓住每一部分的主要功能及特性。在框画各个系统时,应注意既不能漏掉各个系统中的组件,也不能多框画其他系统的组件,一般规律是:各电气系统只有电源和总开关是公共的,其他任何一个系统都应是一个完整的独立的电气回路,即包括电源、开关(保险)、电气(或电子)部件、导线等,并从电源的正极经导线、开关、熔断器至电器后搭铁,最后回到电源负极。

## 9.7 典型车系整车电路图识读

### 9.7.1 大众公司车系整车电路图识读

大众公司车系在我国占有率很高,下面以大众车系桑塔纳2000汽车为例,解释电路图的读图方法。

**1. 桑塔纳2000汽车电路图**

桑塔纳2000汽车电路图,如图9-14～图9-38所示。桑塔纳2000全车电路图由于太大无法在一张图纸上面表示,因此共分25个图展示。

A-蓄电池
B-起动机
C-交流发电机
$C_1$-调压器
D-点火开关

$T_2$-发动机线束与发电机线束插头连接，2针，在发动机舱中间支架上
$T_{3a}$-发动机线束与前照灯线束插头连接，3针，在中央电器后面
②-搭铁点，在蓄电池支架上
⑨-自身搭铁
⑧1-搭铁连接线，在前照灯线束内

图9-14　桑塔纳2000全车电路图1

- $G_2$-冷却液温度表传感器
- $G_{40}$-霍尔传感器
- $G_{62}$-冷却温度传感器
- $G_{72}$-进气温度传感器
- $J_{220}$-Motronic 发动机控制单元
- $N_{152}$-点火线圈
- P-火花塞插头
- Q-火花塞
- $S_{17}$-发动机控制单元熔断丝，10A

- ④-搭铁点，在离合器壳上的支架上
- ⑨-自身搭铁
- C1-连接线，在发动机右线束内
- C3-+5V连接线，在发动机右线束内
- T4-前照灯线束与散热风扇控制器插头连接，4针，在散热风扇控制器上
- $T_{8a}$-发动机线束与发动机右线束插头连接，8针，在发动机舱中间支架上
- $T_{80}$-发动机线束、发动机右线束与发动机控制单元插头连接，80针，在发动机控制单元上

图 9-15 桑塔纳 2000 全车电路图 2

图 9-16　桑塔纳 2000 全车电路图 3

G$_{28}$-发动机转速传感器
G$_{66}$-3、4缸爆震传感器
J$_{220}$-Motronic发动机控制单元
N$_{30}$-第1缸喷嘴
S$_{123}$-喷嘴、空气质量计、AKF阀、氧传感器加热熔断丝，10A
T$_{1b}$-发动机线束与仪表板线束插头连接，1针，在中央电器后面
T$_{3b}$-发动机右线束与发动机转速传感器插头连接，3针，在发动机舱中间支架上
T$_{3d}$-发动机右线束与3、4缸爆震传感器插头连接，3针，在发动机舱中间支架上
T$_{80}$-发动机线束，发动机右线束与发动机控制单元插头连接，80针，在发动机控制单元上

①-搭铁点，在发动机控制单元旁车身上
Ⓐ$_2$-正极连接线，在发动机线束内
Ⓒ$_2$-正极连接线，在发动机右线束内
Ⓒ$_4$-搭铁连接线，在发动机右线束内

图9-17　桑塔纳2000全车电路图4

G$_{39}$-氧传感器
G$_{70}$-空气质量计
J$_{17}$-燃油泵继电器
J$_{220}$-Motronic发动机控制单元
N$_{31}$-第2缸喷嘴
N$_{32}$-第3缸喷嘴
N$_{33}$-第4缸喷嘴
N$_{80}$-活性炭罐电磁阀
S$_5$-燃油泵熔断丝,10A

T$_{4a}$-发动机线束与氧传感器插头连接,4针,在发动机舱中间支架上
T$_{8a}$-发动机线束与发动机右线束插头连接,8针,在发动机舱中间支架上
T$_{80}$-发动机线束、发动机右线束与发动机控制单元插头连接,80针,在发动机控制单元上
A2-正极连接线,在发动机线束内
C2-正极连接线,在发动机右线束内

图9-18 桑塔纳2000全车电路图5

$D_2$-读识线圈
F-制动灯开关
$G$-燃油表传感器
$G_6$-燃油泵
$J_{104}$-ABS控制器
$J_{362}$-防盗器控制单元
$K_{117}$-防盗器警告灯
$S_2$-制动灯熔断丝，10A
$T_{1a}$-前照灯线束与ABS线束插头连接，1针，在中央电器后面

$T_{2h}$-识读线圈与防盗器控制单元插头连接，2针，在防盗器控制单元上
$T_{2i}$-前照灯线束与仪表板线束插头连接，2针，在中央电器后面
$T_{3o}$-尾部线束与燃油箱插头连接，3针，在燃油箱盖上
$T_{8c}$-仪表板线束与防盗器控制单元插头连接，8针，在防盗器控制单元上
$T_{25}$-ABS线束与ABS控制单元插头连接，25针，在ABS控制器上
$T_{29}$-仪表板线束与仪表开关线束插头连接，29针，在组合仪表下方
⑤-搭铁点，在中央电器左侧星形搭铁爪上
Ⓔ-搭铁连接线，在仪表板开关线束内

图9-19 桑塔纳2000全车电路图6

$G_{44}$-右后转速传感器
$G_{45}$-右前转速传感器
$G_{46}$-左前转速传感器
$G_{47}$-左后转速传感器
$J_{104}$-ABS控制器
$N_{133}$-ABS右后进油电磁阀
$N_{134}$-ABS右后出油电磁阀
$N_{135}$-ABS左后进油电磁阀
$N_{136}$-ABS左后出油电磁阀
$S_{129}$-ABS液压泵熔断丝，30A
$S_{130}$-ABS电磁阀熔断丝，30A
$T_{2j}$-ABS液压泵与控制单元插头连接，2针，在ABS控制单元上
$T_{2k}$-ABS线束与左后转速传感器插头连接，2针，在左后座位下面
$T_{21}$-ABS线束与右后转速传感器插头连接，2针，在右后座位下面
$T_{25}$-ABS线束与ABS控制单元插头连接，25针，在ABS控制器上
$V_{64}$-ABS液压泵

图9-20 桑塔纳2000全车电路图7

J$_{104}$-ABS控制器
K$_{47}$-ABS警告灯
N$_{99}$-ABS右前进油电磁阀
N$_{100}$-ABS右前出油电磁阀
N$_{101}$-ABS左前进油电磁阀
N$_{102}$-ABS左前出油电磁阀

S$_{12}$-电动摇窗机，ABS控制单元熔断丝，15A
T$_{1e}$-ABS线束与电动摇窗机线束插头连接，1针，在中央电器后面
T$_7$-ABS线束与ABS警告灯插头连接，7针，在ABS警告灯上
T$_{25}$-ABS线束与ABS控制单元插头连接，25针，在ABS控制器上
⑩-搭铁点，在中央电器后面车身前围板上

图 9-21 桑塔纳 2000 全车电路图 8

F$_9$-驻车指示灯开关
F$_{34}$-制动液位报警开关
M$_{20}$-空调控制面板照明灯
N$_{25}$-电磁离合器
T$_{1f}$-前照灯线束与压缩机电磁离合器插头连接，1针，在压缩机旁
T$_{16}$-故障诊断仪插座，16针，在变速杆防尘罩下面
T$_{V1}$-诊断线插座，附加插在中央电器13号位上
⑤-搭铁点，在中央电器左侧星形搭铁爪上
⑨-自身搭铁

图 9-22　桑塔纳 2000 全车电路图 9

图 9-23 桑塔纳 2000 全车电路图 10

$E_{33}$-冷量开关
$F_{40}$-空调水温控制开关
$F_{129}$-组合开关
$J_{26}$-压缩机切断继电器
$J_{293}$-散热风扇控制器
$S_{104}$-散热风扇熔断丝,高速挡(使用空调时),30A
$S_{108}$-散热风扇熔断丝,低速挡(使用空调时),20A
$T_{2g}$-发动机线束与前照灯线束插头连接,2针,在中央电器后面
$T_{3r}$-空调操纵线束与发动机线束插头连接,3针,在中央电器后面
$T_{4}$-前照灯线束与散热风扇控制器插头连接,4针,在散热风扇控制器上

$T_{8a}$-发动机线束与发动机右线束插头连接,8针,在发动机舱中间支架上
$T_{10}$-前照灯线束与散热风扇控制器插头连接,10针,在散热风扇控制器上
$B_{5}$-连接线,在前照灯线束内
$B_{6}$-正极连接线,在前照灯线束内
$B_{7}$-连接线,在前照灯线束内

图 9-24 桑塔纳 2000 全车电路图 11

图 9-25 桑塔纳 2000 全车电路图 12

G$_5$-转速表
J$_6$-稳压器
J$_{285}$-组合仪表控制器
K$_1$-远光指示灯
K$_5$-右转向指示灯
K$_8$-左转向指示灯
K$_{10}$-后风窗除霜指示灯
K$_{50}$-冷却液不足警告灯
L$_{10}$-仪表照明灯
T$_{26}$-仪表板线束与组合仪表插头连接,26针,在组合仪表上

图9-26 桑塔纳2000全车电路图13

$J_{285}$-组合仪表控制器
$L_8$-数字钟照明灯
$L_{10}$-仪表照明灯
R-收放机
$R_2$-左前扬声器
$R_3$-右前扬声器
$R_4$-左后扬声器
$R_5$-右后扬声器
$S_3$-点烟器、集控门锁、数字钟、内顶灯、后阅读灯、
　　行李舱灯、遮阳板灯熔断丝，15A
$S_{19}$-收放机、转向灯、防盗器控制单元熔断丝，10A
$S_{103}$-收放机熔断丝（停车时），10A

$S_{127}$-自动天线熔断丝，10A
$T_{1g}$-仪表板线束与自动天线插头连接，1针，在收放机后面
$T_{1h}$-仪表板线束与自动天线插头连接，1针，在收放机后面
$T_8$-仪表板线束与收放机插头连接，8针，在收放机后部
$T_{8d}$-扬声器线束与收放机插头连接，8针，在收放机后部
$T_{26}$-仪表板线束与组合仪表板插头连接，26针，在组合仪表板上
$T_{29}$-仪表板线束与仪表板开关线束插头连接，29针，在组合仪表下方
$V_5$-自动天线
③-搭铁点，在自动天线附近车身上

图9-27　桑塔纳2000全车电路图14

图 9-28 桑塔纳 2000 全车电路图 15

图 9-29　桑塔纳 2000 全车电路图 16

图9-30 桑塔纳2000 全车电路图17

图 9-31 桑塔纳 2000 全车电路图 18

图 9-32 桑塔纳 2000 全车电路图 19

雾灯、倒车灯、牌照灯、杂物箱照明灯、车速传感器

$F_4$-倒车灯开关
$F_{70}$-杂物箱照明灯接触开关
$G_7$-车速传感器
$L_{20}$-后雾灯
$L_{22}$-左前雾灯
$L_{23}$-右前雾灯
$M_{16}$-左倒车灯
$M_{17}$-右倒车灯
$M_{19}$-杂物箱照明灯
$S_6$-前雾灯熔断丝,10A
$S_{15}$-倒车灯、车速传感器熔断丝,10A
$S_{20}$-牌照灯、杂物箱照明灯熔断丝,10A
$T_{2b}$-发动机线束与仪表板线束插头连接,2针,在中央电器后面
$T_{3a}$-发动机线束与前照灯线束插头连接,3针,在中央电器后面
$T_{3g}$-尾部线束与左倒车灯插头连接,3针,在左倒灯上
$T_{3h}$-尾部线束与右倒车灯插头连接,3针,在右倒灯上
$T_{29}$-仪表板线束与仪表板开关线束插头连接,29针,在组合仪表下方
X-牌照灯
⑤搭铁点,在中央电器左侧星形搭铁爪上
⑧4-正极连接线,在前照灯线束内
Ⓗ-搭铁连接线,在尾部线束内

图9-33 桑塔纳2000全车电路图20

$E_{21}$-前风窗清洗泵开关
$E_{22}$-前风窗前刮水器开关
$J_{31}$-刮水继电器
$S_{11}$-前风窗刮水器、清洗泵熔断丝,15A
V-前风窗刮水电机
$V_4$-前风窗清洗泵
⑤-搭铁点,在中央电器左侧星形搭铁爪上

图 9-34 桑塔纳 2000 全车电路图 21

$E_{40}$-摇窗机开关(左前)
$J_{51}$-摇窗机自动下降继电器
$J_{52}$-摇窗机延时继电器
$S_{125}$-电动摇窗机热保护器
$T_{2r}$-电动摇窗机线束与摇窗机电动机插头连接,2针,在左前门内
$V_{14}$-左前摇窗机电动机

⑤-搭铁点,在中央电器左侧星形搭铁爪上
⑪-正极连接线,在电动摇窗机线束内
⑫-连接线,在电动摇窗机线束内
⑬-连接线,在电动摇窗机线束内

图 9-35　桑塔纳2000全车电路图22

图9-36 桑塔纳2000全车电路图23

V16-左后摇窗机电动机
V17-右后摇窗机电动机
E53-摇窗机开关（左后车门）
E55-摇窗机开关（右后车门）

图9-37　桑塔纳2000全车电路图24

图 9-38 桑塔纳 2000 全车电路图 25

桑塔纳2000电路图形符号,如图9-39所示。

图9-39　桑塔纳2000电路图形符号

## 2. 大众汽车公司电路图接线端子

为了使导线与电器元件尽可能准确无误地互相连接，并表达其作用。汽车电器早就采用了大量的接线柱标记。赋有一定含义的汽车电器接线柱标记，对于汽车电器产品设计制造或汽车电路配线、检修具有重要的意义。

德国汽车电器上的接线柱标记是目前世界上汽车工业发达国家中使用接线柱标记最早也是最成熟的国家，许多接线柱标记已列入德国工业标准(DIN72552)。经过多次修改与补充，不仅在本国和欧洲推广，也在日本、美国的汽车电器产品中大量引用。德国大众公司的主要电路图接线端子号和用途，见表9-12。

**德国大众公司的主要电路图接线端子号和用途**　　　　表9-12

| 端子号 | 用途 | 端子号 | 用途 |
| --- | --- | --- | --- |
| 1 | 点火线圈负极 | 56 | 前照灯 |
| 4 | 点火线圈高压 | 56a | 远光束 |
| 15 | 点火开关输出的小负荷电源(主要供给点火、供油和仪表) | X | 点火开关输出的大负荷电源(主要供给电动系统等大电流用电) |
| P | 点火开关停车电源 | 56b | 近光束 |
| 30 | 蓄电池正极输入 | 58 | 牌照灯等 |
| 31 | 搭铁 | 58B | 仪表灯等 |
| 49 | 到闪光器输入 | 58L | 左侧示宽灯 |
| 49a | 自闪光器输出 | 58R | 右侧示宽灯 |
| L | 左转向灯 | PL | 左侧停车灯 |
| R | 右转向灯 | PR | 右侧停车灯 |
| 50 | 起动机(电磁开关) | 85 | 继电器线圈控制输出(电源) |
| 53a | 刮水器电源 | 86 | 继电器线圈控制输入(搭铁) |
| 53 | 刮水器电动机低速挡 | 87 | 继电器常开触点 |
| 53b | 刮水器电动机高速挡 | 87a | 继电器常闭触点 |
| 53e | 刮水器停最低点的电源 | 83 | 雾灯电源 |
| 56 | 前照灯 | 83a | 前雾灯 |
| 54 | 制动灯 | 83b | 后雾灯 |
| 61 | 充电指示灯 | | |

我国在1989年结合自己的国情参照德国标准制定了《汽车电器接线柱标记》国家标准(ZB T 36009—89)，该标准于1999年被国家汽车行业标准QC/T 423—1999所替代。

## 3. 德国大众汽车公司电路图导线颜色的规定

大众汽车公司电路图导线颜色的规定如表9-13所示。跟我国标准最大不同的是其负极用棕色为主色,我国使用黑色。

**德国大众汽车公司电路图导线颜色的规定**　　　　表 9-13

| 颜色 | 用途 | 颜色 | 用途 |
| --- | --- | --- | --- |
| 红 | 蓄电池总线 | 黑白 | 左侧转向信号灯 |
| 白黑 | 前照灯到灯光开关 | 黑绿 | 右侧转向信号灯 |
| 白 | 前照灯远光 | 灰黑 | 左侧示宽灯 |
| 黄 | 前照灯近光 | 灰红 | 右侧示宽灯 |
| 黄黑 | 燃油喷射 | 黑绿 | 点火控制电源 |
| 黑红 | 制动灯 | 棕白 | 搭铁 |
| 黑白 | 左侧转向灯 | 棕 | 搭铁 |
| 黑绿 | 右侧转向灯 | | |

4. 桑塔纳 2000 电路图的特点和整体识读

桑塔纳 2000 汽车上所有的电气设备都是从中央配电盒连接出来。中央配电盒是汽车上面唯一的继电器和熔断器盒。因此桑塔纳 2000 电路图以 2 根实线(每张图都有 6 跟实线)将电路图分成 3 部分。中央配电盒部分、除中央配电盒所示电器部分、汽车车身部分(汽车车身整体是蓄电池负极)。

(1)中央配电盒部分。中央配电盒正面如图 9-40 所示,正面主要有继电器和熔断器。背面如图 9-41 所示,背面主要有给各系统供电的线束插头。中央配电盒部分是每一张电路图的第五根线上方部分,第五根线不代表导线而是中央配电盒与外电路的分界线。第五根线上方的 4 根线表示配电盒内部常用的导线。依次从上到下标有"30"字样的导线直接与蓄电池正极相连接,中间不经过任何开关,不论汽车处于停车或发动机处于熄火状态均有电,其电压为蓄电池电压。标有"15"字样的导线为小容量用电设备的电源正极线,受点火开关控制。只有在点火开关接通后,用电设备才能通电使用。其主要给仪表、点火和供油系统供电。标有"X"字样的导线为大容量用电设备的电源正极线,受点火开关控制。只有在点火开关到 IG 挡时、卸荷继电器触点闭合、车辆起步运行中,才能使用的大容量电器所用电源线(即起动时被断,开保证起动机用电)。标有"31"字样的为中央线路板内搭铁线。画的导线并不表示车辆中实际导线存在,只代表电流的通道。

(2)除中央配电盒以外所有电器部分。除中央配电盒所有电器部分是在电路图第五根线和第六根线之间部分表示。该部分画出了除中央配电盒以外所有电器以及插接器和线束内的导线。

(3)汽车车身部分。由于汽车电气设备负极搭铁,汽车车身部分实际是所有电气设备公用的负极导线。整个汽车车身用电路图最底部的导线表示,即从上到下的第 6 根线来表示。为了读图和看图方便,从左到右依次在每一根垂直的导线下方的都标有编号。编号从左到右以 1、2、3、4、5…排列。该编号只是为了看图方便设置。

5. 大众车系的电路图识读方法

大众车系的局部电路图识读图,如图 9-42 所示。图中序号 1~18 的解释,如表 9-14 所示。

图9-40 桑塔纳中央配电盒正面图

1-空位;2-进气歧管预热继电器;3、4、11-空位;5-空调继电器;6-双音喇叭继电器;7-雾灯继电器;8-减荷继电器;9-拆卸熔断丝专用工具;10-前风窗刮水和清洗器继电器;12-报警、转向继电器;13-冷却风扇继电器;14-门窗电动机自动继电器;15-门窗电动机延迟继电器;16-内部照明继电器;17-冷却液液面指示控制器;18-后雾灯熔丝;19-热保护器;20-空调熔断丝(30A);21-自动天线熔断丝(10A);22-电动后视镜熔断丝(3A)

图9-41 桑塔纳中央配电盒正面图

A-仪表盘线束(蓝色);B-仪表盘线束(红色);C-发动机舱左侧线束(蓝色);D-发动机舱右侧线束(白色);E-车辆后部线束(黑色);G-单端子电源插座(不定);H-空调系统线束(棕色);L-喇叭线束(灰色);M-车灯开关56端子和56b端子(黑色);N-单端子插座(用于进气加热)(不定);P-单端子插座(30电源系)(不定);R-备用插座(30和31)(色)

图9-42 大众车系的局部电路图识读图

**典型大众车系电路图解读表** 表9-14

| 图 例 | 含 义 |
|---|---|
| 1 继电器盒上继电器或控制器接线代号 | 该代号表示继电器多针插头的各个触点。2/30、3/87、4/86、6/85等数字,其中分子数2、3、4、6是指中央配电盒插孔代号,分母30、85、86、87是指继电器的插脚代号。2/30就表示出了继电器插脚与插孔的配合关系 |
| 2 继电器位置编号 | 表示继电器板上的继电器位置编号 |
| 3 指示导线的去向 | 断线画法。框内的数字指示导线连接到哪个接点编号位置,61表示连接到编号61位置 |
| 4 导线颜色和横截面积 | 双色线主色棕色,附色红色。横截面积2.5mm² |
| 5 附加熔断丝符号 | 例如,S123表示在中央电器附加继电器板上第23号位熔断丝,10A |

续上表

| 图　例 | 含　义 |
|---|---|
| 6 插头连接 | 例如,T8a/6表示8针插接器a插头触点6 |
| 7 线束内多导线的铰接点 | 在电路图下方可查到该不可拆式铰接点连接位于哪个导线束内以及具体位置 |
| 8 搭铁点的代号 | 在电路图下方可查到该代号搭铁点在汽车上的位置 |
| 9 位置编号 | 位置编号为读图和看图方便设置,不代表实际电路 |
| 10 指示内部接线的去向 | 字母表示内部接线在下一页电路图中与标有相同字母的内部接线相连 |
| 11 内部接线(细实线) | 该接线并不是作为导线设置的,而是表示元件或导线束内部的电路 |
| 12 元件的图形符号 | 在元件图形符号图可以查到表示的意思 |
| 13 元件代号 | 在电路图下方可以查到元件的名称 |
| 14 接线端子代号 | 表示电器元件上接线端子数/多针插头连接触点号码。T为插接器,80表示共有80个端子,3表示第3个端子 |
| 15 配电盒上接头连接代号 | 表示多针或单针插头连接和导线的位置,例如D13表示多针插头连接,D位置插接器,触点13 |
| 16 熔断丝代号 | 图中S5表示该熔断丝位于熔断丝座第5号位,10A |
| 17 三角箭头 | 表示下接下一页电路图 |
| 18 中央配电盒内主要导线 | 标有"30"字样的导线直接与蓄电池正极相连接,中间不经过任何开关,不论汽车处于停车或发动机处于熄火状态均有电,其电压为电源电压(12V或14V)。标有"15"字样的导线为小容量用电设备的电源正极线,受点火开关控制。只有在点火开关接通后,用电设备才能通电使用。标有"X"字样的导线为大容量用电设备的电源正极线,受点火开关控制。只有在点火开关接通后、卸荷继电器触点闭合、车辆起步运行中才能使用的大容量电器所用电源线。标有"31"字样的为中央线路板内搭铁点 |

### 9.7.2　丰田车系整车电路图识读

丰田汽车电路图的标示方法如图9-43所示,电路图中大圆圈内数字是注释符号。其特点是用"○"表示零件与线束连接、用"□"表示线束与线束连接、用带圆角的矩形表示与继电器盒或接线盒连接的接插件、用"▽"表示搭铁点。符号里面的字母或数字表示该接插件编号。

图中各处注释的含义如下:

1- 电路图车型和图号。花冠电路图第一张图

2- 电路图的区间。一号区间

3- 系统标题。图中为电源系统。

4- 表示配线颜色。图中W表示白色。

5- 表示与电气元件连接的插接器(数字表示接线端子的编号)。图中还表示起动继电器的插接器有A和B两种形式。A和B已经在图上表示。

6- 表示插接器的接线端子编号。其中3表示插接器内部3号端子。

7- 表示继电器盒。图中只标明继电器盒的号码,亦不印上阴影,以有别于接线盒。

图 9-43 丰田汽车电路图的标示方法

图示用带圆角的矩形表示与继电器盒或接线盒连接的接插件,中间都是标注1。表示继电器盒号码为1。

8-接线盒。圈内数字表示接线盒(3B)号码,圈旁数字表示该插接器插座位置代码。接线盒上一般印上阴影,使其与其他元件区分。不同的接线盒,用不同的阴影标出,以便区分。例如图中的 3B 表示它在 3 号接线盒内的 B 插接器;数字 6 和 15 表示两条配线分别在插接器 6 号和 15 号接线端子上。

9-连接的相关联的系统。图中表示到花冠电路图第 3 图第 6 区间,给发动机 ECU 一个起动信号。

10-当车辆型号、发动机型号或规格不同时,有不同的配线和插接件。自动变速器时使用黑白导线直接连接。

11-用"□"表示配线与配线之间的插接器,带插头的配线用符号" >> ",外侧数字 6 表示接线端子的号码。(手动变速器时才有插接器)

12-屏蔽的配线。

13-搭铁点的位置。用"▽"表示搭铁点。三角形中间 C 表示搭铁点在发动机缸体,三角形中间 D 表示搭铁点在右前翼子板。

14-用"○"表示零件与线束连接。图中还表示起动机 30 端子和 50 端子连接端子不同。

## (实训项目 12　整车电路综合故障判断)

1. 每 3~5 名学生组成 1 个工作小组,确定 1 名小组长,接受工作任务,做好工作准备。

2. 阅读工作单,查阅维修手册或实训指导书,观察待更换线束车辆的电路和线束走向,讨论更换方法和步骤,确定小组人员工作分工。向实训指导教师汇报讨论结果,经指导教师同意后,开始下一步的工作。

3. 按照工作单的引导,完成线束的拆卸、线束的安装和各系统电路检测的工作。

4. 在完成工作任务的过程中,根据工作单的要求,完成整车电路认识、画出汽车各系统电路图等学习任务。

5. 回答指导教师的现场提问,接受指导教师的技能考核。

6. 完成工作任务后,对工作过程进行自我评价和小组互评,听取指导教师的点评。

7. 清洁工作场所,清点维修工具设备,完成任务交接。

### 9.8　利用电路图检查故障的方法

当电气系统出现故障时,首先应确定故障的现象和发生故障的条件,这样可以大致确定故障的范围。检查时,应首先对故障系统的供电情况(电源和负极搭铁)及故障元件本身进行检查,如果通过上述检查工作还不能确定故障原因时,就需借助电路图进行故障诊断。电路图可以提供电气设备的基本电路、电气元件的安装位置、线束以及连接器的基本情况。在使用电路图进行故障诊断时,可按下述步骤进行:

(1)在电路图中找出故障系统的电路,并仔细阅读。

(2)通过阅读电路图找出故障系统电路中所包含的电器元件、线束和插接器等。

(3)通过电路图找出上述电器元件、线束和插接器在车上的安装位置及电器元件和插接器上各端子的作用或编码;必要时画出系统电路简图有助于故障判断。

(4)按照电路图和系统电路简图和故障现象,分析故障原因。

(5)按照故障原因对怀疑有故障的部件和导线进行检测,直至查出故障的部位。

### 思考与练习

#### 一、名词解释

1. 插头。
2. 插座。
3. 30 端子。
4. 15 端子。
5. x 端子。
6. IG 端子。

#### 二、填空题

1. 汽车电路由 _____、_____、_____、_____、_____ 和 _____ 6 个部分组成。
2. 汽车电路图由 _____、_____、_____、_____ 4 个部分组成。
3. 汽车插接器图一般画的是插座,图上 _____ 朝上、内部端子序号按 _____ 排列。
4. 电路图上面在线条旁标有 R—Y,表示该 _____ 颜色。主色为 _____ 色附色为 _____ 色。
5. 汽车上的控制器件主要有 _____、_____、_____ 和电子控制器件等。
6. 选择导线最小截面积至少不得小于 _____ mm$^2$,主要为满足 _____ 的要求。
7. 现在汽车使用 _____ 用于表达各电气系统的工作原理及电气部件之间的连接关系。
8. 汽车电器原理图有 _____、_____、_____ 和 _____ 4 种。
9. 汽车电器定位图有 _____、_____、_____、_____、_____ 和 _____ 6 种。

#### 三、选择题

1. 汽车插接器图一般画的是( )。
   A. 插头　　　　　B. 插座　　　　　C. 插头和插座
2. 哪些元件不是汽车电路连接的对象是( )。
   A. 蓄电池　　　　B. 空气流量传感器　　　C. 燃油压力调节器
3. 汽车铅蓄电池的搭铁线是( )。
   A. 低压导线　　　B. 低压电缆线　　　C. 高压阻尼线

4. 混合式继电器具有( )。
   A. 常开触点　　　B. 常闭触点　　　C. 常开触点和常闭触点
5. 在汽车电路中,直接接到电源的线,标为( )号线。
   A. 30　　　　　　B. 31　　　　　　C. 15
6. 在汽车电路中,直接搭铁的线,标为( )号线。
   A. 30　　　　　　B. 31　　　　　　C. 15
7. 在汽车电路中,通过点火开关控制的电源线,标为( )号线。
   A. 30　　　　　　B. 31　　　　　　C. 15
8. 可以重复使用的保护装置是( )。
   A. 插接器　　　　B. 熔断丝　　　　C. PTC电阻
9. 可以重复使用的保护装置是( )。
   A. 插接器　　　　B. 熔断丝　　　　C. 断路器
10. 用于保护开关的是( )。
    A. 继电器　　　　B. 熔断器　　　　C. 继电器
11. 用于保护电动机的是( )。
    A. PTC电阻　　　B. 熔断丝　　　　C. 插接器
12. 现在汽车使用( )用于表达各电气系统的工作原理及电气部件之间的连接关系。
    A. 电气连接简图　B. 布线图　　　　C. 电气原理图
13. ( )表示了汽车电器设备的连接和工作原理,同时还表示了零部件在汽车上面的位置。
    A. 电气连接简图　B. 布线图　　　　C. 电气原理图

### 四、判断题(对的画"√",错的画"×")

1. 汽车插接器图画的是插头。( )
2. 汽车的低压导线采用单股线。( )
3. 汽车电气系统为直流系统。( )
4. 所有的汽车都采用正极搭铁。( )
5. 因为汽车负极搭铁、车身是电路的一根导线,所以汽车用电设备都是一个导线。( )

### 五、思考与简答题

1. 汽车电路中保护装置有哪些?各保护对象是什么?
2. 汽车电路图的组成?每一组成的作用是什么?
3. 电气原理图有哪些特点?
4. 汽车电路图有哪些图形符号?
5. 汽车电路图有哪些端子标记?
6. 试从全车电路图中画出一个用电设备的工作原理图。
7. 试从全车电路图中查找任何一个汽车电器零部件在汽车上面的位置。

# 参 考 文 献

[1] 周建平.汽车电气设备构造与维修类型词标志[M].北京:人民交通出版社,2005.
[2] 林平.汽车电器故障速查快修[M].北京:电子工业出版社,2003.
[3] 孙仁云.汽车电器与电子技术[M].北京:机械工业出版社,2006.
[4] 董宏国.汽车电路识读检修速查手册[M].北京:电子工业出版社,2006.
[5] 司景萍.汽车电器与电子设备[M].沈阳:辽宁科学技术出版社,2002.